SOCIOLOGY & SOCIAL DEVELOPMENT
社会学与社会发展丛书

国家社会科学基金项目“新时期居民精神健康问题的社会学研究”成果之一

Applied
Social
Psychology

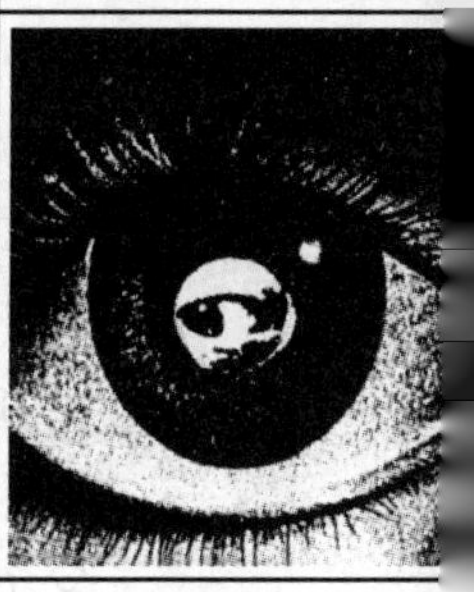

应用社会心理学

肖汉仕 著

湖南师范大学出版社

图书在版编目（CIP）数据

应用社会心理学 / 肖汉仕著 .—长沙：湖南师范大学出版社，2008. 10

ISBN 978 - 7 - 81081 - 940 - 4

Ⅰ. 应…　Ⅱ. 肖…　Ⅲ. 社会心理学—研究　Ⅳ. C912. 6

中国版本图书馆 CIP 数据核字（2008）第 141984 号

应用社会心理学

肖汉仕　著

◇丛书策划：周玉波　黄　林　莫　华

◇组稿编辑：莫　华

◇责任编辑：莫　华

◇责任校对：蒋旭东　黄　晴

◇出版发行：湖南师范大学出版社

地址/长沙市岳麓山　邮编/410081

电话/0731 - 88873071　88873070　传真/0731 - 88872636

网址/http：//press. hunnu. edu. cn

◇经销：湖南省新华书店

◇印刷：长沙印通印刷有限公司

◇开本：730mm × 960mm　1/16

◇印张：24

◇字数：358 千字

◇版次：2008 年 10 月第 1 版　2018 年 1 月第 3 次印刷

◇书号：ISBN 978 - 7 - 81081 - 940 - 4

◇定价：40. 00 元

目 录

第一章 社会心理学及应用社会心理学概述

应用社会心理学是研究现实的个体和群体的社会心理与社会行为，以探索其活动规律与应对策略的科学。它以社会心理学的理论与方法为基础，虽只有短暂的历史，但却拥有巨大的功能与广阔的发展前景。

第一节 社会心理学概述

一、社会心理学的发展与现状

（一）社会心理学的历史

社会心理学的形成历史，可以分为三个时期：孕育时期、形成时期、确立时期[①]。

1 孕育时期

社会心理学同心理学、社会学一样，在其形成之前都依附于西欧思辨哲学的母体之中，从总体上看，涉及社会心理学思想的有两条基本线索，一是源于古希腊的苏格拉底和柏拉图。他们认为人性虽然不能摆脱生物遗传的纠缠，却可以受到环境和教育的影响。后来为康德、歌德、卢梭等人所继承并发展。另一来源是古希腊的亚里士多德，他认为社会源于人的本性，而人性又是生物或本能的力量所支配的。因此，改变人的本性，建立理想国的主张是无法实现的。其思想对后来的社会心理学中的一些领域产生了一定的影响。如弗洛伊德的“心理动力说”部分受到亚里士多德的“宣泄说”的启发。美国早期的社会心理学家G·奥尔波特认为柏拉图和亚里士多德都是在哲学知识内部建立了社会心理学的主题思想的创始人。因此，社会心理学的孕育时期也被E·霍兰德称为“社会哲学”阶段。

2 形成时期

社会心理学是在社会学和心理学分别脱离哲学母体后，又从这两门学科中吸取营养，应运而生的一门边缘学科。它的出现来自于社会发展的需要和相关学科的理论准备。

18世纪下半叶和19世纪初，资本主义的经济变革所导致的大动荡促

① 全国13所高等院校《社会心理学》编写组. 社会心理学. 天津：南开大学出版社. 1995: 21–28.

使人们用已经出现的“政治数学”和人口统计来考察人口、死亡率、家庭收入、生活状况、犯罪类型等社会问题。在这些调查中不少问题已经涉及社会心理学的研究课题。

社会学对社会心理学的兴趣在很大程度上归于社会学中的心理学派，社会学中的这种心理学倾向为社会心理学的诞生打下了基础。但心理学对社会心理学的兴趣与社会学不同，它当时并没有从理论研究中直接表现出来，而是先在精神病学和变态心理学中有所反映。

社会心理学在形成过程的一开始就受到两种不同学科的影响，一直持续到现在，仍然存在着社会学和心理学的取向问题，而缺少这一学科的“中性”理论。在社会心理学形成过程中还有赖于一系列个别人物和重大事件的推动。1908年，英国心理学家威廉•麦独孤和美国社会心理学家爱德华•罗斯分别从不同的学科角度写出了第一本社会心理学的同名教科书，标志着社会心理学终于从社会学和心理学中脱生出来，并走向了独立。这两本书代表了社会心理学探索者在社会经验阶段取得的最高成就。

从学科来源看，社会心理学直接来源于德国的民族心理学、法国的群众心理学、英国的本能心理学。

德国民族心理学的代表是冯特，著有《民族心理学》，这部耗费他20年时间，多达10卷本的著作虽然在影响方面远不如他的个体心理学体系那么深刻，但它却成为了社会心理学的来源之一。

法国群众心理学的代表人物是布里尔•塔尔德、迪尔凯姆、古斯塔夫•黎朋。塔尔德主要从事法理学和犯罪学研究，著有《模仿律》，创设了模仿理论。塔尔德认为模仿不但是犯罪的根本规律，而且可以用来解释一切社会现象。迪尔凯姆的理论观点与其相反，他始终从集体的方面论及人的行为，诸如自杀问题、宗教问题、公德问题，他认为集体意识绝不是个体意识的相加之和，而是前者大于后者并决定后者。古斯塔夫•黎朋认为“群众心理统一律并不意味着一群人仅仅是其成员的平均数或集合体”，而“有某种新的东西出现”。社会学家罗斯继承并发展了迪尔凯姆和黎朋的理论，他所著的《社会心理学》一书标志着当时社会学家对社会心理学最系统的论述。

英国本能心理学以1908年麦独孤的《社会心理学导论》为代表，沿着达尔文的进化论的线索，探讨了个体行为的动力问题，认为本能是一切社会行为的基础。而作为人类社会行为的基础，本能又有相应的情绪和后天形成的情操相伴随。情操对本能和情绪起着控制作用。在该书中他提出了人的18种本能。如：求食、拒绝、求新、逃避、斗争、性及生殖、母爱、合群、支配、服从、创造、建设等。并认为这些本能可以衍生出全部社会生活和社会现象。

另外，工业心理学的研究内容对社会心理学的形成也有一定的推动作用。如运用心理测验选拔合格工人的方法等。

3 确立时期

20世纪20年代以前，社会心理学还没有完全摆脱从哲学母体中带来的思辨和抽象的性质。随着各种实证手段的运用，社会心理学从20年代以后由“社会经验论”阶段进入“社会分析论”阶段。其主要特征是社会心理学已经从描述转变为实证；从定性研究转变为定量研究；从理论研究变为应用；从大群体转变为小群体研究。使得这一学科逐步走向成熟并建立在科学的基础之上。以奥尔波特（F.H.Allport）的实验社会心理学为确立的主要标志。

奥尔波特的实验社会心理学具有极端的个体心理学的倾向，这一体系虽不为后人所重视，但他创立的社会心理学实验方法及有关实验成果具有划时代的意义。他本人于1916—1919年做了一系列有关“社会促进”的实验，发现合作群体中存在的社会刺激，会使个人工作在速度和数量方面有所增加。这一增进在涉及外部物理运动的工作中要比纯智力工作中表现得更为突出。另外还研究了从众、群体中的态度试验和人格特征等，有的已成为社会心理学的经典实验。

作为一门研究人类自身行为的学科，用自然科学中实验室实验的方法来研究社会行为，显然有很大的局限性，同时社会心理学理论问题随着实证研究的兴起也变得更加突出。在19世纪末到20世纪初，以乔治•米德为代表的美国社会学家所从事的理论研究，在一定程度上弥补了这一不足。乔治•米德的理论兼有哲学、社会学和社会心理学的色彩，将宏观研究缩小到微观研究，将社会行为看成是两个人或多个人的社会互动。这一思想为后来的"符号互动论"奠定了基础，对萨宾的"社会角色"理论、海曼的"参照群体理论"、戈夫曼的"社会戏剧理论"、勒默特的"社会标签理论"都有一定的影响。

同时，社会学家进行的有关社会心理学的经验研究也富有重要的意义。例如，20世纪30~40年代进行的关于社会心理和社会流动调查，揭示了"一个人所据的阶级位置是决定其世界观的最重要因素"。1935年美国社会学家盖洛普运用分层抽样法进行的民意测验调查，促进了民意测验在美国的迅速发展。

（二）社会心理学的发展

第二次世界大战的爆发，一方面刺激了美国社会心理学的繁荣；另一方面，社会心理学也直接服务于战争。这一时期，社会心理学的主要课题包括信仰、偏见、说服、宣传、态度改变以及大众传播等。如，拉扎斯菲尔德对1940年战时美国总统选举进行了调查。塞缪尔•斯扎夫等人通过对美军的素质及心理状况的调查，提出了"相对剥夺"的概念。

战后，社会心理学研究的范围触及人际关系和人格特征对社会行为的影响。如，费斯汀格的认知失调理论，小群体的研究、领导方式、竞争、合作等课题都有所涉及。进入20世纪60年代，社会心理学在美国达到鼎盛时期。社会心理学被广泛应用于学校、医院、企业、家庭等。此时，美国从事社会心理学工作的专业人员就达5000多人。同时，在理论研究方面，社会学习理论、社会认知理论、社会角色理论先后崛起，试图对社会行为作出新的解释。

在苏联，20世纪50年代末，中断了三十多年的社会心理学开始复苏。开展了一场社会心理学的大讨论。至60年代苏联的社会心理学开始迅速发展。

中国的社会心理学从20世纪20年代开始萌发，当时对西方的社会心理学理论进行了介绍与评价。如1924年陆志韦撰写了《社会心理学新论》，30年代出版了潘菽的《社会的心理基础》以及赵演翻译的奥尔波特的《社会心理学》和高觉敷翻译的黎朋的《群众心理学》，标志着我国社会心理学的理论研究在当时取得了很高的成就。同时，我国学者还做过一些实地调查和应用研究。如1922年，张耀翔首次进行了选举方面的民意测验，中国青年的情绪研究、迷信以及商人心理研究等。1942年社会学家费孝通和心理学家周先庚在昆明进行了第一次工业社会心理学学科研究，为社会心理学在我国的具体化、应用化和本土化作了有益的尝试。

（三）社会心理学的现状

1 外国社会心理学的研究

美国的社会心理学进入20世纪70年代以后，发生了一场危机。美国的社会危机、黑人运动、妇女运动、反越战运动以及以“全球大造反”为标志的青年运动带来了美国社会的大动荡，针对这一严峻的现实，人们呼吁社会心理学家走出书斋和实验室，到社会现实中去解决最迫切的社会问题，然而那些仅仅擅长实验室研究的社会心理学家一时手足无措，拿不出解决现实问题的良策，使人们对这门原来在心目中深得推崇的学科大失所望。针对这一危机，人们发现主要是三个原因造成。一是理论定向问题，由于社会心理学长期以个人为中心，忽视了个人是社会的成员以及个人与社会的统一，也就难以将这门学科应用于社会。因此，有必要重新修正理论定向。二是研究方法问题，实验室研究的局限使得社会心理学的研究脱离了社会现实，并使心理研究过于抽象。三是社会期望问题，社会心理学由于和现实生活密切相关，造成了人们对这一学科的过高期望，而社会心理学不可能在短时期内与社会现实保持同步的发展。

20世纪60年代以后，一批欧洲的社会心理学家提出了建立欧洲社会心理学的主张，经过四十多年的努力，以2001年初版的《欧洲社会心理学手册》为标志，欧洲社会心理学已经成功地解构美国主流社会心理学独断的主宰地位①。现在欧洲的社会心理学在研究视角、研究方法以及理论创新方面都有了自己的特点。欧洲社会心理学已经在挑战美国社会心理学长期形成的霸主地位，并和美国社会心理学一起成为当今世界社会心理学的主流，而亚洲、南美和非洲社会心理学则处于艰难的边陲地位。

苏联的社会心理学到20世纪70年代末，向深入研究个性、小群体和集体问题以及社会共同体的方向发展，同时社会心理学家也走向社会，参与社会规划、社会管理、工业生产、日常生活和大众传播等方面的工作。

20世纪80年代以后，认知社会心理学和应用社会心理学日益受到心理学界的重视。

2 中国社会心理学的现状

中国社会心理学在1949年以前主要是针对中国特定问题的研究，但不够系统化。解放后，受苏联学术观点的影响和“文化大革命”的影响，社会心理学在中国一直没有得到应有的重视。

到1981年中国的社会心理学开始进入重建与复兴阶段。1982年春中国社会心理学研究会（后更名为中国社会心理学会）成立，宣告了中国社会心理学研究的一个新时期的正式开始。

目前中国社会心理学的研究，在理论上主要集中在社会心理学理论体系的建立、社会心理学基本理论探索、人际交往、教育社会心理学、中国人社会心理问题的研究。在社会心理学的教学方面，除了心理学、社会学专业、哲学、管理专业外，政法、商业等许多专业开设了社会心理学的课程。在应用研究方面，教育社会心理学的研究较为突出，另外，民众对社会事件的态度、传播情况研究、家庭问题、司法社会心理问题、民俗社会心理问题，特别是一部分社会心理学工作者近十多年来在心理健康教育与心理服务方面做了大量的研究与培训。

---

① 方文. 欧洲社会心理学的成长历程. 心理学报，2002, 34（6）：653.

据统计，《中国人民大学报刊资料索引》(1979 ~ 1997)中分类名为社会心理学的文献共有603个。仅20世纪90年代前5年，先后出版的由大陆学者撰写的社会心理学教科书与专著就达13种，另外还翻译、编写、出版了四百余种分支社会心理学、应用社会心理学方面的著作和读本。5年内共发表研究性、探索性、评价性文章4134篇。社会心理学已经成为中国学术园地里一朵盛开的奇葩，为中国社会的发展做出了不可磨灭的贡献。

然而，透过我国社会心理学研究成果的表面繁荣，我们不能不承认其内部存在的一些“先天不足”和许多根本性的问题。有人尖锐地指出，中国目前的社会心理学“处于泡沫繁荣状态。面对中国社会空前的结构转型及其后果，社会心理学者基本上处于无语或失语状态”[①]。当然，现在已经有越来越多的有关学者开始了应用社会心理学的研究，为社会心理问题的解决进行研究，提出对策。

3 中国社会心理学的发展趋势

一是要进行本土化研究，建构具有中国特色的社会心理学体系，紧密结合中国社会转型期的社会心理实际，特别需要加强社会心理学的应用研究，探索、解决中国社会发展中遇到的实际问题，从而提高社会心理学的应用价值与地位。

二是在研究方法上和手段上需要规范化、科学化。无论是实证主义的研究范式还是人文主义的研究范式，都在一定的社会背景下创造了丰富的研究成果。需要我国根据研究的具体问题采用具体的研究范式。目前，我国社会心理学的实证研究很缺乏。有必要加强实证研究，提高研究的科学性程度。由于每种研究方法各有其价值，也各有其局限，在研究过程中，需要保持宽容的态度，在多元化观念的指导下，用各种方法的组合去弥补单一研究方法的局限。

同时，在理论上，加强社会心理学与应用社会心理学的整合。整合

---

① 杜林致，乐国安．中国社会心理学发展问题的反思及其出路．江海学刊，2004（2）：86-88.

社会心理学的研究取向已经成为了国际社会心理学界的共识。我国应该顺应这一趋势，逐渐形成共识。

二、社会心理学的研究内容

（一）社会心理学的定义

社会心理学作为一门相对年轻的学科，要给出定义十分困难，一方面是由于这门学科的研究对象广泛而复杂，另一方面，研究者所持的理论观点不尽相同。目前国内外学术界的社会心理学概念虽五花八门，但也有一些共识。

G•W•奥尔波特认为社会心理学是“试图理解人们的思想、情感和行为怎样为别人实际的、想象的和隐含的存在所影响”的科学。这一定义是对美国社会心理学界影响最大、最广泛、最持久的定义之一。社会心理学家格根（K.J.Gergen）认为“社会心理学是系统研究人的相互作用及其心理基础的科学”。梅厄斯(D.Myers)1990年在其出版的《社会心理学》中认为：“社会心理学是研究人们相互理解、相互影响和相互关系的科学”。著名社会心理学家弗里德曼（J.I.Freedman）则认为，社会心理学应包括一切人际相互作用领域及各种社会影响。

我国社会心理学者对社会心理学的定义也做了自己的阐述。金盛华、张杰将社会心理学界定为“社会心理学是研究社会相互作用背景中的人的社会行为及其心理根据的科学”①。认为社会心理学的目标是科学描述、解释、预测和控制人的社会行为。乐国安教授认为：社会心理学是对人的社会心理和社会行为规律进行系统研究的科学。这里的人既包括个体也包括群体，而社会心理和社会行为则是指个体或群体在特定的社会文化环境中对于来自社会规范、群体压力、自我暗示、他人要求等社会影响所作出的内隐的和外显的反应 。

① 金盛华，张杰著. 当代社会心理学导论. 北京：北京师范大学出版社. 1995: 10.

（二）社会心理学的研究内容

美国是研究社会心理学最多且最有影响的国家，它的研究课题具有一定的代表性，往往影响到其他国家。

20世纪初，态度的研究成为中心。但实验社会心理学出现以后，社会促进的研究成为中心。此后，群体过程、说服、顺从、认知失调、归因等分别成为某一时期的研究中心。

随着社会心理学的日益发展，研究课题也日益丰富和扩大。从早期的社会促进研究，发展到社会惰化的研究；从顺从的研究，发展到反顺从和独立性的研究；从侵犯的研究，发展到利他精神的研究；从吸引的研究，发展到爱情的研究；从人际知觉的研究，发展到归因的研究等等，显示了社会心理学的研究视野正日益广阔和深入。

社会心理学研究的主要课题随着时代的演变而有所不同。早期的社会心理学侧重于研究大型群体和群众的心理现象，如拉察鲁斯、斯坦塔尔、冯特关于民族心理学的研究；塔尔德、西格尔和勒邦关于群众心理的研究。这些研究者所提出的某些思想直至今天还有影响，如塔尔德的模仿律、勒邦的群体极端化和个性消失的思想等。

现代社会心理的内容非常广泛，主要的内容包括：（1）个体的社会行为与社会心态。如社会认知、需要、动机、自我概念等。（2）人际交往与人际关系。如人际沟通、吸引、爱情、人际关系。（3）个人与群体的相互作用的社会影响。如从众行为、社会助长、去个性化、规范形成、领导。（4）微观群体的社会心态。如群体凝聚力、士气、心理气氛。（5）宏观的非系统化社会心理倾向。如传统、风俗、时尚、阶级、民族心理。（6）宏观的系统化社会心理思想。如哲学、宗教等。

近年来，心理健康、自我概念、成就动机、价值观、家庭背景对儿童的影响、教养方式、环境设计等成为了社会心理学家关注的重要内容。

在我国社会心理学学者的研究中，其研究内容稍有侧重，大同小异。例如：

金盛华等著的《当代社会心理学导论》主要研究内容包括该学科的

研究范围、方法及历史、印象与归因、态度及其测量、态度的改变、沟通、人际交往与人际吸引、人际关系的发展与策略、人际关系的测量与改善、侵犯行为与亲社会行为、社会影响。

沙莲香著《社会心理学》的研究内容包括：社会心理学的理论基础、社会认知、社会感情、社会动机、社会态度、大众心理、民族心理、社会化。

时蓉华著《现代社会心理学》的研究内容包括：学科的性质、对象、任务、研究方法、历史与现状、社会化过程、自我意识、性别角色心理、社会动机、挫折、社会认知、社会态度、相符行为、人际交往、人际关系、群体心理及其影响、领导心理、大众心理的连锁反应、分支社会心理学。

乐国安主编的《社会心理学》研究内容包括：社会心理学的历史与理论、社会化、社会角色、自我意识、社会动机、社会认知、社会态度、态度的形成与改变、人际关系、人际沟通、利他行为、侵犯行为、社会影响、群体心理、民族心理、性别差异心理、应用社会心理学等。

第二节 应用社会心理学概述

一、应用社会心理学的发展

（一）应用社会心理学的定义

我们把研究任务是否与解决社会心理问题的实际需要有关，作为划分社会心理学基础研究与应用研究的标准。根据这一标准，基础研究的目的是探索研究对象的发展规律，而应用研究的目的是把基础研究揭示的规律运用于实践，寻求解决问题的方法。

因此，致力于解决实际社会心理问题的社会心理学研究便是应用社会心理学。当然，这种划分是相对的，实际上基础研究与应用研究的差别不是绝对的。从社会心理学的历史可以看出，正是实际生活中的许多社会心理现象引起了心理学家与社会学家的兴趣，使他们以各自的知识体系对这些现象进行分析研究，才导致了社会心理学的产生。S•奥斯坎普认为应用社会心理学是社会心理学方法、理论、原则对社会问题的理解和解答的研究成果的应用学科①。可见，应用社会心理学是运用社会心理学的理论和方法，研究和解决现实生活中的社会问题的新兴科学。

我们认为，应用社会心理学是研究现实的社会心理与社会行为，以探索其活动规律与应对策略的科学。为此，它既要研究和解决社会心理与行为问题，更应该研究社会对人的心理和行为的影响以及应对策略，应以促进社会的和谐与个体的顺利社会化为己任。

（二）应用社会心理学的历史

应用社会心理学作为社会心理学的应用分支。在其最初的发展阶段，只是作为社会心理学的一个应用领域而存在的。随着这种研究的不断深化和扩展，作为一种相对独立的应用学科形态的应用社会心理学最终问世。在其发展过程中经历了以下三个阶段：

1 兴起阶段

早期的社会心理学只是满足于实验室的研究，而不重视应用研究，直到20世纪20年代末，社会心理学家梅耶的霍桑实验终于拉开了应用社会心理学的序幕。霍桑实验不仅成为社会心理学应用研究兴起的开端，而且也成为应用社会心理学的一个重要分支——工业社会心理学（当代管理心理学的前称）诞生的标志。

20世纪30年代，由于世界经济的极度萧条和社会局势的动荡不安，社会舆论、民意、恐慌、谣言、种族关系成为这一时期社会心理学应用研究关注的重点问题。

20世纪40年代以后，由于受第二次世界大战爆发的刺激，社会心理学的应用研究又有所发展，围绕信仰、偏见、说服、宣传与态度的形成和转变等现实问题进行了大量的应用研究。社会心理学家勒温提出“行动研究”规划，倡导社会心理学要面向社会实际问题，致力于实际问题

① S · 奥斯 坎普. 应用社会心理学. 乐国安, 石俊杰等译. 北京：知识出版社, 1991.

的解决。勒温及其追随者对于社会风气、种族歧视、婚姻纠纷、生产中人事关系、组织中领导人的培养等问题进行了卓有成效的研究，逐渐树立了其学科地位，所以，勒温被称为“应用社会心理学之父”。

2 演进阶段

20世纪的五六十年代，由于战后社会局面的相对稳定的状态，社会心理学的研究由应用研究与实验室研究并举，又退回到“象牙塔”，满足于在实验室建构复杂的理论模型，总体上轻视实际问题的研究。但此时的工业社会心理学还是得到了进一步的发展，教育社会心理学也于60年代诞生。

3 扩展阶段

20世纪70年代以后，社会心理学的应用研究的兴趣再度高涨。这是由西方社会经历了60年代末期严重的社会动荡后，现实向社会心理学家提出了一系列亟待解决的社会问题，那些习惯于书斋或实验室研究的社会心理学家却束手无策，面临严重的挑战与激烈的批评。而从事社会心理学应用研究的学者则获得广泛认同。面对这一实际，为了摆脱危机，社会心理学从70年代开始，注重实际问题研究的趋势逐渐增强。现在，社会心理学的应用研究几乎触及了人类社会生活的各个领域。如政治、经济、教育、司法、军事、文艺、宗教、医疗、广告、心理健康、婚姻家庭、环境保护等。

进入20世纪80年代以来，应用社会心理学在美国迅速发展。研究领域不断扩展，研究内容不断深入，并呈现出一系列的研究特点①：

（1）研究始终瞄准现实社会中的实际问题，形成以问题为中心的研究取向。

（2）在研究社会问题时，应用社会心理学带有明显的价值取向。

（3）研究问题十分广泛，涉及到不同层次的社会心理和社会行为问题。

---

① 乐国安．现代美国应用社会心理学研究的一些特点．社会心理研究. 2001, (2): 30–35.

（4）应用社会心理学十分重视研究成果的社会效益。

（5）由于研究者需要触及各方面的社会问题，所以要求研究者具有开阔的视野。

（6）研究方法具有多元性，包括问卷法、实验法、准实验法、相关研究法、评估研究法等，尤其重视在现实情境中开展有关问题的研究。

（7）与传统的社会心理学基础研究相比，应用社会心理学非常重视研究成果实际应用的可能性。

（三）应用社会心理学研究的贡献

1 理论贡献

（1）对社会心理学的理论进行检验

社会心理学的任何理论，其来源是什么，建构的方式是怎样的，其正确与否以及适用的程度如何等，无论是思辨研究还是实验室研究的成果，都只能通过应用研究来加以检验，以识别优劣、鉴定真伪。

（2）修正和发展社会心理学理论

任何理论都难以适用于所有领域，某种理论往往只在局部范围具有正确性，在另一种情境、另一个群体或其他的社会文化背景下，可能并不一定适用。这就需要通过扩展研究的广度来加以进一步的修正和补充。有的理论随着客观社会的发展、变化，也需要与时俱进加以发展完善，实现自我更新。推动这一进程的最主要、最直接的力量就在于应用研究的日益发展。

（3）能够提供新的课题与新的成果

社会实践本身是科学研究的重要源泉，是推动科研成果产生的巨大动力。在应用研究中才能发现社会心理学理论体系的空白地带，以及社会生活向社会心理学提出了哪些新的课题。在应用研究中发现的问题将更富有现实意义和社会价值。作为有关资料或结果的总结，将可能是崭新的理论成果的标志。正是在理论研究与应用研究的有机作用的过程中，整个社会心理学学科才得以不断充实、完善，日臻成熟。

2 应用社会心理学的实践功能

应用社会心理学在促进社会良性运行与和谐发展，或者干预社会生活的过程中，主要通过以下途径来体现:

（1）描述功能

它用社会心理学的理论与方法去真实、客观地搜集、整理和记录具体的社会心理现象或问题，在真实再现社会生活图景的基础上，发现、提出有价值的研究课题。描述既是应用社会心理学的一项基本功能，也是解决社会心理问题的前提和出发点。

（2）解释功能

应用社会心理学注重社会心理现象或问题的发生、发展和变化的主、客观原因，寻找社会心理的各因素之间以及社会心理和外在环境之间的因果关系，个体心理结构的共同性与差异性。

（3）预测功能

应用社会心理学在对社会心理现象或问题的发展规律进行把握以及对影响其变化的偶然性因素准确了解的基础上，还可能对社会心理在未来时期的发展趋势或动向做出一定的预测。

（4）干预功能

应用社会心理学能够直接或间接地解决社会生活中的实际问题，这是其主要特点。一般通过咨询、评估、顾问等途径，向政府机构、企业单位、民间团体在组织发展、管理方法、市场预测、公共关系、职业培训、人员选拔、心理辅导等方面提供有关的知识；帮助其确定解决社会问题的思路，以及与求助者商讨问题解决的方案；对有关应付策略进行可行性程度与适应范围的评估；提供解决具体问题的最优化方法，或协助其改进、创新方法，提高效率。

二、应用社会心理学的研究内容

（一）应用社会心理学的主要分支学科

当前应用社会心理学的研究领域已涉及到人类生活的各个重要方

面，与心理学的几个主要应用学科如工业心理学、医学心理学、教育心理学等的联系十分密切，已形成了工业社会心理学、医学社会心理学和教育社会心理学等。它与这些应用学科的分工，在于它专门研究工业、医学和教育中与社会心理因素有关的问题。此外，它还有自身特有的一些研究领域，如家庭婚姻问题、心理保健、宣传问题、司法和犯罪问题、民族问题、宗教问题、社会工作问题、环境问题等。

1 医学社会心理学

应用社会心理学的一个重要研究领域是与医疗保健事业有关的医学社会心理学，它与心理学的一个主要应用学科——医学心理学有密切联系。世界卫生组织提出，健康不仅意味着没有疾病，还应当是一种身体、精神和社会的良好适应状态。现代的生物-心理-社会医学模式，把心理因素、社会因素与健康联系起来。大量研究证明，注重心理卫生不仅有助于保持身心健康，而且有助于防止疾病。许多疾病，特别是慢性病、心理疾病，大都与社会、心理因素有关，如丧偶、离婚、失去亲人、家庭冲突、独居等，往往对健康，特别是心理健康有很大影响。工作与个人不相适应、工作与个人愿望不符、工作性质突然变化、与领导和同事关系不融洽等，都会使人产生焦虑、烦躁、失望等情绪，从而引发心理障碍，导致生理疾病。生活事件与健康不是直接相互作用，而是通过某些中介因素。这些中介因素涉及个人对生活变动的看法、评价和解释。如认为是所希望的还是所不希望的；是可控制的还是不可控制的。只有那些不希望的、不可控制的生活变动更容易导致疾病。中介因素也涉及个性特点，如自我意识的高低。自我意识水平高的人，易于发现紧张刺激造成的心理与生理反应，能及时采取行动加以缓解。那些对自己，对自己的活动和情感有强烈自信的人来说，紧张刺激也较少导致疾病。

2 教育社会心理学

它是社会心理学的一个应用研究领域。它作为一门应用学科出现较晚，到20世纪六七十年代才独立。但它发展较快，目前国外已出版了一系列教育社会心理学的专著。教育社会心理学的研究近年来在国内也开展起来。工作主要围绕着班级群体进行，如班级内的人际吸引和排斥问题，班级内非正式小群体问题，学生价值观的形成特点，替代体验的培养，学生的社会化发展水平等等。教育社会心理学与传统的教育心理学有密切联系。教育心理学依据心理学，特别是发展心理学的原理、原则研究教育和教学的全过程，促进学生德智体的全面发展。教育社会心理学则主要依据社会心理学原理、原则研究学校、班级等特殊的组织和群体对其成员心理和行为的影响，学校和班级的社会心理气氛、师生之间、学生之间的交往、学生的社会化等等。传统教育心理学偏重于个体学习过程的研究，而教育社会心理学则重视学校、班级中的人际关系的研究。

3 法律社会心理学

司法和犯罪是应用社会心理学家关心的又一个研究领域。法律社会心理学可以概括这方面的研究内容，它包括犯罪心理、审判心理、作证心理、罪犯改造心理以及调解和陪审团研究等，囊括了审判前、审判中和审判后的各种问题。

4 管理心理学

早期的应用社会心理学是与工业心理学结合在一起的。工业心理学研究的目的在于提高劳动生产率和发挥人的潜能，所以它一方面研究人与工作的匹配问题，即人—机关系问题；另一方面研究工作中的人际关系，即人—人关系问题。后者就属于应用社会心理学研究的内容。由于人—人关系日益受到重视，而它主要涉及组织管理问题，所以美国心理学会把工业心理学分支改称为工业与组织心理学分支。鉴于组织管理问题不仅限于工业系统，学校、服务性组织和政府机构都有组织管理问题，所以组织管理心理学日益成为独立的应用社会心理学学科——管理心理学。近年来，管理心理学在中国得到迅速发展，研究了不同组织形式的管理问题。

5 环境社会心理学

在应用社会心理学中，一个新兴的研究领域是环境心理学，它也是从工业心理学发展而来的。工业心理学中的工程心理学是研究人—机关系的，这个课题扩大到人—物理环境的关系，就产生了环境心理学。环境心理学又称为人类生态学，主要研究人类行为与物理环境之间的关系。它之所以成为社会心理学的一个应用研究领域，是因为社会心理学研究人在社会群体背景中的行为，把这个背景扩大到了全部人类环境。人们从系统论的观点出发，认为全部人类环境是一个整体，一个系统，不能孤立地认识其中每一个起作用的因素。人是生态系统中的一部分，是自然环境因素和社会文化因素相交织的网络的一部分。

6 消费社会心理学

早期的广告心理学研究已扩展成为消费者心理学，不仅研究广告的特点，也研究消费者的特点，如消费者的需要与爱好等。

此外，民族心理学、宗教心理学、咨询心理学等都是与社会心理学有密切联系的研究领域，中国社会心理学工作者已开始在这些领域进行研究工作。婚姻、家庭和社会工作等重要领域，也已引起中国应用社会心理学家的注意，并进行了初步的探讨和研究。

（二）应用社会心理学的研究内容

随着社会的发展对社会心理学应用的需求，应用社会心理学开始引起人们的关注，一些社会心理学家开始对许多社会现实问题进行研究，并提供政策指导。如美国加利福尼亚大学的社会心理学家S.奥斯坎普出版的美国第一本应用社会心理学教科书《应用社会心理学》。在该书中，介绍了应用社会心理学主要研究的社会心理问题，如社会心理学理论与方法在种族隔离、职业满意度、吸烟、节约能量、陪审团和法官、大众传播等问题解决中的应用。

韦恩特1986年出版的《应用社会心理学》则主要研究了心理健康、身体健康、资源保护及其他环境问题、教育、组织、消费行为、法律等方面的问题。

应用社会心理学的产生离不开社会心理学面向社会现实所进行的应用研究，20世纪70年代时，伴随着社会心理学自身发展所遭遇的学科范式的危机，具有重大影响的社会问题的出现，对社会心理学基础研究的反思和自省，因而开始的对社会心理学应用研究的重新关注和重视。时至今日，应用社会心理学的研究不仅得到了明显加强和增进，并已受到越来越多社会心理学家的重视，而且应用社会心理学的发展也已成为当今社会心理学学科发展的重要方向之一，成为了社会心理学有效地运用于其他学科与现实社会的主要途径。

笔者认为应用社会心理学在关注有关领域问题的同时，还应该运用社会心理学的理论与方法研究社会对人的心理和行为的影响以及应对策略。这里的社会包括宏观的社会背景、中观的和微观的客观现实。如社会变化、人际关系、群体、文化、时尚等等。这里的人主要是个体，也包括群体。这里的心理不仅指一般的认识、情感和心理倾向，也包括客观社会现实对人的心理发展、心理适应以及心理健康的影响。对于人的社会行为的研究不仅在于描述，更要揭示行为背后的心理原因，进而为从心理的角度对人的行为实施有效的影响、干预提供依据。

社会心理学在应用方面的目的应该包括两个，一是为实现社会的和谐和稳定、健康发展提供服务；另一方面，还应该为实现个体心理的健康、适应和发展服务。基于此，应用社会心理学不宜满足于一般问题及规律的揭示和描述，更应该为解决现实社会中个体和社会所遇到的心理和行为问题探索解决的对策。因此，应用社会心理学应将个体和社会的心理及行为规律的研究与现实社会心理及行为问题的解决并重。这既是解决我国社会心理学长期以来脱离社会现实，研究现实及服务现实意识不强、关注不够，缺乏应用性的实际需要。也是社会和人们对这一学科的呼唤，只有重视现实社会心理与行为问题以及应对策略的研究才能使社会心理学走出书斋，走向社会实际，解决实际问题，满足社会和个体对这一学科的要求。在促进社会心理学理论研究的同时，也造福于社会和人们。

当然，作为一门学科不可能穷尽社会的所有具体问题，满足人们的具体实际需要，只能就其带普遍性的和规律性的一般现象和问题进行相对深入的研究。

三、应用社会心理学的研究方法

应用社会心理学的研究方法，基本上与社会心理学大体一致，在研究过程中要遵循客观性、分析与综合结合、宏观与微观相统一、伦理性等基本的原则。在伦理道德方面要坚持自愿参加、接近真实生活、自愿终止、有充足的补救措施等。

（一）应用社会心理学的研究类型

应用社会心理学包括：描述性研究、相关研究、验证性研究、对策研究。

1 描述性研究

描述性研究是对一定的社会心理现象或行为进行科学、客观、精确的描述，常常成为更进一步研究的前提。主要是回答“是什么”和“怎么样”等问题。在现象描述中需要有一个可以广泛接受的操作定义，即设定一个指标系统并加以意义解释，来定量地对其进行衡量或评价，这一操作定义要求具体，直到可以具体地使用某个具体的定量指标来指示一个变量的状况为止。

2 相关研究

相关研究是考察两个或多个变量即现象之间的相互关系，以揭示一个变量是否受其他变量的影响，影响的程度和性质如何，从而实现从一个变量预测另一个变量的目的。在应用性的社会心理学研究中经常采用相关研究。其优点在于可以同时搜集某领域的大量资料，花较短的时

① 乐国安，汪新建，李强．应用社会心理学．天津：南开大学出版社．2003.

间和人力、物力发现大量的联系，对所关心的现象作出预测。在人员选拔、广告制作、产品形象设计等领域有独特的作用。其缺陷在于难以确定相关因素之间的因果关系。

3 验证性研究

验证性研究是确定不同变量之间的因果联系，验证假说的，通常需要通过有控制的实验方法来实现、验证或修正某种假说，证实不同变量之间的内在关系及其关系的强度。

4 对策研究

我们的社会正处于急剧的变革之中。这种变迁对每一个人都带来这样或那样的冲击，引起各种各样的心理与行为反应。它们影响着改革的进程和成败，也影响到社会的稳定与人们的心理健康。这一切都给我国的社会心理学提出了迫切的要求，呼唤着社会心理学工作者去进行应用性的研究，开展社会服务性研究。同时，这一需要也给社会心理学提供了良好的发展机遇。为了不重蹈美国上世纪社会心理学危机的覆辙，社会心理学研究者应该抓住这一机遇，深入社会实际进行调查研究，针对客观存在的社会心理与行为问题进行具体探索，寻找出解决问题的出路。社会心理学作为一门应用性的社会科学，不仅要揭示问题，而且应该尝试着去解决个体、群体、社会所面临的现实心理及行为问题，根据有关规律和社会心理学的有关理论探索出切实可行的解决对策。这应该是现代应用社会心理学的重要研究类型。

（二）应用社会心理学主要的研究方法

1 观察法

分为一般观察法和参与观察法，其中参与观察法又分为公开参与观察法和隐蔽参与观察法。

一般观察法是研究者在不进行任何干预的情况下观察并记录研究对象。参与观察法是研究者参加到所研究的群体中去，作为群体的一个普通成员与其他成员一起活动，同时对其他人的活动进行观察和记录。如果群体其他成员知道其行为被观察和记录，就为公开参与观察法；如果群体其他成员完全不知晓其被观察和记录，即为隐蔽参与观察法。

观察法的优点在于现实性，观察到的是现实生活条件下发生的过程，没有人为的干扰。可以在长时间内进行，能够了解到有关行为发生的顺序和发展过程的有关资料。其缺点在于无法对变量进行控制，因而难以得出因果关系的结论；在公开参与观察时，被观察者的行为表现可能失真，使观察的结果缺乏可靠性；同时，观察者自身的主观愿望容易影响观察过程及结果。

2 准实验法

实用社会心理学实验有别于基础社会心理学的实验室研究。由于社会背景下的人及群体不可能长期生活在实验室，为了使研究具有现实可行性，以及提高研究成果的现实应用价值，它通常是在现实社会环境下进行，因而一般是准实验设计。准实验设计是介于非实验设计和真实验设计之间的一种实验设计。它对无关变量的控制比非实验设计要严格，但不如真实验设计对无关变量控制充分和广泛。通常准实验设计不易对被试进行随机取样。总的说来，准实验设计在三点上不同于真实验设计：有时对自变量（如被试特点的自变量）无法有意识地操纵；不能严格地控制无关变量；无法按照随机抽样原则抽取被试，也没有随机地把被试分配到各种试验处理中。在研究中需要根据具体实际情况与可能尽量使实验研究标准化。

与准实验相接近的自然实验法与现场实验法，自然实验法是介于观察法和实验室实验法之间的一种方法。它所研究的变量是由环境操纵的，有关的事件是自然进行的，实验者不能操纵有关的变量。从而减少了人为性，是由现实的人在现实的社会环境中表现出的非研究者控制的行为，因此有较好的内在效度和较高的外在效度。但由于实验控制不严，难免有其他因素的干扰，费事也较多。现场实验法对于环境加以一定的控制，在现场呈现一定的刺激，观察被试的反应。由于被试不知道自己成为了观察研究的对象，不会产生反应偏向，行为较为自然真实；

能够在正常情境下对社会行为进行研究，现实性较高；能够广泛地观察。同时，由于控制了自变量，所以可以发现变量间的因果关系。但是，实验对自变量的控制程度较低，无关因素影响的可能性较大，并且难以保护被试者的权利和安全。

3 调查法

调查法是由研究者拟定一系列的问题，要求被调查者作出回答，然后整理所获得的资料，从中得出结论。包括访谈法、问卷法。

其中的访谈法是研究者亲自访问被调查者，直接提问并记录。问卷法则是以书面形式向被调查者提问，让其填写问卷。

在使用调查法时，要注意研究的范围，有针对性地设计问题，所提问题应是能反映研究对象的有关具体内容，具有效度。避免暗示，不宜过于直接或过于理论化，还要注意取样样本的数量与代表性，以保证研究结果的代表性。

调查法的优点在于直截了当，针对性强，省时省力、信息量大。其缺陷在被调查者的回答可能受各种因素的干扰，影响其准确性。

4 档案研究法

它利用现存的档案材料进行分析，得出结论。档案材料可以包括报纸、文件、书刊、信件、演讲、日记、影像、保持的手机信息、网络ＱＱ交流记录等一切有助于研究目的达成的文字或影像资料。适用于进行个案分析。它可以在较长的时间内和较广的空间考虑假设，从不同时代、不同文化的角度去检验假设，提高了研究的有效性，不会出现研究对象的反应倾向问题。但无法找到材料验证作出研究出发点的假设，材料的准确、可靠性难以确定，需要研究者具有较高的研究水平，才能从大量的材料中找出有关研究课题的有价值的信息。

第三节 应用社会心理学理论

应用社会心理学本身就是要运用社会心理学的理论去研究现实问

题，因此社会心理学的有关理论也是应用社会心理学的理论基础。

一、社会学习理论

以美国心理学家华生1913年在美国《心理学评论》上发表《行为主义者心目中的心理学》为标志，行为主义学派产生。从此，使得心理学研究的方向在一定程度上发生了重大的改变。由传统上的注重人的内在心理研究转移到外显行为研究。斯金纳（B.F.Skinner）为代表的新行为主义随后在批判中形成，他认为所有行为都是环境的产物，在研究上与霍尔不同，不主张先有理论假设，再进行实验检验，而是直接对行为进行观察，然后加以描述，其最主要的贡献是他的操作主义。他通过箱中的白鼠为了获得食物，而学会操作压杆，进而认为操作行为实际上是一种获取刺激的工具，食物的获得将会强化这一操作行为，这就是学习。操作行为是在不具备已知刺激的情境下，有机体对自身需要的刺激自发产生的反应。

社会学习理论就是在行为主义的直接影响下形成的，是从霍尔(E.Hull)和斯金纳为代表的新行为主义学派的影响下开始形成的。于20世纪30年代，米勒（N.E.Miller）和多拉德(J.Dollard)根据霍尔(E.Hull)的工具性条件学习论着手研究模仿行为，认为各种学习包括四种基本因素：内驱力、线索、反应、奖赏，它们构成模仿学习的基本框架。米勒的研究从动物实验提高到了人的实验。认为个体模仿如果可以得到奖赏，模仿行为就会产生，而强化是儿童模仿学习的先决条件。这一模式也可以推广到从众、态度改变等其他社会行为中去。

社会学习理论的代表是班杜拉（A.Bandura）他将行为主义的研究原则扩大到两个人和群体情境中人的行为的习得和改变上来。虽然也承认强化在学习中的作用，但认为强化只是促进学习的因素，而不是引起学习的因素，个体在模仿学习以前就具有了反应能力。他通过儿童模仿侵犯行为的实验证明了认知因素（例如对奖与罚的认知）在学习中起着重要的作用。班杜拉（A.Bandura）的理论中开始注重中介变量中的认知过程，从而也突出了观察者的主观能动性，他对儿童的社会化、行为矫正、观察学习、自我调节等研究领域作出了重大的贡献。

由于社会学习理论关注社会行为、学习和强化、实验室实验等方面的研究，因而在社会心理学理论中是一个重要的流派。

二、社会认知理论

社会认知理论来源于格式塔（Gestalt）学派和勒温（K.Lewin）的场理论，在其形成过程中也受到了现代认知心理学的推动。格式塔心理学主要是关于人的知觉的研究，他们认为传统心理学将知觉看作是各感觉成分的总和是不正确的。知觉一开始就具有整体性，观察者总是完整地观察对象。结构平衡论的代表海德（F.Herder）将它运用到人际关系的认知中。勒温将知觉结构的研究转移到人的行为结构的研究上，从而提出了个体的张力系统和心理环境之间的相互作用问题。建立了“场理论”，这里的场包含了个人的主观因素、心理环境和行为，而行为是在人和当时的环境作用下产生的，作为人本身，个体的需要会引起他和环境之间的张力，只有需要得到满足，张力才会消除。这一观点成为各种认识协调或不协调理论的基础。

与行为主义的研究方向相反，社会认知理论将重点放在人的主观意识上。他们认为只有理解了人的认知过程，才能理解人的行为。该理论并没有统一的理论体系，只表现了社会心理学家的一种研究方向，内容涉及到态度、动机、知觉、偏见、归因等。由于这些方面构成了社会心理学的主要领域，因此，和行为主义相比，“更多的社会心理学家感到，行为的准备，比显在的行为本身更为重要。在从心理学系毕业的社会心理学家中，大都给认知理论以重要的注意。”①

① 舒伦伯格．社会心理学的大师们．沈阳：辽宁人民出版社．1987：136.

三、精神分析理论

精神分析理论的出现和发展对西方心理学界乃至整个人文科学的影响都是不可估量的。正如弗洛姆所说："如果没有弗洛伊德思想的渗入，西方思想就不可想象。"就社会心理学而言，"西方所有的社会心理学家实际上都把弗洛伊德学说当作自己观点的理论根源。"由于精神分析理论体系庞大，涉及面较广，在此，无法对这一理论体系作总体的介绍，仅将它和社会心理学直接相关的或对之有所涉及的思想作简要的简述，以便我们较清楚地看出这一理论在社会心理学中的位置。

其理论对社会心理学发生直接或间接影响的是他关于"人格发展"、"集体心理学"和"文明"等方面的论述。

在弗洛伊德的早期著作中，他将人的精神世界主要划分为意识和潜意识两大部分。意识是可以直接感知到的有关心理部分，比较而言，他显得小而不重要；潜意识则包含了人的原始冲动和本能，其内部以沸腾的"力比多"（性驱力）为动力源，是人自我意识不到的部分。在意识和潜意识之间又有一个前意识，其作用是将人的原始欲望压迫于意识之下，并能召回在潜意识中的一部分。根据这一设想，又可以有个相应的人格组织结构，即本我、自我和超我。本我是心理能量的基本源泉，它奉行"快乐的原则"而不受理智、逻辑、道德的约束，以满足本能的需要；自我位于本我和超我之间，主要对两者加以控制和统辖，它遵循"现实的原则"，其作用是将"快乐的原则"现实化，以此调整与外部世界的关系，使行为既能满足内在的需要又切实可行；超我是人格的最上层，主要以道德的原则为准绳，它发端于自我并将父母的道德观内化于己，以便使自己的行为符合于父母的要求。

由于弗洛伊德将人的潜意识的冲动归结于性的驱动，因此，在他看来人格的发展就是围绕着性的发展。这里的"性"的概念比人们平常理解的要广泛得多，它泛指人对快乐的寻求与满足，他指出："性与其最密切的联系物生殖器脱离，而被看作一种更易理解的身体功能，追求快乐是其第一目的，其次才是为生殖目的服务。"在口唇区阶段，儿童通过吃奶和撕咬得到快乐的满足，这种原型模式为其成年后的知识、爱情、权力的追逐奠定了基础。从口腔转向肛门以寻求满足是小孩在出生后的第二个年头，这时的刺激与满足过程表现在“排便训练”上。由于排便的本能欲和外部的阻力之间的冲突，从而导致了人格中某些定势，诸如反抗、报复、越轨或慷慨、施善、防御、控制等。儿童的5~12岁进入生殖器阶段，他们开始将注意力集中在生殖器官上，并产生了男孩对母亲、女孩对父亲的恋情，前者称“俄底普斯情结”（恋母情结），后者称“厄勒克特拉情结”（恋父情结）。就男孩而言，为了能得到母亲的爱，他便妒忌自己的父亲，但又必须模仿自己的父亲。因此，“这种对父亲的认同作用带上了敌对的色彩，并变成了一种要驱除父亲并取代他对母亲的地位的欲望。”反之，女儿亦类似。最后，儿童便成长为青少年，开始了异性的相互吸引，最终达到两性的结合。在弗洛伊德看来，“自我和超我的能量发泄作用和反能量发泄作用的形成，以及二者之间的相互作用，决定了人格的发展的道路。”

弗洛伊德的群体心理学表现了他将精神分析理论应用于社会心理的分析研究中，但也正因为这一点，它又是建立在个体心理学的基础上的。弗洛伊德对群体心理的讨论是从社会心理学的两位早期代表黎朋和麦独孤开始的。前者认为群体是一种具有易受感染、模仿、暗示的人群组合，后者强调集群心理“只有粗俗的情绪和粗糙的情感，因而易受他人的操纵，缺乏自我意识。弗洛伊德据此想进一步解答，在群体中迫使个人心理发生变化的实质是什么。他运用精神分析理论中的“力比多”分析了群体的心理，他认为以性为目的的“力比多”在群体中转化为“爱”。群体中的情绪联系是靠爱来维系的，或者说“爱的关系才是构成群体心理的本质的东西”。而爱又是从人格发展阶段中儿童对父母的不同转化而来的，群体的构成来自家庭内部关系的原型，即“情结”。在他看来，“在一个有明显的领头人但并不以正式方式组成的典型群体中，领头人暂时成了情绪取向的共同对象，以代替形成超我的父母情绪，当群体的成员用领头人代替自己的超我的时候，用弗洛伊德的话说，他们也‘在自己的自我中相互认同。’”因此，弗洛伊德的群体心理学实际上是其个体心理学的转换。

弗洛伊德的精神分析理论在其追随者荣格（C.G.Jung）、阿德勒(Adler)、霍妮(Karan Horney)和弗洛姆那里分道扬镳了，他们各自按照自己的观点对精神分析理论作了修正。有人将后三者的理论看作是“精神分析中的社会心理学理论”，其实荣格的理论也含有社会心理学的成分，如他的“集体无意识”分析和“人格面具”、“人格发展”研究。阿德勒则开始将兴趣集中在社会力量对个人心理产生的影响上，因此，人的行为不是由过去（童年）决定的，而是由社会所决定的，从而使人因原始的自卑而不断追求超越。霍妮以“焦虑”概念为基础，也强调了社会文化的重要，成为精神分析中的“社会文化学派”。弗洛姆可以说是精神分析理论的集大成者，从某种程度上看，他已将这一理论转变成一种社会哲学，其全部命题在于人和社会的关系，认为人的个性化是在社会的各种复杂关系中实现的。他提出了“逃避自由”和“理解个体的无意识必须以批判地分析他那个社会为前提”，“从而把心理分析学从原先主要是一种‘个体心理学改造为一种‘社会心理学’”。从总体上看，新精神分析理论已经将原来本能与行为的关系的重点，转移到了人与人和社会与人的关系问题上来。50年代关于群体的一些理论和实验，如T——群体实验、舒尔茨的人际行为三维理论等也都表明了这种倾向。

四、符号互动理论

符号互动论是社会学家在社会心理学领域中进行的理论研究，从社会心理学的构成方面来讲，其影响并不亚于精神分析理论。或者说，社会学家都是通过符号互动理论涉足社会心理学的。符号互动理论的创立者是美国社会心理学家乔治•米德（J. Mead）。从他的思想体系来看，他主要受到了威廉•詹姆斯(W. James)、库利(C. H. Cooley)、杜威(J. Dewey)以及冯特的关于“姿势”方面研究的影响。米德生前除了写过二十多篇主要论文外，并没有发表过任何社会学或社会心理学方面的专著，他的著作都是在他逝世后（1931年）根据学生的课堂笔记整理而成的。而其中最能集中表现其社会心理学思想的著作是他的《意识、自我与社会》，

米德的“符号互动论”是以两个假设为前提的：（1）人类在生理上的脆弱迫使他们在群体中互相合作，以求生存。（2）存在于有机体内部或有机体之间的有利于合作因而最终也有利于生存与适应的行为将被保存下来，因此，人的心理也好，自我也好，社会也好，都是在人与人之间的相互关系中产生的，故它们具有社会的意义。

米德受达尔文主义和实用主义原则的启发，认为意识具有运用和理解符号的能力，通过这种能力，人们可以在心里对环境中的客体做出行为上的选择以调整自己对客体的活动。这一点在婴儿出生后就从关系到自己生存的人那里学到了。从这一观点出发，米德进一步研究了人的姿势，认为姿势作为自我意识的表现，具有社会性的意义，而另一方面他人也正是由于理解这一姿势而做出相应的反应。姿势既可以是动作的一部分，也可以是口头语言，由于彼此交流的双方共知它们所具有的意义，因此能互相沟通和理解。由此，我们可以看出，社会互动是通过有意义的符号进行的，社会行为不可能靠刺激——反应来实现。

米德关于自我的论述也和他人相联系。根据詹姆士的“自我”概念和库利关于“镜中我”观点，米德认为人能运用符号理解他人，同样，也可以对待自己。作为一种在社会情境中形成的自我，它必须包含两个部分，即“主观我”（I）与“客观我”（Me）。“主观我”是与生俱来的一种本能的冲动，具有主动性与创造性；“客观我”是在与他人的交往中形成的，由于个人具有扮演他人角色的能力，因此客观我就成为“一般化的他人”，或者说，自我能把分离出的“客观我”放在他人的位置上加以评价，从而使自我形象和他人的要求相一致，并能调整自身的行为。在米德看来，自我的发展必须经历三个阶段，即准备、玩耍、游戏。在准备阶段，婴儿还不能运用有意义的符号，主要以模仿的手段学习动作，与他人交往。进入玩耍阶段后，婴儿开始在意识中形成数量有限的对他人看法，并能调节自己的行动，以符合“他人”的角色。最

后，儿童在游戏阶段开始在群体中参与活动，协调与他人的角色关系。角色期待会使人们之间的行动彼此关联，而这种关联又借助于其共有的符号，这样“一般化的他人”就形成了，它可以进一步发展到一个社区的共同价值观、态度和规范。社会也就在人与人之间的互动中产生出来，社会代表着个体之间有组织的、模式化的互动。

布卢默认为：“在非符号的相互作用中，人们彼此直接对姿势或动作起反应，在符号的相互作用中，他们解释彼此姿态，并根据交互作用过程中所获得的意义进行活动。”而这一点首先来源于人有创造和应用符号的能力，他们运用符号来解释、指明、估计、预测及评价客体对象或行为方式。据此，人自己也能扮演他人角色或符合他人的角色期待。符号互动论者在继承米德思想的前提下，又引进了托马斯的“情境定义”，强调了自我将根据对周围环境的理解来决定自己的行动。符号互动理论也成为社会角色理论、参照群体理论、戏剧理论、标签理论等的基础，为从社会学方向上研究社会心理学奠定了坚实的基础。

五、群体社会化理论

J.Harris提出的群体社会化理论受行为遗传的影响很大，甚至可以说是自然天性论的代表。正如大部分心理学家一样，Harris也认为影响个体发展的因素可以简化为：遗传+环境，只不过这里的遗传因素可以解释为人之间人格差异的50%左右的原因，剩下的环境因素不是人们通常观念上的家庭环境，而是家庭外的社会环境——儿童期与青春期的同辈群体。

（1）群体社会化理论的一个中心假设是：社会化是一种高度依赖背景的学习形式，儿童分别学习在家庭内与家庭外的行为表现。对于这一点，必须在家庭里与家庭外两种不同的文化中学习。

（2）家庭外社会化主要是一种群体过程。它发生于儿童与青春期的同辈群体中。群体内的同化作用传递了文化规范，使孩子与他们的同辈更加相似；同时，群体内的分化作用又使得个体间的差异增长。

（3）群体社会化理论强调，儿童与青少年强烈地认同于他们的同辈群体。比起家庭内获得而言，孩子更倾向于偏爱家庭外的行为体系。Harris将此归结于人类长期群居的进化史，孩子可能从生理上就倾向于抛弃在生命早期习得的东西。儿童之间结成联盟，同辈之间彼此相似是一种对自然选择的适应。

（4）根据群体社会化理论模型，不仅孩子之间互相影响，成人之间也互相影响，文化传递的模式不是个人对个人，而是群体对群体——从父母的群体到孩子的群体。

Harris提出的群体社会化理论无疑为人类的认知与社会发展提供了一种崭新的审视角度，然而，由于她的理论在很大程度上与后天教育理论针锋相对，且其理论尚处于被证实之中，因而受到了来自各方的批驳。

六、后现代主义思潮

“现代主义”和“后现代主义”不是用时间划分出来的两个概念，它们代表着两种不同的研究取向和研究方法论。

从冯特以来的西方心理学流派大多数属于现代主义心理学的范畴，坚持“科学主义”的研究方法。而社会心理学领域，从一开始就秉承了科学主义的原则，形成了西方社会心理学的主流。在20世纪80年代，当学者们反思社会心理学危机时，就有人指出社会心理学的“现代特征”是：方法论上的机械主义、研究手段上的实验主义、研究取向上的个人主义、研究理念上的普遍主义。可以这样认为，现代社会心理学的实质在于它的实证主义特征，它坚信存在着客观、普遍的真理，坚信实证的方法，坚持价值中立的原则。

后现代主义思潮不只是一个哲学命题，同时也是对后现代社会生产、生活方式的反映。它是对历史和现实的比较与反思，对科学与文明的审视，对人生价值的重新评估。

后现代主义思潮之所以对社会心理学产生重要的影响，主要在于社会心理学内部的研究危机：由于一贯地以方法为中心，而不是以问题为中心，导致许多实际生活中的问题没有研究甚至不能研究，严格的定量分析难以解释许多现实问题。

1991年，格根出版《饱和的自我：当代生活中的身份困境》一书，对后现代社会心理学的具体内容作了描述，用一项具体的研究进一步落实和展示了他最初对后现代社会心理学的构想。

进入后现代时期的社会心理学，研究重心发生转移，它注重探讨人的社会性（人性），注重评议的研究，注意心理投射现象的研究，提倡超个体主义的研究。后现代主义社会心理学的基本思想是：（1）反对机械论和实证主义，提倡经验论和相对主义；（2）蔑视低级心理的研究，重视高级心理的研究，强调社会心理学的研究应该尽快与伦理学、艺术、社会学接轨；（3）反对还原论、简约论等提倡从整体论和文化历史的角度来研究人的心理。

后现代主义社会心理学强调研究社会实际生活中的心理学问题，强调以人为本，对我们来说是非常具有借鉴意义的。它强调研究方法的多元化，符合社会心理学研究对象多样化的需要。应该说，社会心理学中的后现代主义思潮目前还不是一个学派，只能称其为“思潮”。后现代主义社会心理学思潮虽然没有成为社会心理学的主流，但是，应当是建构社会心理学大厦的一部分。

第二章 自我意识与社会认知

社会心理学意义上的自我意识通常指个人对自己身心状况，人我关系的认知、情感以及由此而产生的各种思想倾向和行为倾向。社会认知是个体在与他人交往的过程中，观察、了解他人并形成判断的心理活动。正确认识自我与他人并理性地自我行动是顺利地实现社会化的基础。

第一节 自我意识

一、自我意识概述

（一）自我意识的含义

意识是人所特有的反映现实的最高形式，是人对现实的一种有意识、有组织的反映[①]。是个体社会化的重要成果之一。一般意义上，自我意识是指主体对其自身的意识。即个人对自己的存在、对自己以及自己与周围事物关系的认识。社会心理学意义上的自我意识通常指个人对自己身心状况、人—我关系的认知、情感以及由此而产生的各种思想倾向和行为倾向。即自我意识包含三种成分：自我认知、自我情感、自我意向。自我认知是对自己各种身心状况、人—我关系的认知；自我情感是伴随自我认知而产生的情感体验；自我意向是伴随自我认知、自我情感而产生的各种思想倾向和行为倾向。自我意向常常能够对个体思想和行为起发动、支配、维持和定向作用，因而也叫自我调节或自我控制。

自我认知、自我情感、自我意向三种成分紧密联系，共同作用于个体的思想和行为。例如，对自己心理健康不佳的认知，可以产生紧张和焦虑的情感体验，而为摆脱这种情感体验，就引发加强心理保健的意向，并发动、支配、调节自己的行为去维护自己的心理健康。

（二）自我意识的内容

自我意识的内容可以从不同角色进行分析。

1 生理自我、社会自我、心理自我

詹姆斯将自我意识分为生理自我、社会自我、心理自我。这三者相互联系又相互区别，不同内容的自我认知会带来不同的情感体验，引发不同的意向及行为。对于自我的身体、长相、财富等生理自我或称物质的自我的认知，在情感体验上表现为自豪或自卑，在意向上表现为对

① 朱智贤．心理学大辞典．北京：北京师范大学出版社．1991：858.

身体的保护，外貌美的追求，物质财富的追求、占有和享受。对自己的社会地位、人际关系、自我形象等社会自我的关注，在情感上也表现为自豪或自卑，在意向上表现为追求名誉地位、与人交往、与人竞争，争取他人的好感等。心理自我是对自己智能、兴趣、爱好、性格、能力、品德、心情等心理特点的意识，属于精神自我，在情感体验上表现为自信、自豪或自卑、自贱，在意向上表现为追求智慧、能力的发展，精神生活的丰富。

2 现实自我和理想自我

罗杰斯将自我意识划分为现实自我和理想自我。现实自我是对自己目前的现实状况和实际行为的意识。理想自我是由理想或为满足内心需要而在意念中建立起来的有关自己的理想化的形象，只是观念的、非实际的。现实自我产生于自我同社会环境的相互作用；理想自我则产生于他人和社会规范的要求被内化后以及内心需要整合而成的理想形象。当理想自我建立在理智认识或对他人和社会规范的自觉内化之上时，就可以在现实自我和社会环境之间起积极的调节作用，指导现实的自我积极地适应和作用于社会环境，促使理想自我、现实自我和社会环境在新的水平和方向上达到协调一致，自我得到健康而顺利的发展。当理想自我和现实自我以及社会环境之间产生矛盾冲突时就会产生焦虑的情绪体验，焦虑可能导致攻击、自卑、依赖或逃避、退却等心理行为倾向，从而使现实自我与社会现实之间发生矛盾冲突，引发内心混乱，造成生活适应困难，甚至引发心理障碍。

3 公我意识与私我意识

Fenigstein,Scheier与Buss(1975)认为，人的一部分是公开的、社会的，是与他人密切相关的，即公我；有些部分是他人不可获得的隐秘，即私我。对这两者的不同注意而产生的意识为公我意识和私我意识。私我意识高的人对群体中社会压力的敏感度低，比较注意信念、价值、情感等个人内在方面，较少考虑他人的意见与期望。而公我意识高的人会避免不合群，对他人的意见非常敏感，会为其所期待的社会交往而调整自己的意见[①]。

4 现实的自我与可能的自我

Markus等人提出现在的自我与可能的自我。可能的自我指个体觉得自己某一方面有潜力的自我构想。它是未来行为的诱因，又为现实的自我提供了一个评价和解释的情境。其结果取决于未来自我的构想是积极的还是消极的。

（三）自我意识的产生和发展

自我意识作为对自我存在的意识，既是认识活动的过程，也是活动的结果所产生的自我意识内容。

在心理活动过程中，自我意识的进行必须以自我觉知去发动和维持。自我觉知指的是发动并维持自我意识活动过程的高度集中的自我注意状态。在自我觉知的状态下，个体特别关注自己的思想和情感，关注别人的反应，更容易觉察到有关自我的信息。没有自我觉知就无法形成自我意识的观念，无法规范自己的行为。

自我觉知受环境因素和个性因素影响。环境因素引起的自我觉知常会产生紧张或窘迫感。例如，被人注视、被问到自己的私事、面对摄像机的镜头时。个性也会影响自我觉知，有些人自然地倾向于关注自我而非环境，存在自我意识倾向。

个体的自我意识是在个体生理和心理能力成熟的基础上发生和发展的，与此同时，许多社会因素对自我意识的形成和发展起着重要作用。

自我意识发生的标志是：物—我知觉分化、人—我知觉分化、有关自我的词的分化。物—我知觉的分化依赖于感知觉和动作的发展以及它们的协调发展。人—我知觉分化依赖于注意的发生和发展以及视觉表象及其记忆能力的出现。有关自我的词的掌握需要复杂的抽象、概括能力。生理的成熟和发展只是形成自我意识的前提，自我意识的形成和发

---

① 徐瑞青．国外社会心理学中自我意识理论的发展．中国人民大学学报，1994(6): 73–74.

展还得依靠社会互动，依赖于个体参与社会生活以及与他人的相互作用。库利（C.H.Cooley）指出，在与人交往中，个体根据他人对本人的反应和评价，由此产生自我观念，即“镜中我”。他人对于个体的态度与反应，不仅影响自我意识的发展，而且影响着个体的成长，塑造着个体的实际自我。米德(G.H.Mead)进一步发展了库利的思想。他认为，所属社会群体是我们观察自己的一面镜子。自我意识是在社会互动中通过扮演他人的角色，把自己置于互动对方的位置上而逐步形成的。通过角色扮演，个体将自己视为一个被评价的客体，产生了自我形象，这种自我形象逐渐定型，就形成了一种稳定的自我观念，从而形成把自己确定为某一类人的自我意识。

影响自我意识形成和发展的社会因素多种多样。如，社会经济地位、社会文化环境、家庭、角色扮演、他人的评价、参照群体。

社会经济地位影响自我隶属某一阶级或阶层的意识，制约自我的政治态度，同时影响个体的自我意识的发展水平，如自我成就与自我实现欲望的高低。这些自我认知在情绪上产生自豪、自重或自卑、自贱，对实践活动的自觉性、主动性、能动性也有一定的影响。

社会文化价值观点差异导致东方人的依赖与西方人的独立的自我图式，说明文化对自我意识的影响。

儿童对自己的看法、评价主要取决于该年龄段父母“这一重要”他人对他们的反映。以奖励为主的家长，其子女倾向于形成肯定的自我，而苛刻的父母经常给予否定评价易于使儿童形成否定的自我，严重时甚至会导致自我分裂。

一个人成功的角色扮演，易于形成自信、自尊的自我意识，角色冲突与角色扮演的失败，会使人的自我效能感受到影响，体验到焦虑、紧张，导致社会适应不良。

他人的评价对自我意识具有重要的作用，小学三年级以前的儿童的自我意识主要来源于家长方面和老师的反映。即使成年人的自我意识也或多或少会受到同伴、领导、家人中“重要他人”的影响。

参照群体的价值观、信念是个体自我观念与价值取向的重要来源。

个体会根据参照群体的价值取向定义自己，形成自我观念。将参照群体的价值倾向理解为一种期望融入自己的意识之中，用以约束自己的思想、行为。

二、自我过程

自我过程是指影响自我意识的形成、方向或目标的心理加工过程。这一自我过程包括自我评价、自我增强、自我表现、自我监督、自我控制。

1 自我评价

自我评价是个体对自身状况所作的肯定与否定的判断，决定着一个人的自尊以及相关的自我表现。自我评价依赖社会比较、自我估价来实现。社会比较是通过将自己与他人比较以获取有关自我的重要信息的过程。往往同社会上与自己地位、职业、年龄等类似的人进行比较，多发生在对自己或环境的某些方面没有把握的时候。自我估价是个体对自己的心理活动及其行为表现进行主观分析，是通过完成能提供有关自己能力或品质的准确信息的任务以检验自己的自我观念的过程。

2 自我增强

自我增强是指个体以一种有利于对自己做正面评价的方式收集和解释有关自我的信息，以使其维护自尊和自信。常用的方式有以下七种：

一是向下进行社会比较。人们为了弄清自己在群体中的价值和地位，常常做向上的或至少同自己类似的人的比较。当自己遭遇挫折，自尊心面临危机时，为了避免自卑和妒忌心，就与低于自己的人进行比较以维护自尊。如果无法进行向下比较时，为避免心理痛苦，就贬低他人，以保持心理平衡。

二是选择性遗忘，即遗忘那些痛苦的、令人不愉快的消极事件与情景，尤其是失败事件、缺陷，以达到心理的自我保护。但是如果相信自己的不足会最终得到解决时，却可能常常记起失败或缺陷。如“我虽然暂时还不强壮，但比以前强多了”。

三是有选择地接受反馈，当行为结果的评价有损于或有利于自尊时，常趋向于贬低消极的、否定的反馈及评价信息的可靠性，而夸大那些积极、肯定的反馈评价的可靠性，并全盘接受积极的评价。如，比赛失败者认为这次不能比出真水平，获胜者则认为这次是真水平的较量。

四是缺陷补偿，指当自我角色目标失败时，可能对相关的社会角色的重要性做重新的评价，以补偿自己的角色缺陷，如婚姻不成功者说“职业的成功比婚姻更重要”，或者强调自己拥有的积极品质的重要性而贬低不具备的品质的重要性，有助于人在困境中通过强调自我的“优势”来增强信心。

五是自我防御性归因，指通过强调个体对积极的合乎期望的好结果的作用，缩小对消极的不合乎期望的坏结果的责任以保护自尊。如失败者强调难度和运气，胜利者强调能力水平。决策失误时归于客观环境，成功时归于自己决策的英明。

六是自我设障，指当感到失败难以避免时积极地搜寻甚至有意制造不利的因素，以便为以后失利留下台阶，保护自尊。如，害怕比赛的运动员，可能在训练中蓄意寻找理由中断训练，以便在失败时，将结果归因为训练得太少。

七是降低自我觉知。例如，遇到不如意时，借酒消愁，通过酒来降低自我觉知以及负性的情绪体验。

3 自我表现

是指个体通过自己的社会行为的显示以形成、维持、加强或澄清他人对自己的印象的过程。自我表现无所谓好坏，它既是形成或控制他人的一种策略，有时被用作哄瞒他人的一种手段，但它对社会互动是必要的，有利于形成他人对自己所期望的印象，有时会成为社会互动的润滑剂。当然需要注意场合和适度。高自我监控者善于自我表现，关心如何与情境保持一致，能根据情境和他人的需要来塑造自己的行为。而低自我监控者不看重情境与他人的影响，注重的是如何保持自身的一致性，不善于自我表现。

4 自我监督

自我监督是个人主动地调整自己的行为、动机和冲动，以实现预期的目的或使自己的行为符合社会行为规范的要求。其结构包括：在个人的社会活动过程中逐渐形成的信仰、情感、习惯；个人对自己的行为、动机、心理品质的自我评价。不同人的自我监督的程度不同，很大程度上取决于人的社会自觉性、心理发展水平。

5 自我控制

个人对自身的心理与行为的主动掌握。是运用符号、语言，通过自我意识从而达到对自身心理与行为的控制。自控水平与个性修养与理智训练相关。

三、自我行动

自我行动是个体在人际互动中以自我满意的方式表现自己的过程。自我行动的意义在于保持个体的心理平衡，使个体与现实世界的关系和谐。自我行动是自我意识的外现。

由于现代社会的复杂性，个体价值观的多样性，形成了人与人之间多重的关系，因而个体的自我行动及其自我意识也是错综复杂的，人们由于出于礼貌，或出于对他人的关心，或出于公心，往往表现出自我克制，掩盖了自我的真实性。例如，在熙熙攘攘的人群里，别人不小心踩了自己一脚，感到疼痛难忍，但当对方向自己表示歉意，询问“踩痛了没有”时，如果你稍有修养，一定会以礼相待，说“没关系”，从而避免了双方的口角；又如，自己借钱给了别人，而当自己想用钱时，借钱者却表示要过几天才能奉还，自己也会讲“不急不急，我这几天不需要用钱”；还有，有些同志明明身患疾病，健康欠佳，但为了工作却隐瞒病情，不顾劳累的忘我劳动等等。可见互动中的自我行动受多种情境性因素的影响。

（一）影响自我行动的情境性因素

1 个体所扮演的角色

在人们相互接触中，各人表现出来的态度与行为是各不相同的。同一个人对于不同关系的他人，也可能表示出各不相同的态度和行为，这是因为个人在对他人关系中意识到自己所扮演的角色，即意识到自己与对方的关系，意识到自己在这关系中所占的地位，因而作出了一定的自我行动。例如，甲与乙两个人，乙认识甲时，是以什么线索来认识的呢？原来在日常生活中的相互接触，甲在乙面前表现出来的所作所为，以及甲对事物、对他人的看法和态度，尤其是甲表现出来的对乙的态度和行为等，就是乙认识甲的线索。甲不可能对任何一个人都表现出相同的态度和行为，他对于上级、部下、同学、知己、家属等的态度和行为就极为不同，对知己推心置腹，对上级服从命令，对下级严格要求等。因此，甲对他人所采取的态度和行为，往往同他与对方所建立的角色关系相适应，从而表现出多样性。所以说，甲在乙面前表示的态度与行为方式，可以认为是以甲与乙之间的角色关系作为前提的自我行动。

2 互动对象的自我行动特点

人们的自我行动，往往是根据互动中对方的行动特点而采取的某种相应的对策。如果互动中的对方是自高自大的，则个人的自我行动也会发生自尊的倾向，表示自己并不落后于对方。这种情况在双方发生矛盾时尤为明显。例如，双方吵架各不相让，往往会愈吵愈烈，甚至发展到动武的程度。如果一方采取了自我克制的态度，则对方也会有所收敛。在人们日常生活中，如果一方谦让，则另一方多半也会谦让。所以，在解决人民内部矛盾时，强调双方要多作自我批评，矛盾就容易解决，其原因就在于互动中一方自我行动的特点往往影响着另一方的自我行动。格京等人(1965年)曾做过一项实验，发现被试的自我行动多半与对方的行动相吻合。实验者先请被试作一次自我介绍，描绘自己并评价自己是怎样一个人，有什么特点等，实验者记录下来作为原始基础。一个月以后，实验者又安排被试与一个实验者的同伙交谈，交谈是一个个地进行的。该实验者的同伙与其中的一半被试谈话时，故意表现出自高自大，自命不见，处处表现自己，夸自己有什么优点，但他和另一半被试谈话时，又故意表现出十分谦虚、自卑，常常讲自己的不足，什么也不如别人。谈话后，实验者要求这些被试再向实验者的同伙作自我介绍，然后实验者比较这两组被试在一个月以前和以后的自我描绘有什么差别。结果发现，被试的自我行动在很大程度上受对方交谈的影响，听实验者同伙作自我夸张介绍的被试的自我描绘比一个月以前的自我描绘出现了许多优点；而听自谦介绍的被试的自我描绘，比一个月前更多地提出了自己的不足和缺点，忽略了自己的优点。

以上实验还可以说明，当一个人在某种陌生的环境里，不知道应该如何适当地、恰如其分地表示自己的时候，对方的行动则可以作为一个参照点。当对方与自己缺少直接的相互影响，获得的信息又不充分时，个体往往会对对方作出种种猜测与估计，从而发生和对方相应的自我行动。

往往还有一种情况，即个体也会作出与对方表现相反的自我行动。当与自己有相互关系的对方，如果是个体所不喜欢的，甚至是所讨厌的人，即使对方表现出来的态度或所提的意见和自己相同，个体的自我行动也会故意同对方相反，以显示自己与对方并不合拍，有不同的个性，从而与对方保持一定的距离。

3 要求完成任务的方式

个体的自我行动，还以现场所要求完成任务的方式为转移。格京(1969年)以一群新入学的海军学员为研究对象，把他们分为两个组，对两组被试都交给一个同样的工作任务，但却给以不同的指导语：给一组的指导语特别强调必须团结协作，才能很好地完成任务；对另一组的指导语则强调必须正确而有效地完成任务。这两组所接受的指导语不同，前一组是要求搞好人与人之间的关系，后一组是要求充分发挥个人的才智与责任感。然后要求每个被试在自己小组内作自我介绍。结果发现，两组被试的自我行动差别很大。后一组被试较多的作出了对自己肯定的描述，让大家知道自己的才能、特长与优点，目的是为了使他人了解自己完成任务的决心与信心；而前一组被试在自我介绍中表现的非常谦虚，甚至批评自己的缺点，目的是为了给小组成员留下好印象，便于今后和睦相处，团结协作，把工作做好，他们认为，如果一开始就表现出自高自大，可能会引起他人的反感，搞不好关系，不利于完成任务。这一实验结果表明，要求完成任务的方式不同，个体的自我会作出不同的行动。

4 所属群体的参照

个体参加了某一个群体，他就是该群体的一分子，就要自觉地维护该群体的尊严。因此，其自我行动也会发生一些相应的变化。

在日常生活中，可以看到个人的自我行动以所属群体作为参照，其实，也就是所属群体的规范对个人自我行动的影响。这种影响有时可以理解为某种约束力，例如，中国大学生离开祖国，去到异乡，他意识到自己是一个中国人，在外国人面前不能低头屈膝，而应在行为、举止上表现出中国人的气概。这就是祖国这一大的社会群体给个人自我行动的影响。自我行动受群体规范的影响，即使在小学生中也是明显存在的。观察发现，有的少先队员在马路上与同伴发生争执而动手扭打之前，先把系在自己颈上的红领巾解下来放好，然后打架。这说明他们意识到打架是少先队组织不允许的，要受到社会的指责。因此他们幼稚地认为，解下红领巾之后打架这一自我行动，可以免受群体规范的约束。

（二）自我行动的方式

自我行动的方式多种多样。这里讨论下列三种方式：整饰自己、投其所好和自我防卫。

1 整饰自己以获得他人对自己的好印象

在人际互动中，个体通常表现出一副自敬人敬的面目。他选择合宜的言辞、表情、姿势与动作，以给互动对象留下一个好印象。前面说过，个体对自己的认知与评价，在很大程度上来源于他周围的人对他的看法。个体的外观最容易被他人知觉到，所以个体比较注意在外观上留给别人一个好印象。比如一个姑娘刻意打扮自己，她不仅仅是给自己看的，更多的是给周围人看的，如果因此得到别人的赞美，她会体验到一种满足。

所谓整饰自己，是指个体以适当而得体的言语或非言语行为表现自己。整饰自己不仅是多方面的，而且是一种社交技术。个体真实的自我，有时不仅是自己不能接受的，而且也是别人所不欢迎的。所以，个体为了求得满意的自我和人际关系的协调，常常使用这种社交技术。在公共场合下，个体特别留意于整饰自己，比如在朋友聚会，上街游玩时，一般会打扮一番，穿戴整齐。

有关整饰自己，有人分别对几种情况进行了实验研究：

（1）遭遇失败后整饰自己

施奈德(1969年)研究了失败的经验对整饰自己的影响。他让被试做一种成败结果不容易由自己判断的工作，然后，告诉甲组被试，他们做得很成功，告诉乙组被试，他们失败了。接着安排一个情境，要被试面对他们的同伴作自我描述。结果发现，乙组被试比甲组被试更多地自我肯定。可见，刚刚经历失败的人具有得到较强烈的社会赞许的要求，因此倾向于显示自己的长处，以弥补失败所带来的自尊降低。

（2）在异性面前整饰自己

俗话说，“女为悦己者容”。同样，男性在他所喜欢的女性面前，也常常显示自己。

赞那与帕克(1976年)做了一个实验，他们让一群女大学生与两位男性助手交谈，并作自我描述。甲组被试与一个较讨人喜欢的男性助手交谈，实验者告诉她们，这位男性是一所名牌大学的四年级学生，身高六英呎一英吋，尚无女朋友，乐于认识女大学生；乙组被试与一个不讨人喜欢的男性助手交谈，实验者对她们说，这位男性是一所三流大学一年级的学生，身高五英尺五英寸，已有一个固定的女友，对其余女孩子不感兴趣。然后，实验者告诉甲乙两组中各一半的被试，将与她们交谈的那位男性所欣赏的理想女性典型是传统的或现代的。结果发现：甲组被试的描述，较符合男性助手所理想的女性典型，当他欣赏传统式的女性时，被试的自我描述中包含了较多的传统女性的人格特质，反之，当他欣赏的是现代式的女性时，被试的描述中则较多现代女性的人格特质，而乙组被试的自我描述，不受男性助手对理想女性的期望影响。

这一实验说明，整饰自己也是造成男女性别角色分化的一个因素。一般人依照社会期望的男女角色行为模式相应表现自己，经常表现适合男性角色或女性角色的个体，会逐渐相信自己就是这样的一个人，因此在心理上形成男女有别的现象。

（3）社会标定后整饰自己

在社会生活中，个体往往被社会标定为各种各样的人。这种标定不一定与个体的真实情况相符，但却影响个体的自我行动。个体在大多数情况下，会按社会的标定整饰自己，在克兰特(1973年)的一项研究中，要求被试为慈善事业捐献，然后，根据他们是否捐献标上“慈善的”或“不慈善的”，另一些被试则不被标定。过了一段时间再要求这些人捐献时，那些

第一次就捐了钱，被标定为“慈善的”人，比没有被标定过的人捐献得多，那些第一次没有捐钱而被标定为“不慈善的”人，比没有被标定的人捐献得更少。

实验研究说明，个体被标定为什么样的人，他就有可能成为什么样的人。

2 投其所好以获取他人对自己的好感

在人际互动中．个体为获得他人的好感，往往投其所好。投其所好是个体的一种策略行为，最常用的是自我暴露、称赞、附和与施惠。

（1）自我暴露

自我暴露是个体认识自己真实面目的一种方式，同时，也是自我行动的方式之一。作为自我行动的方式，是个体在特定人物面前展示自己内心的秘密。自我暴露的心理效应，是可能获得他人好感，甚至被视为知己，从而增加他人的自我暴露。因为个体通常认为，内心的隐秘总是不能轻易告人的，如果别人把它告诉了自己，说明别人对自己的信任；既然别人相信自己，那么对别人也应该相信。当然事情不会这么简单，但这种心理效应已为一些实验所证实。

自我暴露的心理效应受相互性规则制约，即自我暴露一般遵循对等原则，只有当个体的自我暴露与对方处于相同水平，才能使对方产生好感。自我暴露的速度必须缓慢到使对方不感到惊奇，否则反而招人讨厌。因为根据对等原则，一方暴露过多，另一方也要作相应的暴露。当对方不愿意暴露时，便会感到一种心理威胁，引起知觉防卫，拉大两者的心理距离。

此外，自我暴露作为行为策略使用，是在个体预料到这样做不但不会对自己产生危害，而且对方也能够接受。因此，个体更愿意暴露那些被认为是正面的、好的、能够增加自己的价值和吸引力的东西。或者直接暴露，或者间接含蓄暴露，有时，间接含蓄暴露的效果更好。

（2）称赞

称赞是个体有意无意地给他人以正面的肯定评价的一种方式。在社会生活中，个体需要称赞别人，同时也需要别人的称赞。个体之所以需要称赞，是因为称赞能满足人的自尊。一般而言，个体都有一种自尊倾向，喜欢以肯定的态度对待自己，如果个体总是不能以肯定的态度对待自己，那就失去了自身存在的价值感，他可能逃避现实，甚至会自己毁灭自己。所以，自尊是社会生活中的个体所必需的。

称赞之所以会产生特殊的心理效应，就是因为它能够加强或满足他人的自尊，使他人以肯定的态度对待自己。而当他人在获得满足后，也会以相应的形式进行回报。按照海德的平衡理论，两人来往，如果一方表示称赞另一方，而另一方若不表明相应的态度，将形成不平衡的紧张状态，只要双方不断往来，这种紧张状态便会驱使被动的一方逐渐称赞对方。

称赞能否使对方产生好感，关键在于是否恰当。所谓恰当就是称赞之后应使对方作有利的归因。比如一对青年男女经过别人介绍初次见面后，这个男青年对女青年说：“我觉得你不但形象美，而且心灵更美。”这个女青年对男青年的称赞有什么反应呢？这要看她如何推断他讲这句话的原因。如果女青年认为男青年的称赞只不过是花言巧语，别有所图，或者认为这不过是应景的话，意在讨自己的欢喜，那么这个女青年很可能产生反感。如果女青年认为男青年所说的话是真正出于他内心的感受，那么她很可能产生好感。

生活中不能没有称赞，表达称赞可以通过口头语言，也可以通过身势语言以及一定的表情，如微笑、赞许的目光等。称赞必须恰到好处，在别人需要称赞的时候，又以他所能接受的方式去称赞，才能获得满意的效果，不然会使别人作不利的归因。称赞别人要注意以下几点：

① 避免在他人认为你“有求于他”的时候去称赞他。如果的确有求于他，一定要拉开时距才好。

② 不要在例行公事的场合过分地称赞他人。

③ 必要时，可以由第三者传达称赞，这样可以增加称赞的可信度。

④ 在称赞的同时，不妨指出他人的无伤尊严的小毛病，或已经非常明确的缺点。

⑤ 对他人已经非常明确的品质可以少称赞，对他人很注视的但尚不能肯定的品质应多称赞。在别人志得意满的时候少称赞，而在别人失意之时多称赞，这会使他感到莫大的鼓舞、欣慰。

⑥ 如果甲乙两人情况相当，不要在一方面前过多称赞另一方。

⑦ 在乙面前称赞甲，再表示乙比甲更好，一般是乙和甲没有十分明显的差距或者乙希望自己比甲好时效果较好。

⑧ 如果别人问：“你看我这个人怎样？”这时，应该明白他需要的往往是称赞的话而非批评的话。对有教养的人，称赞不必太直截了当，含蓄委婉一些可能效果更好。

（3）附和

附和是个体在思想和行为上表示与他人相同。在现实生活中，附和是经常发生的，可以是发自内心的，也可以是表面做作的。在大多数情况下，附和可以增加个体在他人心目中的好感。之所以如此，是因为一般人喜欢价值观、信念和自己一致的人。伯恩(1969年)认为，个体若表示与他人相同的看法和行为，等于为别人的思想和行为提供了支持，具有相当高的强化作用。约翰逊(1974年)研究指出，被试若以为别人跟他持有相同的态度，那么他将表现出更多的合作倾向与行为。不仅如此，附和还能够消除他人因“独断专行”而形成的潜在焦虑或犹豫不决。

附和像称赞一样，也必须恰到好处，上述称赞别人的注意之点，基本上也运用于附和，此外，还要注意：

① 附和他人时要在他人关注的事件上表示相同，而避免给人留下见风使舵、毫无主见的印象，在无关紧要的事件上，可以充分表示与他人的不同。

② 如果他人与第三者有分歧，此时附和他人会有明显的效果。

③ 当他人的思想和行动缺乏判断是非的客观标准时，附和也会相当有效。

④ 当他人的思想和行动脱离正常的社会规范而遭到议论时，他却坚持己见，这时附和的效果非常显著，他可能因此而把附和者视为知己。

当然，在附和时还得保持应有的原则，如果明知是错误的思想、行为也一味附和，既丧失了自己的原则，也可能有害于人。

（4）施惠

施惠是个体给他人以物质上的好处。同称赞、附和一样，施惠会使受惠者对施惠者产生好感，留下施惠者喜欢他、尊敬他的印象。施惠也遵循相互性规则。正如俗话所说：“礼尚往来”，“来而不往非礼也”。受惠者若来而不往，心理上会有负疚的不舒服之感。在回报之后，心理上才会回复到舒坦的状态。

要想使施惠引发受惠者的好感，必须让他意识到他得到了别人主动施予的好处。但是，意识到受惠也可能产生心理性的抗拒，因为一般人都按照礼尚往来的规范行事，当施惠者给受惠者好处时，等于同时发生了要对方回报的暗示，这将使受惠者失去随意反应的自由，结果表观出“来而不往”。所以施惠者欲获得别人的好感必须避免对方产生心理性的抗拒，有效的方法是让受惠者感到施惠者无求于他，对施惠者作有利的归因。

施惠者要得到受患者的好感，还必须注意方式的适当，要考虑到对方的人格特点。施惠一般不宜在大庭广众之中，最好在两个人之间。

以上自我行动的方式在现实生活中是普遍存在的，它对人们搞好人际关系是有一定积极意义的，但我们也要注意批判其消极的一面。

3 自我防卫以变换自己与现实世界的关系

个体在社会中生活，或多或少会遇到挫折，产生烦恼和不安。一般说来，遇到困难时，个体或是积极地针对问题，设法解决，或是采取消极的方法，逃避问题。精神分析学家指出，个体往往在他本人不知不觉中，用他自己的方式，把自己与现实世界相矛盾的关系变换成相适应的关系，以不至于引起心理上太大的痛苦和不安。从某种意义上说，这是自我蒙骗，只不过是不自觉地自我蒙骗罢了。自我所具备的这种解决烦恼、减少内心冲突和不安，恢复心境安宁的方式，被称之为“心理防御机制”，又称自我防卫。

有关自我防卫的策略在挫折感的调适一节中再做具体介绍。

第二节 社会认知

一、社会认知概述

（一）社会认知的含义

社会认知是个体在与他人交往的过程中，观察、了解他人并形成判断的心理活动。社会认知着眼于对他人以及人人际知觉。因此，在社会心理学中社会认知也被称为社会知觉或人际知觉。

人际知觉是个体在与他人的交往过程中，观察、了解他人并形成判断的一种心理活动。实际上是对交往对象的认知或知觉。也叫社会知觉或社会认知。包括对对方的外表以及内在特点，如动机、能力、情感、意志、衣着、相貌等作出判断，形成完整的印象。实际上是通过交往、互动，主体根据认知对象的外在特征，推测与判断其内在属性的过程。

对于同一信息刺激的反应的性质、强度等，与刺激的信息对个体的意义，当时的心理状态、认知思维特点等因素有关。

（二）社会认知的特性

社会认知具有选择性、认知反应的显著性、防御性、印象的完整性等特性。

人们选择知觉对象时往往是根据以往给自己带来愉快或不愉快体验的刺激物，即刺激对自己的价值以及刺激物的强度来选择知觉的对象。

对于那些与个体关系密切、意义重大的刺激会产生显著的情感、动机等心理反应。

为了保持自我原有认知的完整，维护心理平衡，人们总是不自觉地启动心理防御机制抑制某些刺激的作用。

在认知过程中倾向于把认知对象的各方面特征材料加以规则化，以形成完整的印象。

（三）社会认知的范围

社会认知包括对他人外部特征的认知，如仪表，面部、身段、眼神、言语表情；他人的性格、品质；自己与他人以及他人与他人的关系等。

（四）社会认知的图式，或“基模”

图式是在认知过程中组织信息的方式。在人们的头脑中往往有各种不同的社会图式。如人的图式、自我图式、角色图式、社会事件图式。

其中人的图式是人们心目中对特定认识对象存在的典型形象。如愚蠢者的形象、热情人的形象。人们对于认识对象的判断，通常会不自觉地套用典型的各种特点人的典型形象。

自我图式是个体将自己加以分类和描述的方式，形成自我概念。如，将自己看作是个无能的人，就会在活动中按照缺乏能力、不会做事，效率低下的图式行动。而假如将自己当作是个聪明的人，就会按照聪明人应有的态度与行为处理问题。

角色图式是关于某一类角色的形象，如，对当官者的认识，往往视为有权利、打官腔、有钱、不好接近等等。

事件图式是指按社会事件的分类，关于事件发生的前因后果以及因果关系上的普遍特征。如一个强者与弱者的冲突，一般会认为是强者欺负弱者。当官的人如果自杀，常常被认为是畏罪自杀或为情所困。

二、影响社会认知的因素

（一）认知者因素

1 原有经验

我们原有的经验对认知过程产生着特殊的影响。个体在一定的基础上，形成某些概括对象特征的标准、原型，从而使认知判断更加简捷、明了[①]。如果我们没有关于“聪明”、“大方”的原型，我们无法很快地将对象认定为聪明、大方的人。更明显的是个体原有的经验能够制约我们的认知角度。对于同一座建筑物，建筑师可能更多地着眼于它的构造、轮廓，而木匠则可能更注重于它的木料的质地及工程的优劣。

不少学者认为，人们之所以能够认知对象的意义，是因为对关于该对象的经验已形成了观念，这种观念参与了认知过程。经验参与认知过程，巴克称之为“概念应用”。比如，一个学生的学习成绩好，人们可能判断他“有出息”；一个学生根据他在中学的化学成绩可能认为自己是当医生的料。在这里原先所形成的概念帮助他做出了判断。

2 价值观念

个人如何评判社会事物在自己心目中的意义或重要性，直接受其价值观念影响。而事件的价值则能增强个人对该事件的敏感性。奥尔波特等人做过一个实验，目的是检测各个背景不同的被试对理论、经济、艺术、宗教社会和政治的兴趣。实验者将与这些部门有关的词汇呈现于被试面前，让他们识别。测验结果发现，不同的被试对这些词汇做出反应的敏感程度也不同；背景不同的被试由于对词汇价值的看法不同，识别能力显出很大差异。

① 乐国安. 社会心理学. 天津：南开大学出版社，2001.

3 情感状态

个人的情感体验如何，直接影响其认知活动的积极性。巴特利特证明，应征入伍的人比未应征的人把军官的照片看得更可怕，并且还能指出哪位军官有较强的指挥能力。墨雷证实，处于恐惧状态下的人，对恐惧更为敏感。在一次实验中，他先让一些女孩做一种很吓人的游戏，再让她们和其他女孩一起判断一些面部照片。结果，做过游戏的女孩比没做过游戏的人把面部照片判定得更为可怕。日常生活中的许多现象也表明，情绪饱满的人，活动领域也比较宽，往往消息灵通；一个人情绪低落，则更容易把周围看成灰暗一片。此外，菲德勒的研究还发现，好恶感会影响对他人个性的认识。当我们对某人怀有好感时，容易在对方身上看到和自己相似的个性特点。比如，谈到一个好朋友，我们往往说他和自己"志趣相投"；而对于和自己"格格不入"的人，我们便会觉得他处处和自己不同。

4 认知偏见

在认知过程中，个体的某些偏见时时影响认知的准确性，使认知发生偏差。这种带有规律性的现象在许多情况下是难以克服的。

（1）光环作用。如果一个人被赋予了一个肯定或有价值的特征，那么他就很可能被赋予其他许多积极的特征。而一旦发现某一消极的特点，就将其他特点强加于他。如，相信一个外表迷人的人会更聪明，或者发现一个人不诚实就判断他懒惰、自私等，这种认知上的偏见就是光环作用。其实质是把相互独立、没有必然联系的特性予以叠加，统统赋予认知着的对象。

（2）相似假定作用。在认知活动中，人们有一种强烈的倾向，即假定对方与自己有相同之点。初次接触一个陌生人，当我们了解到对方的年龄、民族、国籍以及职业等等与自己相同时，最容易做出这种别的方面也相同的假定。在社会生活中，背景相同的人并不一定有相似的个性和行为反应特征，但是人们却往往根据一些外部的社会特征，判断自己和他人之间的相似程度。如果没有新的信息资料，人们就很可能用这种假定的结论代替实际的认知结果。

（3）类化原则。认知者总是按一定的标准将他人分类，把他人归属于一些预设好的群体范畴之中。在认知具体个人时，一旦发现对方所属的群体类别，就会将群体的特性加到对方身上，例如我们认为日本人勤俭、聪明、注重礼仪，当我们见到一位日本人时，就会将这些特性赋予他，以为他一定是一个勤俭、聪明、讲礼仪的人。类化原则在我们接触认知对象的机会不多、认知不深入的时候更有可能影响我们的认知。

（4）积极偏见。认知者表达积极肯定的估价往往多于消极否定的估价，这种倾向又叫宽大效应或积极偏见。许多实验研究表明，无论对方是不是熟悉的人，在被试对他们的评价中肯定往往多于否定。有些学者解释说，肯定评价就像“奖金”一样，用于别人身上就可以指望获得报偿。每个人都期待着得到他人的承认和接受，因而经常会设身处地地考虑他人的意愿，放宽对待人的尺度。一些实验证实，积极性偏见只适用于对人的估价，当认知对象不是人格的物体时，它就不会出现。同时，在那些刻薄的人身上难以出现。

（5）隐含人格理论。每个人在成长过程中，都发展了自己的人格理论——一套关于个人各种特征是怎样相互适应的、未言明的假定，这种理论之所以是隐含的，是因为它很少以正式的词汇表述出来，甚至个人自己也并不意识到它的存在。伯曼等人把这种理论又称作相关偏见。这种偏见为人们提供了一种方法：把认知到的各种特性有规则地联系起来。每个人都依自己有关人格的假定，把他人的各种特性组织起来，成为一种总体形象。

例如，罗森伯格等人发现，大学生在形容他们所认识的人时，最经常使用的词是自我中心、聪明、友好、雄心勃勃、懒惰等等。那些被形容为很聪明的人，同时还可能被形容成是友好的，但很少被形容成自我中心的。在这里隐含人格理论起了作用：聪明和友好应当并列，而聪明和自我中心则无法构成一个整体形象。在实际认知过程中，刚刚看到对方具有某些特点，人们就依照自己固有的人格模式推测他人必然具备另一些特性。比如，发现对方交际广，便推断他口才好、讲义气、精力充沛、机敏、富有想象力等等。

（6）首因效应和近因效应。人们根据最初获得的信息所形成的印象不易改变，甚至会左右对后来获得的新信息的解释，这就是首因效应。可见，在认知过程中，个人尽管可以获得多种信息，但最终决定他形成印象的却是最初信息，其余信息则被忽略。也就是说，在初次见面的人身上，首因效应或第一印象是难以改变的。

但是，在长期交往的情况下，近因效应就会发生，我们就可能注意对方的“现在”表现，而忘了他在过去给自己留下的印象。

（二）认知对象因素

1 魅力

构成个体魅力的因素既有外表特征和行为反应方式方面，又有内在的性格特点方面。说一个人有魅力，意味着他具有一系列的积极属性，如容貌美、有能力、正直、聪明、友好等等。但是，在实际的认知过程中，个人往往只需具备其中的某一两个特性就可能被认为有吸引力，如前面所谈到的光环作用。

美貌通常最快被人认知，且直接形成对人的魅力，从而往往首先导致光环作用。戴恩等人在实验中让被试通过外表上魅力大大不同的人物照片来评定每个人其他方面的特性。结果发现，在几乎所有的特性方面（如人格的社会合意性、婚姻能力、职业状况、幸福等），有魅力的人得到的评价最高，而缺乏魅力的人得到的评价最低。

除了相貌之外，态度也同魅力相关。对于认知者来说，对方的态度是否同自己接近，决定着其魅力的大小。人们把自己作为判断别人是否和自己相似的参照系，同时还常常会观察别人对自己的态度。按照弱化理论，人们喜欢爱自己的人而讨厌恨自己的人。在这个意义上，只要认知对象的判断对自己有利，认知者就会把他看成是有魅力的并对他持积极肯定的态度。

2 知名度

一个人知名度的大小也影响着别人对他的认知。在一个人有一定知名度的情况下，人们通过某种社会传播媒介或周围其他人传递的有关他的信息，实际上已经开始了对个人的认知。这时，人们所依据的都是间接材料，受他人暗示的成分较大。无论是否相信这些材料，却已经形成了一定的判断。所以一旦真正接触到知名人士，认知者必须首先检验原有的看法。一般说来，知名度高、社会评价积极的人，对于认知者的心理有特殊的影响力。人们常常把这样的人先入为主地看成是有吸引力的人。

3 自我表演

在多数情况下，认知对象并不是认知活动中完全被动的一方，而是“让”别人认知的一方。因此，认知对象的主观意图势必要影响他人对自己的判断。

按照戈夫曼的理论，每个人都在通过“表演”，即强调自己许多属性中的某些属性而隐瞒其他的属性，试图控制别人对自己的印象。这种办法有时很成功，使得不同的认知者对同一个人形成完全不同的印象，或者使同一个认知者在不同的时间和场合下对同一个人得出不一致的看法。比如，对同一个人，有人觉得他心胸开阔、热情大方，有人则认为他固执、沉静；有时使人感到深不可测，有时则使人觉得他诚挚、坦率。在这里，认知对象的自我表演对于认知者的作用是不可否认的。

（三）认知情境因素

1 空间距离

空间距离显示交往双方的接近程度。在认知活动中，它构成一种情境因素。霍尔认为人际空间距离可分为四种：亲昵区（3~12英寸），表现在夫妇、恋人之间；个人区（12~36英寸），表现在朋友之间；社会区（4.5~8英尺），表现在熟人之间；公众区（8~100英尺），表现在陌生人之间或一般公开的正式交往场合。这些距离是人们在无意之中确定的，却能影响认知判断。比如，我们希望陌生人不要过于接近自己，但是如果他莫名其妙地一步一步地向自己靠近，就会感到窘迫、紧张甚至恐惧，同时我们会断定这个人缺乏教养，不懂礼貌或者有侵犯性。特别是在认知他人之间的关系时，空间尺度往往成为一种判断依据，看到两个人在低声交谈，我们就知道他们所说的事不愿意让别人听去，并推断他们可能有较深的关系，等等。

2 背景参考

在认知活动中，对象所处的场合背景也常常成为判断的参考系统。巴克指出，对象周围的“环境”常常会引起我们对其一定行为的联想，从而影响我们的认知。人们往往以为，出现于特定环境、背景下的人必然是从事某种行为的，他的个性特征也可以通过环境加以认定。

环境背景对于认知这种影响可以在判断个体感情的文献中得到证明。20世纪20年代以来的许多实验研究一致表明，画中所描绘的人所处的背景对于决定被试做出什么样的判断非常重要。被试做出如何判断以及判断的准确程度，受到判断对象周围景物和色调的强烈影响。科尔曼等人甚至认为，单是人的面孔和身体所传达的一致情况是不多的。背景可以提供最强的线索，把感情归属于人物。例如，假定一个人在笑，那么只有情景的线索才能显示出这一动作究竟是表示高兴还是难堪。

三、印象与管理

社会心理学认为，个体对他人的一般印象是在有限的信息资料基础上形成的，个体都愿意估量他人的智力、年龄、经历背景、种族、宗教、文化水平、是否诚实、热情等等，形成印象，并且根据这一印象形成自己对他的态度——喜欢或者厌恶。

印象作为行为定向和理解人的背景，是人际关系最初、最直接、最经常的定向因素，直接影响着人与人之间进一步的相互作用和人际关系的状况。随着我们对别人所进行的归类不同，彼此之间关系的性质也会出现变化。

（一）印象概述

1 印象的含义

印象指人在最初遇到新的社会情境时，主观上按照自己以往的经验为基础的理解，将情境中的人或事物进行归类所形成起来的对有关人或事物的概念。

这一对于别人或事物进行归类，明确其对于我们的意义，使自己的行为获得明确定向的过程，就是印象的形成。

2 印象的信息来源

在我们遇到陌生人的时候，印象形成是在极短的时间内完成的。一个人身上看得见、看不见的自然特征、社会特征和心理特征很多，那么我们在这样短的时间里首先注意到别人的哪些特征并据此形成对别人的一定印象呢?

（1）外表

就如同人们在购书时很容易根据封面的样式来判断一本书一样，人们在与人交往的时候也容易根据他人的身高、体型、肤色、长相等外表特征来了解他人。比如，有的人穿得很时髦，我们就判断她可能是个很讲究打扮，或者是家里很有钱的人。

（2）谈吐

人和人之间的对话是个很重要的信息源。比如，到一个新的单位工作，与你搭档的同事对单位里的大多数人都抱否定态度，那你可能会觉得他是个很挑剔的人。

（3）行为

由于初次相识的人之间也许不会说真话，因此，双方就不得不根据对方的行为去作出判断。可以说在印象形成的过程中，人通常遵循这样的格言“事实胜于雄辩”。比如，发现一个同学多次帮助别人，虽然你和他不熟悉，但是你可能会推断他是个很热心助人的人。

（4）非语言的信息

人际交往时，我们除了观察一个人的行为以外，还会观察对方的面部表情、目光，注意对方的肢体语言、手势动作等非语言的表现，依据这些来判断对方的情绪状态、心理倾向和人际好恶等等。所以非语言信息也能让我们在短时间对一个人做初步的判断。

（5）情境

行为赖以发生的环境能为人们提供如何解释个体行为的关键信息。如果老同事或者是老同学相隔数年后聚在一起，彼此开开玩笑、说说笑话，或者将对方数落一番，甚至当众狂笑不已，没有人会觉得他这个人有什么问题。但是如果在一场严肃的会谈中，他突然数落对方，或者狂笑不已，那么我们就会考虑这个人是不是性格上有问题，对他的印象肯定不会太好。

3 印象形成过程中的信息选择

人在初次见面的时候可以从多个角度来观察和判断另一个人。面对纷繁复杂的信息特征，我们首先会注意到别人的哪些特征呢？心理学家通过大量的实验研究证明，人们对他人的第一印象通常来自三个方面，自然特征、社会特征和心理特征。

自然特征上，我们首先根据性别、种族和外表吸引力将人归类；社会特征上，我们首先根据人们所属的群体和社会角色来归类；在心理特征上，我们按照人际关系的特征和智力特征来对人们进行归类。

（1）社会刻板印象

社会刻板印象，是指社会上对于某一类事物产生的一种比较固定的看法。

人们常说，“物以类聚，人以群分”是有一定道理的，人们生活在同一条件下容易产生共同点，如果人们的社会生活、地理环境、经济条件、政治地位、文化水准等方面大致相同，就会有很多的共同点。逐渐地社会上对某一群体产生了一种比较固定的看法，这种看法发展下去导致社会刻板印象。

台湾心理学家李本华和杨国枢曾经就台湾的大学生对各国国民及民族的看法进行调查，发现大家的看法颇为一致见表2-1：

表2-1 台湾大学生对各国国民及民族的看法

人种	美国人	英国人	日本人
特征	民主	绅士风度	善模仿
	天真	聪明	爱国
	乐观	因循守旧	尚武
	友善	爱传统	进取
	热情	保守	有野心

这说明在对这些国家的社会历史、政治经济、文化等方面的客观方面的信息进行一定了解以后，多数人会产生一致的认识，而一旦提到一个哪个国家的人，我们就会直接根据经验直接对他的个性先作出笼统的初步反应。

国民刻板印象中有许多是道听途说的，未经自己直接交往与接触，这种概括性的印象的存在，虽然是一种客观事实，但其影响是利少弊多，会妨碍国与国之间，民族之间以及地区之间、群体之间的交往和团结。有人认为，如果增加各种族群体接触的机会，歧视性的刻板印象会自然而然地消失，种族偏见就减少了。

（2）晕轮效应

社会心理学家发现，外表的吸引力有着明显的晕轮效应。也就是说，当一个人外表充满魅力的时候，他的一些实际同外表毫无关系的特征，也会获得更好的评价。

对晕轮效应，心理学家戴恩曾经做了一个实验，他让被实验者分别看三张照片，这三张照片特点就是外表的魅力程度依次降低，然后就让被实验者对照片上的三个人的某些特征进行评定，结果见表2-2：

表2-2 印象评价的晕轮效应

评定特征	高吸引力	一般吸引力	较差吸引力
个性的社会赞许性	65.39	62.42	56.31
职业地位	2.25	2.02	1.70
婚姻能力	1.70	0.71	0.37
做父母的能力	3.54	4.55	3.91
社会的、职业的幸福感	6.37	6.34	5.28
总体幸福程度	11.60	11.60	8.83
婚姻的可能性	2.17	1.82	1.52

从这个表可以看出来，在更多的特征上，外表高吸引力的人获得了更好的评价，较差吸引力的人所得到的评价也明显低于一般吸引力的人。而且在每个特征的评价上都显示出了一致的倾向。

后来心理学家在分析晕轮效应的时候又发现，人们还有按照自己的观念（而不是科学依据）从一个人的一种品质的存在推断出他还具有其他一些品质的普遍倾向。比如，知道了某人是聪明的，则许多人还容易把这个人想象成富有魅力的、灵活的、有活力的、认真的、有心机的等等。知道了某人行为轻率，则多数人还相信这个人好夸海口、虚伪、说谎、不受人欢迎等。心理学家称人们这种从已知的特征推知其他特征的普遍倾向为概化晕轮效应。

（3）宽大作用

个体在估价他人时有一种特殊的宽大倾向，因为对他人作出积极肯定的估价是愉快的事。另外，在缺少其他信息资料的情况下，认知者也会做出宽大估价。宽大作用在对人的认知比较多，而对事物的认知则较少发生。

（4）投射作用

指个体认知他人时把自己的个性特征归属到他人身上。人们总是假定他人与自己是相同的，尤其是当自己的年龄、民族、国籍、社会经济地位等特征与他人相同时更是如此。即使这些特征很不相同，这种看法也会存在。

（5）定势效应

定势效应是指在人们头脑中存在的关于某一类人的固定形象。每个人的认知活动，事先就有某种假设，从这个假设出发来看待、推断当前的事物。这一理论是由克莱理论发展而来的，认为认知外界某一对象时，不仅观察这对象本身，而且还会结合其背景，把对象与背景联系起来加以分析，才能全面认知其社会意义及价值，而且认为事物与事物之间是有联系的，任何人认知外界社会刺激时，总是要根据已有的经验加以推测的。

（二）印象的管理

1 印象管理的含义与意义

（1）印象管理的含义

印象管理又叫印象整饰或印象修饰，它是指个体通过一定的方式有意控制或影响他人对自己的印象的过程。社会心理学家戈夫曼在《日常生活的自我呈现》一书中，把印象管理称作“舞台演出艺术”，他认为社会交往如同是戏剧舞台，每个人都在表演，努力扮演好自己的角色，以赢得别人的正面评价和赞扬。

（2）印象管理的意义

印象管理是人们适应社会、实现社会期望的一种方法。在经济迅速发展的社会中，每一个个体都承担着多种不同的社会角色，社会对任何角色都有自己的规范，要求其行为符合一定的社会期望，每一个人必须对自己的言行符合角色规范的要求，就是按照社会的期望行事，这样才能保持良好的社会形象，为社会中的人们所接纳，使自己比较好的适应日益变化的社会生活。

印象整饰本身并无好坏之分，关键是你运用这种手段或技巧达到什么目的。印象整饰具有正负两面性。就其积极意义而言，成功的印象整饰可以用来建立真诚的人际关系，使人们之间的交往和互动能够顺利地进行下去；还能够调节与润滑人际关系，随着人际、群际、区际乃至国际间的交往日益普遍，我们在社会生活中使用印象整饰的技巧来赢得他人或他国的好感，给予他人或他国一定程度和规格的礼遇都是极为常见的事了。从这样的意义上说，印象整饰也是人类文明发展的标志和结果。因为随着社会的发展，人类的行为和语言也在变得越来越文雅而有修饰，例如，中国在2008年的奥运会期间的许多工作是一次国家印象整饰或民族印象管理。

在社会中，个体形象、群体形象乃至国家形象的建立都取决于印象管理。注重各种形象的塑造，创造良好的印象，对社会经济的发展、文化教育的进步和自我修养的提高，无疑都有积极的促进作用。

有人认为控制别人对自己形成的印象，是一种虚伪的社会交往手段，主张以人的本来面貌和真性情呈现于社会。实际上，印象管理之所以不可或缺，是因为在人与人的交往中，讲究修养、恪守信誉、互相尊重、热情礼貌是现代人必备的素质，是人人乐于接受的，也体现出社会的文明。

任何事情都具有正负两面性，印象整饰和中国人的“脸面”观也一样，不能一概肯定和否定。合理的印象整饰是文明人、有修养人的标志。中国人的脸面观对规范、控制人的行为有一定的积极作用，时下中国社会的“信用危机”，视“坐牢蹲监”为光荣经历等现象都是不顾及脸面的反映。当然也要避免死要面子，将过多的精力耗费在某些无价值的面子上。我们要正确对待、合理运用印象整饰，做到对自己对社会都有利。

总而言之，随着社会的不断发展，人类的语言和交往行为越来越丰富，越来越有修饰，讲究衣冠整洁，讲究文明礼貌，讲究交往艺术，注重对人的情感，注重给人留下好印象，已经成为一种社会的必然需要。

2 印象管理的策略

（1）自我表现策略

自我表现就是人们在同他人发生互相作用时，有意识地表现自己，给他人留下一个自己期望形成的印象，以便使自己与他人的关系有一个良好的开端。戴尔·卡耐基在《如何赢得朋友并影响别人》一书中总结出的人们普遍喜欢的6种方法具有很大的实效性。这六种方法是：

①真诚地对别人感兴趣；②微笑；③要记住别人的名字是一个人语言中最美、最重要的声音；④做一个好的聆听者，鼓励别人谈他们自己；⑤谈论别人感兴趣的事；⑥真诚地让别人觉得他自己很重要。

（2）特殊的自我表现策略

① 恭维。恭维是通过一定的言词、表情、行为等手段抬高他人，讨得他人欢心，从而换得对自己的好感，再利用对方实现自己的目的。恭维方法的使用要在适当的时候，要表现得可信、由衷，否则会增加人们的反感，弄巧成拙。

② 施惠。在社会生活中，人际交往实施互利互惠的准则是无可厚非的。施惠是用金钱或物质的手段来激发他人因物而产生的欢喜，增加对自己的接纳性，实现靠自己的能力或按正常渠道无法实现的目的。施惠手段的极度使用就会发展为行贿行为，造成对社会的犯罪。

（3）群体中，人们最常使的印象管理的策略：

① 降级防御策略。

当个体试图使自己为某消极事件承担最小责任或想摆脱麻烦时，就可以使用这种策略。这类策略包括：

解释：试图做出解释或为自己的行为辩护。例如，自己身体不适，或感觉不好，或者有其他更重要的事情要做，因而影响了这件任务的完成等；

道歉：当找不到合理的解释时，就为这一消极事件向老板道歉。这样的道歉不仅可以让人感到他的确有悔恨之意，而且，也会让人觉得这样的事情以后不会再发生了。例如，确实是上班迟到了，或者的确没有按时完成任务，这时如果先解释原因，往往会引起对方的反感，而如果能先表示歉意，再做出适当的解释，就更容易让人接受，而不至于影响自我的形象；

置身事外：当个体与进展不顺利的某事不直接相关时，他们可以私下告知上司自己与某事无直接关系。使用这种方法，常常能使自己少受不好的事情的牵连。例如，当小组工作进展不顺利时，如果自己与这件事关系不大，就可以私下告诉老板，自己曾经反对这一计划，但被否决了。

② 促进提升策略。

当个体试图使自己对某一积极结果的责任最大化，或者想让自己看起来比实际更出色时，会使用这类策略。常常使用的这类策略有：

争取名分：当人们认为自己应该为所做出的积极成果得到应有的认可时，通常会采用这种策略。如通过正式的渠道让人了解自己的贡献，或者通过非正式的渠道告诉关键人物自己所取得的成果；

宣扬：当个体已受到赞扬，但还想让别人了解自己比原先所认为的做得更多，影响更大时，常常会采用这种策略。例如，自己在小组工作上的改革，不仅使小组现在的业绩提高了，而且还将使小组的竞争力增强。

揭示困难：让人们了解自己尽管存在个人或组织方面的困难与障碍，但还是取得了积极的成果，这样就会使人对自己有更好的评价。例如，告诉别人，今年的成绩是在克服非典干扰的情况下取得，别人会更加高估今年所取得的成绩。

联合：确保在适当的时间被看见与适当的人在一起，以让人们了解自己与成功项目的密切关系。例如，当上级来视察时，组长总是与组员在一起讨论问题，这常常会使上级觉得，小组所取得的成绩与组长关系密切。

应该在何时使用何种策略以获取理想的印象，这取决于个体所面对的情境，既要追求效果，又要尊重事实。

第三节 归因

所谓归因是指人们从可能导致行为发生的各种因素中，认定行为的原因并判断其性质的过程。

一、海德的素朴心理学

海德是归因理论的创始人，他提出在日常生活中，每一个人，不光是心理学家，都对各种行为的因果关系感兴趣，力图弄清周围人们行为的前因后果。这种“研究”的结果，就是海德所要分析的素朴心理学。

海德区分了导致行为发生的两种因素：一是行为者的内在因素，包括能力、动机、努力程度等；二是来自外界的因素，如环境、他人和任务的难易程度等。他认为行为观察者在对因果关系进行素朴分析时，试图评估这些因素的作用。如果把某项行为归因于行为者的内在状态，那么观察者将由此推测出行为者的许多特点。即使这种推测不总是很准确的，它也有助于观察者预测行为者在类似情况下如何行为的可能性。但是，假如某项行为被归因于外在力量，观察者就会推断说该行为是由外力引起的，那么以后能否再度发生则难以确定，因此，海德认为对行为的预测与对行为的归因是相互联系着的。

二、琼斯和戴维斯的对应推论说

“对应推论”是人们对行为进行归因的一种方式。当人们认为一个人的行为与其特有的内在属性（动机、品质、态度、能力等）相一致时，就是在进行对应推论。比如，看到某人好承诺却经常违背诺言，如果我们断定这是由他不诚实的品性所导致的，我们所做的归因就是对应推论。当然，推论恰当与否决定于事实上行为者的内在属性与其行为相互一致的程度。

琼斯和戴维斯揭示了对应推论的程序，即先判定行为者的动机，然后由此推定行为者的品性。他们认为，当他人有某种行为时，行为的观察者就要判定这种行为是不是他人有意做出的，以及这种行为所产生的效果中哪些是行为者所希求的。如果某种行为后果只是行为者无意造成的，就不能根据它来判断行为者的品性。

琼斯和戴维斯还提出两种可能影响对应推论的因素：

一个因素是行为的社会合意程度。社会合意程度很高的行为符合社会规范，是大多数人都会采取的行为。如果行为者采取的是社会合意的行为，人们就无法从中推论其品性。相反，一般人所不愿意干的事，而某人却偏离社会规范干了此事，人们就会很有信心地推断说该行为反映了这个人的独特个性。

另一个因素是行为的自由选择性。如果观察到某种行为是行为者自由选择的结果，通过这种行为和未采取的行为的比较，人们就会假定该行为能够反映行为者的意图，据此就可以推论其品性。如果观察者认为是外在力量迫使行为者这样做，就会以外力的作用来解释他的行为。因此，当行为者的选择自由没有受到限制时，观察者就更可能进行对应推论。

三、凯利的归因理论

凯利的理论通常被叫作三度理论。他指出人们在试图解释某人的行为时可能用到三种形式：一是归因于行为者，二是归因于客观刺激物（行为者对之做出反应的事件或他人），三是归因于行为者所处的情境或关系（时间或形态）。例如，A批评了B，如果我们对他的行为进行归因，就会有三种解释：①A爱批评人；②B有错误；③产生了误会。三种解释都可能是正确的，问题是确定哪一种解释是正确的。凯利指出，为了做到这一点，人们使用了三种基本信息，即区别性信息、一致性信息和一贯性信息。

区别性信息告诉人们，行为者在对待不同刺激物时，其行为表现是否有差别。A是否还批评了别的人。如果只批评了B一人，就说明他对不同刺激物的反应有高区别性。

一致性信息向人们显示周围其他人的行为方式与行为者的行为表现之间是否一致。如，别人是否也批评了B。如果情况不是这样，那么这个人的行为将是独特的，同别人的行为之间只具有低一致性。

一贯性信息是人们所要了解的关于行为者在其他场合的表现情况。如，A以往是否也经常批评B。如果A经常批评B，则说明他在不同场合对于同一个刺激物的反应有高一贯性，相反，这些反应则只有低一贯性。

上述三类信息的使用情况，决定了我们对行为归因的可靠程度。通过这些信息的组合，我们就可以断定引发某种具体行为的原因究竟是来自行为者本身，还是来自客观刺激物或情境。然而在日常生活中，我们经常无法充分掌握各类信息。例如，我们可能不曾在从前的某些场合观察过这个人，或者我们可能不知道在同样的情形下其他人会怎样做。凯利认为，在这种情况下，我们有关因果关系的现成观念（即因果图式）起了作用。也就是说，在以往的观察中，我们对因果关系形成一定的想法（或图式），这些想法现在被用来解释他人的行为。

因果图式的种类很多，人们比较常用的有两种。一种是"多种充分原因模式"，它可以帮助人们从多种可能因素中判断何者是行为的原因。例如，看到某人去参观绘画展览，我们可能做出这样的解释：或者这个人爱好绘画，或者他是被朋友邀去的。在两种解释之中，有一个是可行的，选择哪一个是由我们所掌握的信息来决定的。如果我们了解这个人平时从来不关心绘画方面的事，就会判断他是应邀而去的；如果我们了解到他学过绘画，并力图提高创作水平，就会断定是他自己想去的。

另一种是"多种必要原因模式"。按照这种模式，某种事件的原因至少有两个。人们经常用这种模式去解释那些极端事件。比如，甲突然和乙打起来了。是甲故意向乙挑衅，还是乙本来就好打架，在这种情况下，大多数人会认为这两种说法都是正确的。或者说，人们从两个人身上找原因去解释一个事件。

四、维纳的归因理论

维纳研究了人们对成功与失败的归因。他同意海德提出的尺度，即把原因分为内在的和外在的两种。但他还提出了另一种尺度，把原因区分为暂时的和稳定的两个方面。依照这两种尺度，维纳对成败行为的决定因素做了分类（如表2-3所示）。

表2-3 成败行为的决定因素分类表

归因尺度	内在的	外在的
稳定的	能力	任务难度
暂时的	努力	机遇

两种尺度上的因素在归因中都是很重要的，它们会导致不同的后果。在我们形成期望或者预言某人将来的行为时，暂时/稳定尺度是非常重要的。例如，假使我们相信某球队比赛成绩之所以好是因为队员个人技术好，整体作战能力强，那么当这支球队再次与对手相遇时，我们就会预期这支球队的战绩会与上次一样好。如果我们断定这支球队获胜的原因纯属偶然，如士气高或分组有利，我们就不会对它下次取胜抱有信心。在解释失败的尝试中，暂时/稳定尺度也是适用的。如果把失败归因于稳定因素，我们就可以预测将来的失败；如果把失败归因于暂时性因素，就可以预测将来的改进。归因的内在/外在尺度同对一种行为的奖赏或惩罚是联系在一起的。比如，如果我们认为某人的成功不是由于机遇或工作简易，而是凭他自己的能力经过一番努力获得的，我们就会奖励他。而当他的失败被归因于能力低或懒惰，我们就会惩罚他。

五、归因偏差

上述的归因理论，特别是凯利的模式基本上都假定归因是一种合理的有逻辑的过程。但学者们指出，人们在许多情况下对行为原因的解释是武断的、不合实际的偏见。

（一）过高估计内在因素

这种偏差主要是就观察者而言的，被称为基本归因错误。观察者倾向于把行为者本身看作是其行为的起因，而忽视了外在因素可能产生的影响。杰黑森等人指出，发生这种错误的原因在于：第一，我们有这样一种社会规范，即人们应该对自己行为的后果负责，故轻视外在因素的作用，重视内部因素的作用。第二，在一个环境中，行为者比环境中的其他因素更为突出，使得我们往往只注意行为者，而忽视了背景因素和社会关系。

（二）行为者和观察者的归因分歧

与观察者的倾向相比，行为者很容易过高估计外在因素对于自己行为的作用。也就是说，行为者对自己的行为倾向易做外在归因，而观察者对他人行为倾向易做内在归因。为什么两者之间在归因上会出现这种分歧呢？第一，因为二者的着眼点不同：观察者通常把注意力放在行为者身上，而行为者则可能更注意外在因素对于自己行为所造成的影响。第二，因为二者可用的信息不同：观察者通常很少掌握行为者历史方面的信息，只注意他此时此地的行为表现；而行为者对自己的过去行为非常了解，不仅仅是看当时的情况。

（三）忽视一致性信息

凯利曾假定人们在归因时同样重视区别性、一致性和一贯性这些种种信息。但是，事实上一致性信息所受重视的程度特别低。人们往往只注意行为者本人的种种表现，却不大注意行为者周围的其他人如何行动。目前有关这种现象的研究指出了这样几种原因：第一，人们习惯于注重具体的、生动的、独一无二的事情，往往忽视抽象、空洞和统计类型的信息。第二，人们可能觉得直接信息比非直接信息更可靠，而一致性信息涉及到行为者周围的其他人，这方面的材料相对分散，无法靠观察者自己一一获取。第三，行为者周围的其他人与行为者本人相比处于较不突出的位置，往往只构成观察的背景，因而受到忽视。

（四）自我防御性归因

人们总是愿意获得成功，这种倾向也可能导致归因偏差。如果我们把成功看作加强自我的权威或保护自尊心的手段，就会对自己的失败行为做歪曲的解释。我们往往把成功的原因归于自己的内在因素，如能力、努力工作或好品格等。与此相反，对于自己的败绩往往从外在环境中寻找原因为自己开脱。这种自我服务的偏差在行为者确信自己行为原因无人确知的情况下最容易发生。

另一方面，为了解释自己的失败，行为者还可能出现另一种防御偏差，即所谓自我贬损。在这种情形下，行为者用各种消极的办法如借助酒精、药物等来逃避个人的责任。史密斯等人指出，自我贬损可以使失败者不必面对自己缺乏某种优良特质的难题，避免因个人真实能力被发现而难堪。

第三章 社会动机与挫折调适

社会动机是社会行为产生、变化和发展的关键因素，由个体的社会性需要所引发。人的动机中，有些心想事成，但很多最终无法如愿以偿，挫折就不可完全避免，不同的应对挫折的方式会导致不同的情绪和行为反应，进而带来不同的结果。理智调适挫折感对于促进社会的安定与和谐以及维护个体的心理健康具有重大的意义。

第一节 社会动机

社会动机是社会行为产生、变化和发展的关键因素，由个体的社会性所引发。社会动机有些心想事成，但很多最终无法如愿以偿，挫折就不可完全避免，不同的应对挫折方式会导致不同的情绪和行为反应，进而带来不同的结果。研究社会动机与挫折对于促进社会的安定与和谐以及个体的心理健康与行为适应具有重大的意义。

一、社会动机概述

1 社会动机的含义

社会动机是指引起、维持、推动个体活动以达到一定目标的内部动力或心理倾向。人的一切有意识的自觉行为及活动方向都是由一定的动机所驱使的，它是社会影响和个体行为之间的中介。即动机是行为的原因，行为是动机的外显表现。

2 动机与目标的关系

行为的目标是动机构成的关键要素，它使行为具有具体的方向性、指向性。动机与目标相互依赖，缺一不可。行为的目标可能是现实、清晰的事物，也可能是精神活动的产物，如培养某一性格品质。在一定条件下，动机可以转化为行为目标，行为目标也可以转化为动机。就其对个体的推动作用而言，是行为的动机，就其作为行为所要达到的预期结果而言，又可以是行为的目标。行为目标越清晰越容易转化为动机。

但在一些复杂的活动中，作为行为目标的事物，并不是行为的动机。如有些人通过募捐钱物去帮助别人。动机是帮助人，目标是钱物。同时，同一动机可能指向不同的目标，如，有的参加干部招聘的人在获取某一职位的动机背后可能有许多具体的目标，如，施展理想抱负、服务社会、满足权利欲、捞钱、谋好处等。

3 动机与其他心理倾向的关系

需要、诱因、动机三者之间密切联系，又有所区别。动机是在需要、欲望的基础上产生的。需要是个体的一种主观状态，是在个体“感到缺乏”和“期望得到”这两种状态下形成的一种心理状态。需要与动机十分相近。需要是比较内在的、隐蔽的支配人的行动的内部原因，是动机的基础，是行为活动内在的最根本的原因。诱因是与需要紧密联系的外界事物，吸引个体的指向性活动，并使需要有可能满足。动机是由需要转化而来的，是行为活动的直接原因。当需要的目标还未被个体发现时，此时需要不能属于动机的范畴，而只能作为动机产生的前提条件之一，只有当外界事物与个体需要建立了一定的联系，能够引起个体有方向和有选择的目标行为时，这种具有指向性的需要才能转化为动机。动机实际上是需要的具体表现，但动机能够产生受内外两种因素的共同影响。需要是根本原因，外在环境是诱因，当能够满足需要的目标出现时，需要才转化为动机。可见，动机的产生与三个因素有关：未满足的需要、能够满足需要的目标、主体对目标的认知判断。但有时偶然产生的某个念头、一时的情绪冲动也可能成为行为的动因，它没有明确的需要，或者不是当前活动的需要。

兴趣是需要的情绪表现，是在过去知识经验积累的基础上形成的使人乐于积极而持久地去接触、认识某一新生事物的一种意识倾向。意向是一种尚未分化的、没有明确意识的需要。愿望是一种明确意识到并想实现的需要。愿望作为动机是推动人去行动的现实力量。如果愿望仅停留在头脑里，不把它付诸实际行动，那么这种需要还不能成为活动的动因。信念是一种激励人按照自己认为正确的观点、原则去行动、去实现目标的持久的内在力量。

动机与行为的关系，在现实生活中，不存在没有动机的行为，那些本能性的行为背后的动机有些不为自身明显知觉而已，此时动机属于无意识成分，是在无意识状态下起作用。如遇到危险自动避开，莫名其妙的焦虑恐惧等。

动机产生行为，行为的结果又能增强或减弱动机，甚至使动机消失。因而可以通过行为去追溯动机，同时，当对某人的动机有了充分的认识后，也就可以了解或预测个体的行为。

可见，动机由多种心理形式所共同构成，包括兴趣、信念、意图、对外界的感知和意识。这些心理形式互相作用、互相影响，引发个体的需要的增强或减弱，从而推动个体动机的产生、变化、消解，支配动机发展的全过程。

4 动机的功能

动机对行为的作用体现在激发、维持、指向三个方面：一是能够激发个体活动，对其行为具有推动作用；二是能够维持个体活动，对其行为具有强化作用；三是能够引导个体朝向一定的目标，对其行为具有定向作用。

二、社会动机的类型

社会动机是由个体的社会性所引发的，比自然动机对个体的影响和作用更大。社会动机的类型也很多。主要的有成就动机、权力动机、亲和动机、赞许动机、管理动机、安全动机等。

（1）成就动机

求得成就的动机，是个人对于自己所认为重要的或是有价值的工作，去从事、去完成，并欲达到某种理想地步的一种内在的推动力量。人不能没有成就动机，正是成就动机推动着人们在各种活动中顽强努力，尽力达到最好的结果。

每一个人不可能都像爱因斯坦发明相对论，贝多芬创作第五交响曲那样，取得很高的成就，创造很大的价值。但是，每一个人都能在自己的工作中作出不同水平的贡献，达到或超过自己原希望达到的目标，获得成就。如一般的先进生产者、劳动模范等，他们在工作中也取得了较大成就。

在我国，每个人从少年时起，就心怀远大的抱负。都曾有着各种各样的成就动机，在少年期的成就动机还处在较模糊状态中。到了青年时期，这种成就动机就已经很强烈了，他们为了能成为一名工程师，或做一名科学家或教师，在努力完成学习任务的基础上，已开始在业余时间做某些必要的专业准备。正是这些成就动机，促使他们刻苦学习，在业余时间扩大知识面。成就动机就像“催化剂”一样，促使他们奋发努力，在通往成功的道路上奋进。成就动机影响着人的努力程度、潜能的开发。

有研究表明，在学校里智力相近的人，成就需要较高的人比成就需要较低的人成绩要好些。在商业界，受过同样的训练，而且提升机会相同的人，成就需要高的比成就需要低的提升得更快。

成就动机，在很大程度上是由所接触的文化、教师、父母对成就的重视程度与教育方式、期望值所决定的。在对儿童进行教育时，就逐渐地在灌输成就动机。成就动机是学习得来的，它常常因为时间、空间、社会背景以及文化形态不同而有差异。

教师给学生下的评语，是激励成就动机的一种方法，它对促进学生学习很有成效。心理学家佩奇用74个班的中学生做实验，共有2000多人，他把每班学生分为三组，给予评语。

第一组，只评甲、乙、丙、丁等级，无评语。

第二组，除评定等级之外，还给予顺应评语，即按学生特点，给予适当矫正或相称的好评。

第三组，给予特殊的评语。

甲等评以“优异。保持下去！”

乙等评以“良好。继续进行！”

丙等评以“试试看，提高点吧！”

丁等评以“让我们把这个等级改进一步吧！”

这三种不同的评语，对于学生后来学习上的影响有很大的差异。

顺应评语，具有最高的强化作用，所以学生进步最大；特殊评语，激励作用弱于顺应评语，但其差距不大；唯无评语组的成绩相形见绌。

这表明教师适当添加的评语，能促进学生的成就动机。

美国哈佛大学心理学教授D·C·麦克莱伦二十多年来一直研究人们的成就动机。他通过主题统觉测验以及对儿童的访问与观察，获得了两个主要的发现：一个发现是，由于社会背景不同，儿童的社会化程度也不同。一方面，父母本身若具有较高的成就动机，在孩子幼小时就要求他们独立完成活动，并且给予一些奖励；另一方面，父母本身的成就动机既可以为其子女的成就动机提供榜样，又可以为子女提供一种促进成就动机的家庭气氛，这种气氛能强烈地诱导儿童的成就动机高度发展。而成就动机比较低的父母就对孩子独立性要求较晚，他们更多地保护自己的孩子，而且在较长时间内给予孩子更多的限制。另一个发现是，一种文化里的成就动机强度，同这个国家的经济增长率成正相关。

麦克莱伦追溯历史，发现成就需要与文化、社会、政府的发展和命运之间，有许多耐人寻味的关系。人们的动机受社会的经济、文化等因素的影响很大。

（2）权力动机

所谓权力动机，顾名思义就是对权力的欲求。一种强烈的权力动机不仅会影响个体的自我看法，而且还会影响他的信念、思维方式和感情定向。

约瑟夫·维罗夫的研究发现，渴望当领导的人更关心权力和对他人的控制，因而对此类问题也表现出更大的热情。由此维罗夫发现了权力动机的存在及其可测性。1973年戴维·温特在《权力动机》一书中，认为有两种不同的权力动机，即积极的权力动机和消极的权力动机。前者常常表现为竭力去谋取领导职位或“组织社会的权力”；后者则通常表现为“害怕失去权力”，为自己的声望忧虑等；并可能通过酗酒、斗殴和展示已有的威望等行为来表达他的这方面的欲求。因此，维罗夫和温特的研究最终发现权力动机的两大要素，即对无能的恐惧和对社会控制的渴求。无能会导致自卑感，自卑感又会促使个体设法去获得补偿，而过分补偿不仅会产生妄想，而且会导致对极端权力和支配的追求。在一个社会中，这一类的成就动机往往比较强烈。

（3）亲和动机

所谓亲和动机即指个体害怕孤独，希望和他人在一起建立协作、友好的联系的一种内心欲求。美国心理学家沙赫特在这个问题上进行了深入的研究。他研究了像囚徒及修道士那样长期处于和他人隔绝的孤立状态的人遗留下来的日记等，发现其中记载着许多难以忍受的精神痛苦和不安的心境。由此他提出了“经历过不安的人会具有更强烈的亲和行为倾向”这一假说。沙赫特等人对亲和行为的研究具有相当重要的意义。首先，它进一步揭示了认识、情感和动机之间的关系。从亲和动机产生的心理背景看，亲和动机的产生受感情状态的限制。如前所述，高度恐惧会增加个体的亲和倾向。同时，亲和动机的产生还和认识水平密切相关。比如，初次参战和久经沙场的老兵，他们在战斗中的亲和动机的强弱具有很大差异。初战的新兵由于对战斗的过程、场面和有关情形不甚了解，再加上恐惧、紧张，所以在战斗爆发前战场沉寂无声的时间他们都彼此往一起靠拢，希望能触摸到伙伴的身体，这时候亲和动机非常强烈。老兵则因为对战斗的场面已经屡见不鲜，也已经知道打仗是怎么回事，故而他们的亲和动机已经减退，相反成就动机上升。其次，亲和动机的研究还揭示了各种动机之间的关系。亲和动机实际上是对人际关系的一种欲求，希望缩短人际距离，加强人与人之间在相互理解的基础上的相互依托和相互适度性是亲和倾向产生的一个原因，所以亲和动机还常常同社会承认的欲求联系在一起，即个体就是希望和他人在一起而获得他人的认可和接受。

（4）管理动机

管理不仅限于对别人的影响与控制，也包括对自己的管理或自由的自我支配。管理动机是指人们具有的管理自己的生活、工作，掌握自己命运的愿望。它可使人精神愉快，心理健康，且能享受娱乐、休息，这是任何社会都具有的。

在日常生活中，人们希望有秩序的工作，具有管理自己生活的愿望。满足了这种动机，工作积极性就会高，如果没有满足，就会产生挫折感，有的人甚至会产生攻击行为。要维持一个合法生活的需要，这是比较普遍的。比如维持家庭生活的基本需要，解决好吃饭、居住的问题，使人们没有后顾之忧，精神饱满、情绪愉快的参加建设事业，就能尽心尽力地工作。

社会心理学家G·洛丁等1971年在养老院里作了一个现场实验的调查研究，把60~90岁的男女老人分为两组。第一组老人自己管理自己的生活，他们每人种一棵树，并且浇水、照顾树木的成长，同时还兼管放映电影与电视的工作。第二组老人完全没有权力，听人指挥，由别人安排生活与活动。经过一段时间的记录观察，第一组老人虽然只做了一点微不足道的管理工作，但积极性很高，心情愉快，有寄托，生活得很快活。而第二组老人则在各方面都明显差一些。

这一研究值得我们借鉴。老年人退休之后，生活容易孤独，仅给他们解决吃穿问题是不够的，要安排力所能及的多样化的生活，使他们生活得有乐趣，并且适当满足他们的管理动机，使他们精神有寄托，生活得愉快、幸福。我国各地陆续办起了老年人大学，还吸收老年人参加一些有益的社会工作，受到了老年人的欢迎。

（5）赞许动机

社会赞许动机就是指人们在工作上取得成绩以得到别人或集体的鼓励和称赞、获得的心理需要的满足。具有赞许动机的人，常常是为了取得他人或集体的欢乐、赞赏而努力工作。

社会赞许动机对人的行为的培养，具有极其重要的意义。人从婴儿时期起，就开始接受外界事物的大量信号刺激，这些刺激在幼儿的大脑中形成了各种条件反射。这些已形成的条件反射，经过大人们的赞许得以巩固，按照年长者所要求的方向发展。所以，父母、教师常常以点头、微笑、拍手、抚摸等动作，表示对儿童行为的赞许。而这些赞许的手段或方式，巩固着儿童对于社会行为标准的理解，是他们在社会和生活中学习的一种方式。

儿童长大以后，对其行为的赞许方法和手段，更多的则是语言的肯定，以及伴随语言而出现的各种表情、某些物质鼓励，这样儿童就可以按照成人的要求，将某些行为建立和巩固起来。同时，儿童为了讨得成人的赞许，还经常地将建立和巩固起来的行为表现出来，努力使自己的行为符合成人的要求。这就是我们通常所说的按照成人所理解的规范标准，对后一代进行教育。

人们也正是通过社会对个体行为的赞许或否定，学习社会规范，辨别是非，确立价值标准，进而约束自己的行为，使之与集体的、社会的行为规范、道德规范相一致。

在成人身上，社会赞许的动机给人以巨大的动力，促使人们作出许多可歌可泣的事业来。大量的先进、模范人物的赞许动机都是较强烈的。他们处处以身作则、严于律己、任劳任怨，先人后己，受到了社会上人们的赞扬与钦佩。

社会赞许的需要，可以解释许多社会行为的动机。有人甚至认为，最根本的、纯粹的心理需要，也许就是社会赞许的需要——需要得到别人对我们和我们行为的赞许。比如，人们为什么要做一个顺从而又随俗的人呢？为什么要做别人也做的事情，或者去做他认为别人也会去做的事呢？究其原因，显然是建立在赞许需要的基础上的。成就动机也是建立在需要别人的重视和赞许的基础上的。为了取得某些人的赞许并进而喜欢自己而积极行动。反之，人们会尽力避免可能招致别人非议，从而不喜欢自己的行为倾向。

每个人都有赞许动机，不过有的强一些，有的弱一些罢了。个别人在强烈赞许动机驱使下，会为求得赞许而故意表现自己。

（6）安全动机

人们都希望身体健康、职业稳定、生活安定，未来有保障。为此，在面临危胁或预感到危机时，常会采取应对行动以解除危机，恢复安全。为了安全感的获得，需要人际交往以寻求社会支持。人们许多的防御行为背后的动机，就是为了获得安全感。

在以上六种动机中，成就动机、权力动机、亲和动机是最主要的社会动机。

三、社会动机的特性

（1）动机具有强弱差异。同时存在的多个动机中存在主导动机或优势动机，由主导动机决定个体的行为。判断主导动机的指标一是看某种需要的能量大小，二是是否能够克服困难去满足需要的持续性。

（2）动机的清晰度差异。在共同的活动中，各人对其行为所要达到的特殊目标的意识程度存在差异。表现为选择行为的自觉性不同，可以测查其语言行为，看是否能够用确切的语言表达其行为动机。

（3）动机可以更替。在同时存在性质不同的动机时，经过相互斗争、冲突，一个动机替代另一个成为优势动机，有时可能先满足后一个动机而暂时放弃前一个动机。

（4）动机的活动性。即动机产生后能够对其行为发生推动作用，决定发动、加强、维持，或终止。动机是行为的直接原因。

（5）动机的复杂性，表现为它与行为之间不是简单地一一对应关系，同一动机可以产生不同的行为；同一行为也可以由不同的动机所引起。一般情况下，个体的行为总是由几个动机共同作用的结果，当然，其中有一种主导动机。同时，在内心实际起作用的动机与个体本人意识到的动机也常常不一致；另外，个体内心的真实动机与他口头或书面的动机可能不一致。

第二节 挫折与调适

一、挫折与挫折感

动机产生后不可能都如愿以偿，常常容易遭遇挫折。所谓挫折是指个体在从事有目的的活动过程中，遭遇到障碍或干扰，致使其目的不能获得满足的情形，也就是通常的失败、不如意、不顺心。

由挫折的定义可以看出挫折的特点：一是具有明确的动机和目标；二是采取了相应的手段或行动，并为之付出了一定的努力；三是遇到了现实或想象的障碍，自感不能克服的挫折情境；四是主体有所知觉；五是产生有相应的情绪反应。由挫折引发的紧张、焦虑、愤怒等不愉快的情绪体验都属于挫折感。

从积极的方面看，挫折可以帮助人总结经验教训，提高解决问题的能力，引导人以更好的办法去满足需要，激励人发奋努力，从逆境中崛起，正如“吃一堑、长一智”，“失败是成功之母”。

从消极的方面看，挫折可能使人消极、失望、颓废甚至产生过激行为，给自身及他人带来消极的影响。有的可能产生心理上的痛苦，导致情绪紊乱，行为失措，引发悲观厌世情绪，也容易挫伤工作、学习的积极性，降低工作、学习的效率。

挫折的结果取决于主体的心理素质和挫折的大小。其积极或消极的影响也可以发生转化，经过自我调适与外界帮助，坏事可以转化为好事。

二、挫折产生的原因

导致挫折产生的原因多种多样。主要包括以下几种：

第一是外部客观条件的限制和阻碍。既包括自然方面的条件，也包括社会方面的条件。其中有些是不以个人的意志为转移，不为个人的实际能力所左右的。正所谓“谋事在人，成事在天”。

第二是期望值过高，即目标过高，超越了实际可能，无论怎样努力也无法完全实现，动机因期望值过高而使动机的目的得不到充分的满足，从而产生挫折。

第三是个体自身条件的制约，特别是心理素质的缺乏。有些目标的实现需要自身具备必需的条件。如唱歌需要嗓子，从事竞技体育需要相应的身体条件。如果不从实际出发，盲目从众，去追求不具备条件的目标，自然挫折难免。而心理素质水平的高低不仅是制约挫折后的挫折感强弱的关键因素，也直接影响着挫折的产生。在现实生活中，阻力、障碍是无法完全避免的，但不一定能导致挫折。意志坚强者往往在遇到阻力时坚持不懈，通过加大努力，最后克服了阻力和苦难；思维灵活的人，在无法直接实现目标时，适时改变策略，间接地达到了目标；有的建立新的目标来取代无法实现的目标。而心理素质低下者往往一遇困难就放弃努力，使本来可以克服的困难或阻力得以导致挫折、失败；有的人面对无法战胜的障碍却偏要去碰壁，固执偏执，不会灵活应变。

第四，动机矛盾状态，也是引起挫折的心理原因。如满足欲望与控制欲望的矛盾，理想与现实的矛盾，个人利益与集体利益的矛盾，如果不能处理好，也会引起不能顺利抉择的挫折，产生心理痛苦的不良情绪。

挫折包括想象中的挫折和事实上的挫折两种，它们都一样影响着个体的行为。如：在考试之前就想自己肯定考不好，结果导致紧张焦虑。

一般来说，导致挫折产生的原因不是单一的，它是主客观各方面原因的综合结果。

在现代社会之所以人们的挫折感更多，精神分析学家霍妮从社会文化对人格的影响的角度认为，一是竞争与合作的冲突。如果以成败论英雄，在学业、事业、婚姻、就业等社会活动中，就难免存在激烈的竞争。另一方面，又要求协力合作、谦让、牺牲。由此构成内心的冲突。第二是对欲望的满足还是抑制的冲突。现代社会大大地刺激了人们的各种欲望和需求，而现实的条件和得到的约束又抑制着人们的欲望，从而产生对欲望是满足还是抑制的冲突。第三是自由与现实的冲突，一方面人们误以为任何事物都能够以个人的自由意志所决定，然而现实的限制却往往无能为力，于是产生了是忠于自己还是迁就社会的内心冲突。人的内心冲突的不断加强和能量的积累，就会使人产生更大的挫折感。

三、挫折感的制约因素

挫折感是在挫折情境下，主体所体验到的紧张、焦虑等不愉快的情绪，也是挫折的情绪反应。其性质、大小、强弱、持续时间受着诸多方面因素的制约。一方面，客观存在的挫折情境的性质、大小，其结果与动机目标的差距，所失去的目标与自身利益的紧密度影响着挫折感。另一方面，主体自身的有关因素直接制约着挫折感的产生、大小、强弱、持续时间。两者共同制约着挫折感，其中客观情境是引发因素，主体自身的有关因素起着决定作用。从主体自身的角度来看，主要制约因素包括：

（1）对挫折意义的认识、评价决定着情绪体验的性质。对挫折事件的评价是积极的、消极的，还是辩证的。例如，对于在同伴面前表现不理想这一挫折情境，如果从积极的方面去评价，会觉得：幸好是在同伴面前出丑，并且今天出了个小洋相，今后注意了，吸取了教训，就可以避免出更大的丑了，因而可能并无挫折感，反而庆幸。如果觉得：今天表现不好，丢了面子，糟糕透了，没有脸面见人了。可能出现的是失望、懊悔等消极的情绪。如果既看到其可能的积极价值，又注意到其客观的现实影响，情绪反应又会有所不同。

（2）对挫折的承受能力制约着挫折感的强弱。挫折承受能力也叫耐受力或耐挫力。由个体的思想境界、价值取向、期望值的高低、挫折经验的多少、心理准备的有无、身体状况的好坏等因素所共同制约。

（3）情绪调适能力制约着挫折感持续的时间。主要由思考问题的方式、观点信念、自我调适能力以及社会支持系统等因素决定。情绪自我调适能力强的人能够在短时间内化解不愉快的情绪，恢复心理平衡；缺乏自我调适能力的人，往往使消极情绪恶化、持续，久久难以自拔。

四、挫折后的行为反应

在挫折情境发生后，出现一定的消极情绪体验的情境下，个体为了缓解消极的情绪或保护自尊，挽回面子，常常会采取相应的行为以应对。判断行为反应的价值需要从以下三个维度进行：

一是从行为结果的影响来看，既要注意自身，又得兼顾其他人的利弊，有的人为自己解脱痛苦而采用非理性的行为，结果导致亲人、朋友的痛苦。

二是从行为结果的形式看，既要看到有形的物质和身体的利弊，还要注意对无形的心里和名誉、自我形象等无形的精神方面的利弊。

三是从行为结果显露的时间看，既要看到眼前表露出来、显而易见的利弊，又要注意潜在的、可能在将来才表现出来的利弊。

从行为结果的价值看，有积极的、中性的、消极的。

自我防御机制的使用。自我防御机制或自我心理防卫机制是指人们应付心理应激造成的压力，适应环境而使用的一种策略。大多在不知不觉地运用，可以使人们减轻由于心理压力或挫折而引起的紧张不安、焦虑和痛苦，这是一种在心理上的自我保护方式，心理学上称之为心理防卫机制。

几乎每一个个体在面临一些现实问题时都在有意无意地使用它。自我防卫的种类有很多，以下这些都是遭受挫折后常见的行为反应，是自我调适挫折感的常用策略。

1 压抑

压抑作用是最基本的自我防卫方法。它是把不能被意识所接受的思想、感情、意向和经验，在不知不觉中抑制到无意识中去的作用。通常，自我能把一些人们所不堪忍受的或能引起内心矛盾、冲动的念头、情绪或行动，在未觉察之前便抑制、存放到无意识中去，以保持心境的安宁。这些念头、情绪或行动虽然不能被意识，却可能不知不觉地影响个体的日常生活，使之作出一些莫名其妙的事情来。压抑现象在许多心理疾患中也可以观察到。

2 否认

否认作用是一种与压抑作用极为相似的较原始而基本的自我防卫

方法。它不是把已发生的痛苦与不快的事“忘却”，而是对其加以“否定”，认为它根本没有发生过，如小孩打坏东西时往往用手蒙住双眼，当作没有这回事，以减轻心理上的负担。再如一个人所爱恋的人死亡，他（她）可能拒绝下葬，以否认对方已死的事实，从而减轻内心的悲痛。

否认作用是在无意识中进行的，个体不仅否认已发生的事实，而且真正相信没有这个事实，有时会达到病态妄想的程度。

3 投射

投射作用作为自我防卫的方法，是个体把自己所不喜欢、或不能接受的属于自己的东西转移到别人身上。如有的人自己有某种恶念、不良欲望或缺点，便认为别人也是如此。投射作用虽然能使个体内心保持安宁，但往往使他丧失对事情的正确观察与判断。心理学上的投射测验，是发现个体内心世界的一种有效方法。

4 曲解

曲解作用也经常被人们所采用。它是个体把现实世界曲解变化，以符合内心的需要的一种方法。个体常用夸大性的妄想来解除心理的挫折与不安，消除自卑与痛苦。比如说，一个人受到欺负而无法反抗时，常自我解嘲，说是“虎落平阳被犬欺”。阿Q的“儿子打老子”，也是如此。有的以为自己是英雄人物，别人都要来谋害自己、欺负自己，这样虽然受人敬重的欲望得到了某种满足，但却因为离现实太远而变成了病态，会被人认为是精神病。

5 退行

退行作用是指个体遇到挫折时，放弃已学会的成人方式，而恢复使用早期幼稚的方式应付事变，以得到他人的同情和照顾，避免面对的现实问题和痛苦的办法。如有的病人死里逃生以后，虽然身体已经复原，却想尽办法留在医院里。这是因为病人经此变故，精神上受到打击，害怕再负起成人的责任以及承担随之而来的精神压力，从而退行到孩子一样的依赖中。退行作用在癔症和疑病症患者身上较容易观察到。

6 幻想

与退行作用相似，幻想作用是指个体面对自己无法解决的现实困难时，使用幻想的方法使自己与现实脱离，在幻想中处理心理上的纷扰，以获得心理上的满足。如“灰姑娘型”的幻想。对弱小的孩子说来，以幻想来解决心理问题，是正常的现象。但如果一个成年人仍然常常采用幻想来应付实际问题，就不太正常了。如果成人把现实与幻想混淆不清，显然是一种心理疾病。

7 摄入

摄入作用，是指个体把现实中存在而自己缺乏的、又希望得到的东西在潜意识中内部化，从而避免精神上的不安和痛苦。如有这样一个人，自从他母亲去世以后，就常常担心自己会患心脏病，稍感不适，就东奔西走找医生，要求量血压，做心电图等。这是为什么呢？原来他母亲一向很关心他的身体状况，只要他稍微不舒服，母亲马上给他检查身体。母亲去世了，这个人就不知不觉地让自己扮演母亲角色，象母亲的那样关心自己的身体。他这种过分地关心自己的身体，无形中保留了他母亲的一些特点。这样，使他有一种母亲尚在之感，抚慰失去母亲的痛苦。

8 转移

由于个体对某一对象的情绪、欲望和态度，不能为自己的理智和社会所接受，于是便把它转移到另一个可以代替者的身上，以减轻精神上的负担，这称为转移作用。如迁怒，有的丈夫在外受气，回家打妻子，妻子又打孩子，孩子则摔玩具。由于迁怒，心情便舒畅一些。转移作用在心理疾病中都有所表现，尤其在强迫症、恐惧症中表现较为明显，此外，宣泄也是一种转移作用，不过宣泄可以没有确定的对象。

9 隔离

所谓隔离作用，是个体把整个事情中的某一部分从意识中加以隔离，不让自己直接意识到，以免引起精神上的不愉快。通常被隔离的是与事实相关的感觉部分。如人死了，不说死，而说“仙逝”、“归天”、“长眠”、“走了”等。这样，似乎就不是那么直接与悲哀相联系了。在心理治疗中，医生通过病人表现出的某些隔离作用而发现病人的实际问题，从而能对症治疗。

10 反向

个体的一些不能被自己的理智或社会所接受的欲望与行动，虽然被压抑而潜伏到无意识中去，不被自己所察觉，但它仍然具有强大的动机作用。有时会改头换面，以相反方向表现出来。这就是反向作用，又称为“矫枉过正”现象。如有的人内心很凶狠，攻击动机强，但在行为上却表现得非常温和、慈善。如果别人暗示他可能并不温和，他会火冒三丈。这说明个体的某些行为，如果过分的话，也许正表示他无意识中有刚好相反的欲望。

反向作用如果使用得适可而止，有助于个体的社会适应。如果使用不当，会使个体做出他本不想做的事，空耗精力，甚至有害。如有的父母对孩子过分溺爱放纵，以表示她并非“不爱”孩子。这种矫枉过正的结果，对孩子可能有害，会使他有一天变成问题少年。而当孩子体会到继母的内心是如何讨厌他时，不仅不感谢这种“爱”，反而增加了他对继母的戒备与仇恨。

11 抵消

抵消作用，是个体用象征性的事情，来抵消已经发生了的不愉快事情，以平衡心理上的不适与不安。如过春节的时候，我国的习俗是最好不要打碎东西，不要讲不吉利的话。如果有谁打碎了碗，则家中的老人会说岁岁平安（取“碎”字的谐音），以吉利话抵消这不“吉利”的事情。抵消作用还表现在用象征性的东西来抵消负疚感和犯罪感，或者以为不洁的念头。在四川汶川地震后，有些心理援助者让受到刺激的孩子砸爆气球以缓解压力。

12 合理化

一般说来，每种现象或事件的发生，都可以用许多理由来解释。个体有时从众多的理由中，选择某些理由，予以特别强调，而有意忽略其他理由，以避免精神上的痛苦，这就是“合理化”作用。如有的人考试失败后，不找自身的原因，往往强调老师教得不好。

“合理化”作用还表现在个体遭受挫折或无法实现所追求的目标时，为了缓解因失败带来的内心不安，从而给自己找一些有利的而在别人看来是不客观的理由，如“酸葡萄”反应形式和“甜柠檬”反应形式。前者源于伊索寓言，是说狐狸吃不到葡萄就说葡萄是酸的，因而认为自己得不到的或没有的东西即是不好的，以冲淡内心欲望和不安，保住面子。后者是说个体百般强调自己所拥有的东西都是好的。如得不到葡萄只有柠檬，便认为柠檬是甜的，以此来减轻内心的失望与痛苦。恰当的“合理化”作用有助于个体接受现实，适应社会。但过分的“合理化”作用，会妨碍个体去追求他真正需要的东西。“合理化”作用广泛地表现在正常与非正常的人身上。

13 补偿

所谓补偿作用，是指个体由于生理上或心理上的缺陷而感到不适时，力图以种种方法来弥补这些缺陷，消除不适感。缺陷也许事实上不存在，但只要个体主观上认为自己有着某种缺陷，补偿作用就可能在他身上表现。如有的学生学习成绩不佳，但在社交方面却非常活跃。再如，外表一般的人比较重视发展内在美。补偿作用是无意识发生的，应用得当有益于个体的社会适应与健康成长，过分的补偿，则可能导致心理与行为的变态。如有个男青年，突然间以各种方式表现他是个“男子汉”：他抽烟，拼命运动，说脏话等。原来，他生活在一个充满女性的家庭，有六个姐妹，就他一个男孩，最近因被女同学嘲笑，说他扭扭捏捏像个小站娘。这个男青年的所作所为在无意识地证明自己是个很富于男性的男人，这是过分的补偿现象。

14 升华

这是自我防卫的一种积极方法。个体原有的行动欲望如果直接表现出来，可能会受到处罚或产生不良后果，但如果他把这些行动和欲望导往比较崇高的方向，并有利于社会和本人时，便是升华作用。如一位嫉妒心较强的人，看到与他同情况的人有突出的成就，内心是不快的，但理智又不允许他表露这种心情，于是他可能发奋努力，试图超过对手。有关升华作用的例子，比比皆是。

15 幽默

这也是一种积极的自我防卫。幽默作用是指个体在处境困难或尴尬之时，用幽默化解困境。“晏子使楚”的故事可用来说明幽默作用。晏子代表齐国去访问楚国，由于他身材矮小，楚王有意捉弄他，在大门旁开了一个小门洞，要晏子从门洞进来。晏子面对这种情况，心里当然很生气，但却装着若无其事，以开玩笑的口吻对楚王说：“大国通常有大门，只有小国才有小门，难道楚国是小国吗？”楚王一听，只好赶紧叫守卫开大门。本来是尴尬的场面，经此幽默也就化解了。一般说人格较成熟的人，常懂得在适当的场合，使用巧妙的幽默，把一些原来困难的或难堪的情景转变一下。阿凡提的故事中有不少是这方面的例子。

16 攻击

是挫折产生后，采取行动、语言等手段攻击、报复以应对挫折的引发者或转向其他人。包括直接攻击给自己带来不愉快的人或者物体；在无法或不敢攻击有关对象时，就转向攻击无关的弱者或亲近的亲友；有的在受到别人的欺辱后采用自杀、自残、自我虐待等方式转向攻击自我。

以上16种自我防卫的方法，是个体经常使用的，在正常人与非正常人身上都有表现，大多数是综合使用的。以上的分类叙述，只是为了便于说明。

从行为结果的价值看，以上的行为反应中有积极的，如升华、补偿、幽默，既能缓解压力，减轻挫折感，又不会影响别人。有的是中性的，如合理化、投射、转移，它虽然能够一定程度上缓解压力，恢复自尊，保护面子，但长期使用，容易产生负作用。有的是消极的，弊多利少。如攻击、退行等。

第四章 人际关系及改善

人际关系是通过交往所产生的情感积淀，是人与人之间相对稳定的情感纽带。建立和谐的人际关系，了解自己的人际关系现状是每个人的期盼，这就需要首先优化自我，并掌握科学的心理学策略。

第一节 人际关系的建立

一、人际交往与人际吸引

人际交往包括两层含义，从动态的角度说，是指人与人之间的信息沟通和物质的交换；从静态的角度说，是通过相互作用所形成的情感联系，即人际关系。是通过交往所产生的情感积淀，是人与人之间相对稳定的情感纽带。

（一）人际交往的意义

人的成长、发展、成功、幸福，都与人际交往及人际关系密切相关，人的愉快、烦恼、快乐、悲伤、爱、恨等情绪、情感体验，也与人际关系密不可分。因此，人际交往是生活的基础，是心理正常发展、心理健康、社会适应、人生幸福，以及事业、学业成功的必要条件。

1 人际交往是生活的基础

现代社会的分工日益细化，相互的交往、协作必不可少，越来越紧密，人际关系更加复杂。需要人们乐群、合群，主动交往，积极协作，才能求得共同的生存和发展。生活中的许多事情都无法脱离他人而顺利如愿。从衣食住行到精神生活的满足，无不如此。那种万事不求人的时代已经一去不复返了。

2 心理的正常发展也需要人际交往

心理的发展需要广博的知识、见识、信息，以丰富感知；需要正常的、安全的、良好的人际环境，才能避免许多无意义的智慧内耗，以便全力以赴地投入自我的发展。人际交往本身就是学习做人的最好的课堂，从中可以学到许多书本上难以学到的为人处世、待人接物的知识和约定俗成的规范。通过交往中信息交流，可为自己扩大视野，创造许多发展的机会。

3 心理保健需要人际交往与和谐的人际关系

心理健康的标志之一就是人际关系和谐，而人际和谐也是心理健康的必然要求。人的心理健康、心理适应都离不开他人的协作。心里有话渴望倾诉时，需要有愿意倾听的朋友；心中有困惑时，需要有人指教；心里有压力时需要有人帮助排解。这些都需要朋友的协助，而朋友需要在交往中发现，建立友好的关系；在交往中结识，在心与心的沟通、相互的交流中满足。通过各种形式的交往，使情感得到交流，安全得到保护，感到被人尊重和接受，获得归属感；使受伤的心灵得到抚慰，失衡的心态得到恢复。而且，和谐的人际关系还可以避免多疑、顾虑、嫉妒、怨恨等许多劣性情绪的产生；避免孤僻等不良性格的形成以及一些心理问题的出现。

4 自我完善需要人际交往

人的个性的优劣，能力的强弱，需要通过交往，在比较中发现、认识。在人际交往中，通过观察、学习别人，可以吸取对方的经验教训；通过自我不足的暴露，听取别人的意见，从而更客观地、准确地认识自己的缺陷，以便弥补。通过接受别人的监督、帮助，能够促使自己逐步走向完善。

（二）人际吸引

1 人际吸引的含义

人际吸引是个人之间在感情方面相互喜欢和亲近的现象，又称人际魅力。它是人际关系的一种积极心理状态，有助于满足个人的人际需求。

2 人际吸引的条件

心理学家阿龙森调查发现，人之所以受人喜爱的主要原因有：信仰及利益与自己相同；有技术、有能力、有成就；具有令人愉快或崇拜的品质；喜欢自己。

社会心理学家在人际吸引领域的研究发现，人际吸引的条件主要在于外貌吸引、邻近吸引、熟悉吸引、能力吸引、相似吸引、互补吸引、个性吸引。

现代人的人际吸引随着联系方式与生活方式的改变发生了一些变化，比如，空间距离不一定是影响人际吸引的重要因素，有的邻居老死不相往来，而远在天涯的网友却紧密吸引。良好的性格中释放的人格魅力是保持长久吸引的强大力量。

二、人际关系的建构

（一）人际关系的含义

人际关系是人与人之间通过交往与相互作用而形成的直接的心理关系。它反映了个体或团体满足其社会需要的心理状态。人际关系的发展、变化取决于双方社会需要的满足程度。作为社会关系的一个侧面，人际关系包括朋友关系、夫妻关系、亲子关系、同学关系、师生关系、同志关系等。人际关系中包含三种成分：一是认知成分，反映个体对人际关系状况的了解，是人际知觉的结果，是理性条件；二是情感成分，它关系双方在情感上满意的程度和亲疏关系，是人际关系的基础；三是行为成分，是双方实际交往的外在表现。

（二）人际关系的建构方法

影响人际关系发展的因素很多，在建构人际关系时，需要从多方面努力。

1 避免心理偏差，形成正确的人际知觉

人际交往的前提是准确地知觉对方，以便根据客观的知觉，作出理性的选择，决定交往的方式、方法以及关系的定位与走向。

在认识和评价交往对方时，需要提醒预防以下的心理现象，以避免误会和偏见。

晕轮效应：即以点代面，以偏概全；或者一好百好，一坏百坏。

自我中心：即完全以自己的口味、利弊、价值观、好恶作为评价他人的标准。以己之心度人之心，忽视客观的标准和他人的实际。

从众心理：即人云亦云，盲目听从、信任别人的意见、评价，自己毫无主见。

逻辑错误联想：即将别人的品行与行为先兆硬拉到一块，想当然地胡乱推测、判断。把可能性视为现实性，把偶然性当作必然性。

首因效应：凭先入为主的成见去评价、认识他人，不看对方当前的实际表现。

近因效应：只看对方最近一时一事的表现，而忽视过去的一贯表现。

嫉妒心理：因嫉妒别人的成功，而有意或无意地进行错误归因，以达到心理平衡。

冷漠心理：表现为缺乏同情心，不能设身处地地体验对方的实际心理和处境状况。

错误反衬：把甲的长处与乙的短处进行比较，或以人家的劣势比自己的优势。

这些都是人际知觉容易出现的现象，只有避免并自觉地克服这些认识方法，才能避免偏见的出现，形成对交往对象的正确认识与客观合理的评价，以免误解或委屈他人，失去可以交往的朋友。或者避免被表面现象所迷惑而上当受骗。

在正确认识的基础上，根据实际情况和自己的需要主动寻找娱乐型、互助型、知心型、学习型、事业型、诤友型，同时，也需要一些泛泛之交。也需要主动结识陌生人，能够悦纳与自己不一致的人。在必要时争取、团结那些反对自己的人。

2 优化自身人格，增强人际吸引力

一个人的人缘好坏，不是取决于其外貌、长相、打扮，决定其是否受人欢迎、拥戴的关键在于其自身的良好素养，特别是个性心理品质。良好的性格是个人魅力的持久源泉。可以从一定程度上弥补其他方面的不足。

根据影响人际交往的个性因素，需要避免或矫正的个性包括：傲慢、清高、嫉妒、自我中心、自私自利、刻薄、唯我独尊、自高自大、

多嘴多舌、吹毛求疵、多疑、虚伪、拨弄是非、强人所难、冷漠、无同情心等性格特征。而受人欢迎的性格，诸如：进取、自律、善良、合群、乐群、乐观、开朗、慷慨大方、真诚、温柔、体贴、与人为善、宽容、合作、尊重人、平等待人等等。

心理学家安德森1968年进行的一项研究，表明哪些个性品质受人喜爱，哪些遭人厌恶。他将描绘个性品质的形容词列成表格，让美国的大学生被试按照喜爱程度从高到低排列序列，见表4–1。

表4–1 美国大学生对个性品质的好恶

高度喜爱的品质	中性品质	高度厌恶的品质
真诚	固执	古怪
诚实	刻板	不友好
理解	大胆	敌意
忠诚	谨慎	饶舌
真实	追求完美	自私
可信	易激动	狭隘
聪慧	文静	粗鲁
可依赖	好冲动	自负
有头脑	好斗	贪婪
体贴	腼腆	不真诚
可靠	不开朗	不善良
热情	易动情	不可信
善良	羞怯	恶毒
友好	天真	刻薄
快乐	好动	不真实
不自私	空想	不诚实
幽默	追求物欲	冷酷
负责	反叛	邪恶
开朗	孤独	装假
信任别人	依赖别人	说谎

这些研究成果也值得我们中国人参考。

3 注意交往方法，讲究交往艺术

为了保持交往的顺利进行，获得良好的人际关系，需要在交往实践中有意识地注意一些问题。例如：

（1）积极寻找与人沟通、交流的机会，从中去深入认识别人、主动推介自己。

（2）消除自卑、怯懦、羞涩、胆小、多虑、冷漠等心理障碍。

（3）与人交往时，保持应有的热情与兴趣，尽量记住对方的名字以及发现对方值得赞赏的方面，以示重视和尊重。

（4）适当外向些、开放点，为心灵的互通、交流架通桥梁，创造必要的条件。

（5）学会交往的技巧，避免冷场、乏味、冲突。

（6）与存在意见分歧的人交往时，注意求大同、存小异，尽量不暴露并避免纠缠那些无意义的分歧。

（7）不过分苛求别人，不随意指责、批评、讥笑、讽刺对方，注意尊重别人、保护人家的面子。

（8）努力寻找别人的优点，尽量给予人家真诚的赞赏和应有的肯定。

（9）尽量了解对方重要而迫切的需要，并且尽力而为地给予帮助和满足。

（10）避免来往过冷或过热，交往的密度要视自己和对方的实际需要及可能而定。

（11）耐心倾听别人的心声和意见，真诚地关心、理解、尊重对方。

（12）避免在别人背后评头品足。

（13）避免想当然地判断人家，坚持一切从实际出发，以免误解、委屈对方。

（14）对人真诚，不虚伪。

（15）己所不欲，勿施于人；己所欲，也不强加于人。

（16）虚怀若谷，能够容忍人，原谅人，不斤斤计较。

（17）性格活泼、开朗，富有幽默感。

（18）言谈举止文雅、沉着、稳重，不亢不卑，落落大方。

（19）待人热情，为人诚实，质朴。

4 获得良好印象的策略

建立人际关系的方法自然很多，在日常生活中，最为主要也是有效的主要技术有以下几个方面：

重视良好的第一印象的建立。这是由于第一印象对后继信息的理解和组织有很强的定向作用。

社会心理学家艾根（G.Egan）1977年根据研究发现，在同陌生人相遇之初，按照SOLER模式来表现自己，可以明显增加别人对自己的接纳性，使自己在别人心目中建立起良好的第一印象。SOLER是由五个英文单词的词头字母拼写起来的专用术语。

S表示“坐或站要面对别人”；

O表示“姿势要自然开放”；

L表示“身体微微前倾”；

E表示“目光接触”；

R表示“放松”。

这一模式会给人一个“我尊重你；对你有兴趣；我内心是接纳你的；请随便”的轻松、良好的印象。

有关实践也表明，如果在社交场合有意识地运用这一技术，克服不恰当的表现习惯，可以有效地增加别人对我们的好感，也增加别人对我们的接纳性。

戴尔·卡耐基在其《怎样赢得朋友，怎样影响别人》一书中，根据大量的经验，总结出获取良好的第一印象的六条途径：

（1）真诚地对别人感兴趣；

（2）微笑；

（3）多提别人的名字（或称呼）；

（4）做一个耐心的听者，鼓励别人谈他们自己；

（5）谈符合别人兴趣的话题；

（6）以真诚的方式让别人感到他自己很重要。

5 主动交往

对于一个正常的人来说，都希望有一个丰富多彩的人际关系世界，并在这个世界中帮助别人，也被人帮助；同情别人也被人同情；爱别人也被人爱；共享欢乐和分担痛苦。但是如果谁不愿意先迈出第一步，主动与人交往，只是采取消极、被动的方式，总是等待别人来首先接纳自己，不愿意主动先去接纳别人，尽管他与人交往的欲望很强烈，甚至试图去吸引别人的注意，却仍然难有朋友，即使处在热闹的场所，也难免心灵的孤寂。因此，要想赢得别人，建立关系，摆脱孤独，就必须采取主动。

要化被动接受为主动交往，首先要树立必要的自信，不要担心别人不响应自己，不搭理自己，害怕丢面子，担心处于窘迫局面，伤害自尊。实际生活中，由于社会规范的作用，更由于人人都需要交往，特别是在需要人际关系支持的陌生情境里，尤其如此。其次，消除误解，如“先同别人打招呼，低人一等”，“别人对我不会感兴趣”，“我麻烦别人，别人肯定会讨厌我”，“人家肯定瞧不起我”等。这些非理性的观念阻碍了我们的主动交往行为，也使自己失去了许多结识别人，发展友谊的机会。总之，要少担心，多尝试。

6 注意移情

人际关系主要是相互的情感联系，是心理距离的大小。这需要相互的了解和理解，需要体验对方的真实情感，从而使自己的行为具有合理性与对应性。这里的移情不是简单的怜悯、同情，而是对别人内心真实状态的体验、双方内心情感的共通与同一。移情能力除了直接的自我经验、体验外，还可以运用一些心理训练直接提高移情的能力。

7 帮助别人

根据功利原则和相互原则，主动帮助别人，为别人提供所需的物质和精神方面的帮助，特别是情感上的支持，如分担痛苦、好的建议、观点赞同，可以使人际关系迅速建立起来。帮助不仅是物质馈赠，还包括心理帮助，如安慰、理解、赞赏、劝导、倾听、尊重、商讨等等。

8 注意交谈方式

人际交往不仅在交往之初要注意方式，在关系发展的过程中也要始终注意一些基本的技巧。有的朋友关系之所以难以深入、持久，与交谈的方式也有直接或间接的联系。如，谈话内容不考虑对方，不符合对方的兴趣或者不能有效地促使对方卷入进来；过早或过多地发表评论；不能做一个好的听众。针对这一实际，需要注意以下问题：一、交谈时不宜只顾自己，也要考虑对方的兴趣；二、提高移情能力，将注意力投向对方，注意理解和体验别人的心理状态，避免轻率的评论；三、耐心而积极地倾听，并积极予以反馈。

9 注意人际关系的维持

人际关系不仅要注意建构，也要重视维持，以免使辛辛苦苦建立起来的友情遭受破坏。从人际关系原则中也可总结出友好相处，维持友谊的技巧。

第一，避免无价值的争论，对于非原则的问题，过多的争论容易造成不良的后果，从人际关系的角度，即使赢了，一方的胜利常常威胁到另一方的尊严，威胁其自我价值感。有时不冷静的争论容易导致争吵、不愉快甚至敌意，到后来有的还演化为人身攻击。心理学的研究发现解决分歧的最好途径不是争论，而是讨论和协商。

第二，尊重对方，避免轻率的指责。荀子曾说过，“与人善言，暖若锦帛；与人恶言，深于矛戟”。心理学研究揭示：当人的自我价值面临威胁时，机体会处于强烈的自我防卫状态，对威胁自我面子的人会有着强烈的排斥情绪。因此，在人际交往中要避免随意指责别人。尽量用支持别人自我价值、尊重对方的方式证明自己的观点。正如卡耐基所建议的“要比别人聪明，却不要告诉别人你比别人聪明”。在提醒别人时，不让人感到我们比他聪明或他无知。

第三，严于律己，宽以待人。在人际交往过程中难免会出现一些矛盾甚至冲突，从保持人际关系出发，适当地严格要求自己，一方面可避免一些矛盾，万一遇到问题，在归因时避免责任推诿。一般人由于自我价值保护的本性，容易出现归因偏差，下意识地宽容自己却责备别人。需要多从对方的角度去看待事物，从而理解别人。

第四，注意批评的艺术。在长期的人际交往中，难免会发现对方一些问题。当发现朋友的不足时，本着与人为善的原则，提供必要的提醒、反馈，是需要的。但要尽量在有效批评帮助对方的同时，避免对方的自我防卫心理。最好做到：批评从称赞和诚挚的感谢入手，批评前先提自己的错误，以启发、间接提醒他人注意其错误，让别人保住面子。

第五，避免人际关系破裂。人际关系从融洽到破裂一般要经过：分歧、收敛、冷漠、逃避、终止这五个阶段。在长期的交往过程中，遇到分歧、冲突是很正常的，关键是需要保持冷静，理智地处理。具体要求：一是相信一切冲突都可以理性而建设性地获得解决，不丧失信心，不放弃努力；二是客观地了解分歧或冲突的原因；三是核对、思考自己的有关的观念是否客观、合理；四是提出解决冲突、分歧的可能的办法；五是比较、筛选最佳的解决冲突的途径、方法；六是积极尝试解决问题；七是评估效果，看是否给双方带来了益处，维持了人际关系。

第二节 人际关系的评估

一、群体人际关系的测量

人际关系问题与每一个人的几乎全部生活内容息息相关，也由于人际关系的纷繁复杂、五光十色，人们渴望准确了解自己或别人的人际关系，一方面检验自己的人际交往成果，另一方面，发现自己的问题，以便努力。随着人际关系测量技术的发展，使人们有了揭去人际关系神秘面纱的有力手段。

（一）社交测量法

1 社交测量法的原理

社交测量法也称社交测量或社会测量。它是从群体的角度，定量地揭示整个团体的人际关系状况以及各成员在该团体内人际关系状况的一种方法。该方法是由后来移居美国的奥地利社会学家与心理学家莫雷诺（J·Moreno）于20世纪30年代最先创制的。社交测量法一经问世，就受到了心理学家、社会学家们的广泛注意。后来的许多心理学家都为这种方法的发展做了大量的工作，提出了多种新的社交测量方法的变式及相应的结果处理手段。

社交测量法的原理，是认为人与人之间的相互选择，反映着他们之间心理上的联系，肯定的选择意味着接纳，否定的选择意味着排斥。如果一个人在更多的方面都对另一个做出肯定的选择，那么就意味着这个人对另一个人有高度的接纳性。如果肯定的选择是相互的，那么接纳也是相互的，双方之间的心理距离就小。反过来，如果一个人在更多的方面都对一个人作出否定的、拒绝的选择，那么意味着这个人对另一个人是高度排斥的。如果否定的选择是相互的，那么排斥也是相互的，双方之间的心理距离就大。这里的心理距离，也就是我们所说的心理学意义上的人际关系。因此，心理学家们认为，人与人之间在反映不同评价意义的各个方面的肯定性或否定性选择，实际上反映着人们之间的人际关系状况。这样，我们就可以通过考察人与人之间在不同方面进行选择的情况，定量地测量每一个人在某个特定团体内的人际关系状况，也可以测量整个群体的人际关系状况。

2 社交测量法的步骤

社交测量的具体措施方法包括明确测量目的、确定被测量者进行选择的各个方面、确定选择方法、将选择的各个方面转化成问题，编制成问卷、实际施测与结果处理等六个步骤。

（1）测量目的

测量目的是根据测量的实际需要提出来的。如果我们试图了解某一个人是不是适合充当某个团体的领导者，就可以运用社交测量方法、客观、定量地了解该团体的成员对于这个人的接纳、信任及各种能力的评价等多种情况。通过对该团体进行社交测量，我们不仅可以了解准备提拔的对象是否适合于充当该团体的领导，而且还可以知道团体内是否有人实际上具备了领导该团体的条件，这个人是谁等诸方面的重要信息。如果我们试图了解的是团体内人际关系状况是否良好，团体是否保持着良好的凝聚力或对其团体成员的吸引力，团体是否还保持着良好的整体结构，也可以运用社交测量法，通过定量地测量团体成员之间相互的接纳、依赖、理解、信任等情况，来客观地对团体的各个方面的情况作出有根据的判断。

（2）测量变量

可供被测量者作选择的方面是多种多样的，可以是被测量者对具体个人品质特征（如工作能力、交往能力、组织能力、可信赖性、道德水平等）方面的评价，也可以是被测量者对一个人的笼统判断，如“假如改选，你认为谁当主任（或班长、组长等等）更为合适”；可以是被测量者自己现实的人际关系状况，如“你目前同哪些人关系最好”？“你同哪些人交往最为密切”？或者“你最不喜欢哪些人”？“你觉得同哪些人较难相处”？也可以是被测量者在人际关系上的期望或倾向，如“你最希望成为你最亲密朋友的有哪些人”？“你最希望同哪些人在一个小组（或班）工作（或学习）”？等等。

究竟选择哪些方面进行测量，是根据测量的目的决定的。测量的结果必须能为你提供与测量目的密切相关的有价值的信息。在实际运用社交测量法时，常常是同时测量相互关联的多个方面，少则2至3个，多达5至7个。必须注意，如果你同时测量多个方面，那就必须保证你所选择的方面共同指向同一个测量的目的，这样才能使测量达到最理想的效果。

（3）选择方法

方法的确定是社交测量法的关键一步，总括起来，社交测量法所运用的选择方法有五种：

第一，参数顺序选择法。这种方法要求被测量者在肯定或否定选择上都选择一个固定数目，并且必须明确标明选择的顺序。如“我过生日最愿邀请的人，第一是________；第二是________；第三是________。”“我最希望在一起工作（或学习）的人第一是________；第二是________；第三是________。”

参数顺序选择的数目，用得最多的是3人，通常不超过5人。原因有两个方面。一方面，在一个团体中，人们的判断能够准确把握，可以排列出可靠顺序的，往往只有对自己有着重要意义、接纳或排斥程度最为强烈的几个人。随着选择所涉及人数的增加，判断的准确性会明显下降。确定一个人是排在第一位还是第二位是件很容易的事，而要想确定一个人是排在第五位还是第六位却要困难得多。并且，在团体较大的情况下，选择顺序越往后，处于同一接纳或排斥水平的候选人也会越多。这时，选择就开始有极大的任意性，测量也就变得毫无意义。另一方面，如果我们确定的选择数目很大，那么在处理测量结果时也会感到十分困难。在团体较大的情况下更是如此。

参数顺序选择法适合于30~40人的较大团体。

第二，非参数顺序选择法。这是与参数顺序选择法相对应的一种方法。当一个团体的规模较小，不足15人时，参数顺序选择法的两方面的限制就不复存在。此时，我们就不必要规定接纳或排斥选择的数目，而是完全由被测量者自由选择，并按选择的重要性排列成顺序。

第三，非参数简单选择法。该法是非参数顺序选择法的一个变式，其施行方法与非参数顺序选择法基本相同。不同之处在于，非参数简单选择法忽略选择顺序的差异，而只考虑接纳选择、不选择和排斥选择三种情况，选择人数上也同非参数顺序选择法一样不加限定。如“你愿意与哪些人住在同一个宿舍？”“你愿意与哪些人在一起工作（或学习）？”“你过生日时打算邀请哪些人去你家？”“你不愿意与谁一起旅游（或度假）？”等等。

非参数简单选择法由于忽略选择顺序，带来了结果处理上的便利和新的图形结果处理方法的运用。图形结果处理方法的引入，使得人们有机会对一个团体的整体结构状况、小团体的分化及每一个成员在团体中的位置一目了然，从而使得这种方法成为运用最多的选择方法之一。

非参数简单选择法的适用范围较为广泛，它既可以用于较小的团体，对较大的团体也同样适用。

第四，参数简单选择法。这种方法是非参数简单选择法和参数顺序选择法的变式。其与非参数简单选择法的差别在于，对选择人数给予一定的限定；与参数顺序选择法的不同之处是，不考虑选择顺序，只考虑选择倾向。

第五，接纳水平等级分类法。这种方法实质是非参数顺序选择法与非参数简单选择法的结合，兼具二者的主要优点。该法是按照五点量表，将人们的接纳水平从最接纳到最排斥分成5个等级，要求被测量者按此5个等级将所有其他团体成员分为5类，每一类的人数多少不做任何限定，完全由被测量者自由选择，见表4-2。

接纳水平等级分类法也同非参数简单选择法一样有广泛的适用范围，既适用于较小团体，也适用于较大团体。

表4-2 社交测量法运用的选择方法、特点及适用范围一览表

方法名称	特点	适用范围
参数顺序选择法	顺序选择，人数确定	较大团体
非参数顺序选择法	顺序选择，人数不确定	较小团体
非参数简单选择法	简单选择，人数不确定	两类团体均可以
参数简单选择法	简单选择，人数确定	两类团体均可以
接纳水平等级分类法	等级分类，人数不确定	两类团体均可以

（4）测量问卷

社交测量法的第四个步骤，是将选择出来试图测量的各个方面转化成问题，编制成问卷。问题如何表述，是由所确定的测量方面及选择方法决定的。比如，假若试图测量团体作为整体的人际关系状况及每一个成员的人际关系状况，你所确定的选择方法是最为常用的非参数简单选择法，问题就可以是：“请写出目前同你关系最好的人的姓名”，“你对哪些人的感觉最好”，等等。同样的测量目的和方面，如果所采纳的选择方法是接纳水平等级分类法，则问题的表述就变成“请分别写出与你关系最好、比较好、一般、比较差、最差的人的姓名”。

问卷的构成除了有关的问题外，还必须包括对测量目的、回答方法等方面的简单明了的说明，并且明确声明并要切实真正做到对测量结果保密。

应用社交测量法，对测量结果保密很重要。如果采用接纳水平等级分类法的选择方法，或者在采用其他选择方法时使用否定性陈述，这一问题就变得尤为突出。因为，在日常生活中，人们对自己为别人所接纳的程度常常会有过高的估计。这种主观的过高估计同客观的社交测量结果会形成鲜明的对照。另一方面，由于受种种利害关系的限制，人们对别人的排斥在日常生活情境中往往并不暴露，而这种排斥或拒绝也可以从上述两种情况的社交测量结果中反映出来。这样，如果测量结果随便让被测量者知道，可能会使许多人突然明白自己在人际关系中的处境并不像自己想象的那么好，明白有些 人实际上并不接纳自己。我们已经知道，人际关系当中的接纳与排斥是相互的，当人们知道有些人并不接纳自己时，出于自我价值保护的需要，他们对这些人也会产生强烈的拒绝情绪。严重时，还会酿成直接的人际冲突。很明显，测量结果的暴露会对一个团体的人际关系造成严重损害，直接降低一个团体的凝聚力。

此外，从测量的可信性来说，如果不预先声明结果保密，则被测量者就可能由于顾忌测量结果被其他人知道，而在否定性的选择上作不真实的反应或干脆不作反应，从而使测量不能反映实际情况。

（5）测量的实施

社交测量法的实际施测有两种情况。一种是由一个团体的上级权威人士施测，另一种是由研究者自己施测。无论是哪种情况，测量者是否善于取得被测量者的合作，都是影响测量可靠性的一个因素。测量者用一定的时间熟悉团体的情况，与被测量者建立起一种相互信任的气氛和合作的关系，会对测量产生积极的作用。此外，测量者必须以真诚的方式向被测量者解释测量的目的和意义，并对测量问卷给予明确的说明，强调测验结果一定保密。

（6）结果处理

社交测量法的最后一个步骤是结果处理。对应于不同的选择方法，结果处理的方法也不同。

1 行列表格法

对于两种顺序选择法，测量结果主要用n × n(n为被测量者的总人数）行列表格法处理。表格中的记分，在肯定的选择上，用正分来记分；在否定的选择上，用负分来记分。得分按照排列顺序递减或递增。记分的最大值与最小值，参数顺序选择法由所规定的选择参数决定，非参数顺序选择法由整个群体最大的顺序选择范围确定。由于在顺序选择法中，肯定选择上的顺序越是靠前，接纳水平越高，因此记分是从最大值按选择序列递减。而在否定选择上，顺序越是靠前，排斥性越强，接纳性越低，因此记分从最小值按选择顺序递增。比如参数顺序选择法，如果规定的选择参数为3，则在肯定选择上，第一选择记3分，第二选择记2分，第三选择记1分；在否定选择上，第一选择记–3分，第二选择记–2分，第三选择记–1分。

非参数顺序选择法的记分不同于参数顺序选择法的地方在于，其记分的最大值与最小值是根据整个群体中自由选择的最大范围来确定的。如果所有被测量者中最大的顺序选择范围为从1到8的8分序列，则肯定方向上的第一选择就记8分，否定方向上的第一选择就记–8分。其余各顺序的记分以此类推。如果一个人的选择范围较小，如只有从1到3三个顺序，则他的记分也从这一群体测量的最大值与最小值起记，在肯定选择上，第一选择同样记3分，在否定选择上，第一选择也同样记–3分。其余各顺序的记分也依此类推。

对于不选择的情况，一般记0分。由于0分的选择在最后的数据统计资料中没有反映，因此，实际处理时也就不记分。

接纳水平等级分类法的记分一般是对应于五个等级，分别为5分到1分。接纳程度最高记5分，最排斥记1分，依此类推。

下面，我们以一个社交测量的实际结果为例来说明怎样制作处理顺序测量结果的行列表。这一测量所采用的选择方法为非参数顺序选择法，被测量群体总人数为13人。

顺序测量结果记分示例，如表4–3：

表4–3 顺序测量结果记分表

姓名	分数 / 编号	1	2	3	4	5	6	7	8	9	10	11	12	13	被选总分
略	1		3		1	2		6		5	4	7			28
	2	7		1		2		5	4	3		6			28
	3		7					6				5			18
	4							7							7
	5			5	7			4			6				22
	6							6				7			13
	7			7		4			5				6		22
	8							6				7			13
	9						6	5				7		4	22
	10			5		6	7								18
	11		2	3		4		7		5			6	1	28
	12	4	5					6				7			22
	13							7				6			13
选择总分		11	17	21	8	18	13	65	9	13	10	52	12	5	

表格中，被选择总分为一个人被群体接纳的数量指标，得分越高，意味着越受群体欢迎。从表格中可以明显看到，编号为1、2、11的是人们选择的中心，高度受群众的欢迎。而编号4、6、8、13很少为人们选择，在群体中处于高度孤立的地位。

表格中的选择总分是选择者个人接纳其他群体成员程度的数量指标。这一指标反映着群体对于选择者个人的吸引力，得分越高，群体对于选择者的吸引力越大。从表格中可以看出，群体对于编号7、11的吸引力最大，而对于在群体中不太受欢迎的4、8和13号的吸引力较小。

根据以上原理，群体作为整体的凝聚力可以通过以下公式求出：

$$C=\frac{\sum_{i=1}^{n} C \cdot S_i}{M_{CS} \cdot n} \times 100\%$$

公式中：C表示群体凝聚力

CSi 表示各选择者的选择总分

M_{CS}表示最大选择分

n表示被测量群体的总人数

在实际处理结果中，如果用于测量各个问题的重要性不同，那么需要就每一个问题分别制作行列表，并将各个表格的结果按其重要性进行加权处理，然后再汇集成一个总的结论性结果。如果用于测量的各个问题的重要性完全相同，那么来自每个问题的测量结果可以登记在同一张行列表上，并直接进行累加。这样，可以使结果处理过程简化，结论性结果与各具体测量结果之间的对应关系也更明确。

参数顺序选择法的结果处理方法，与非参数顺序选择法的方法相同。

2 图形法

简单选择法的结果处理方法有两种，一种是行列表格法，另一种为图形法。行列表格的制作，与顺序选择法相类似，不同之处仅仅在于，简单选择法由于忽视了顺序差异，因此正的选择一律记1分，以“+”记。负的选择一律记–1分，以“–”记。同样，我们也可以运用相同的公式，求出被测量群体作为整体的凝聚力。

图形法主要在运用参数简单选择法时使用。运用非参数简单选择法对较小群体进行社交测量时也可使用。但在运用非参数简单选择法测量较大群体时，由于选择人数不作规定，人们之间的简单选择关系会十分复杂，用图形来表示这些复杂的关系也变得十分困难。因此，在这种情况下，人们往往避免运用图形法来处理结果。心理学家建议，除非测量结果显示出人们的选择关系简单明了，否则还是使用行列表格法来处理更为便利。

通常使用的图形法有靶形图（如图4-1）和阶梯图（如图4-2）两种形式。比较而言，前者比后者更利于显示群体的结构分化，后者比前者更利于显示领袖在群体中的地位。下面是依据两个来自教育领域的实际社会测量结果分别绘制的靶形图和阶梯图 。靶形图的结果来自一个班集体，总人数为33人，测量所用的是参数简单选择法。图中，数字是被测量者的编号，三角形表示男生，圆圈表示女生，实线表示相互选择，虚线表示选择路线，箭头表示选择方向。阶梯图结果来自一个小组，也是运用参数简单选择法获得的结果。同样，图中数字表示被测量者编号，三角形表示男生，圆圈表示女生，连线表示选择路线，箭头表示选择方向。

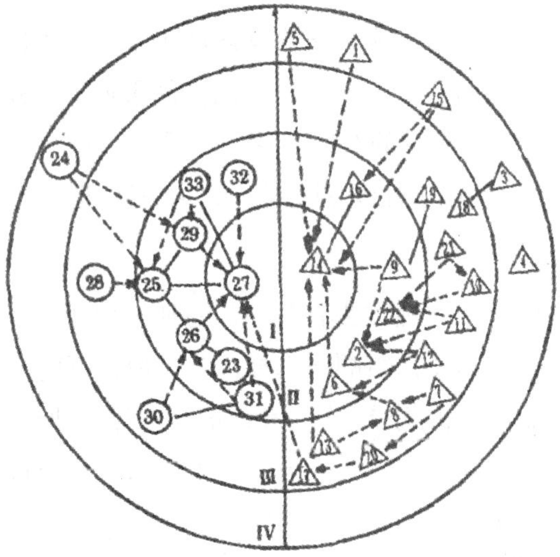

图4-1 靶形图

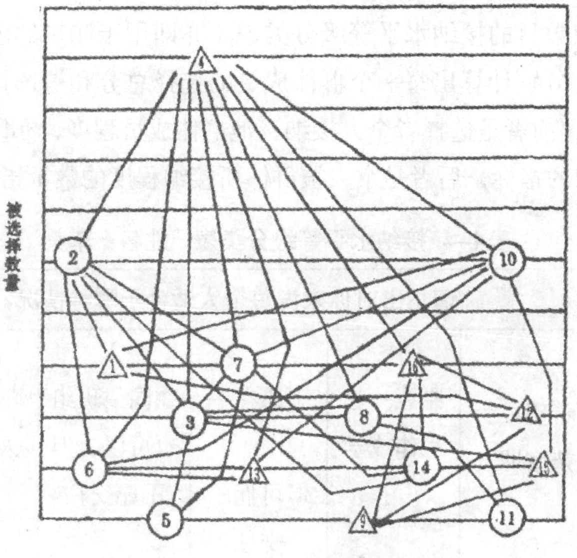

图4-2 阶梯图

需要注意，在制作靶形图时，须将被选择次数最多的编号放在最里头，然后按照被选择次数的递减，依次向外层扩展分布，最孤立的编号放在最外层。这样既便于绘制，又可以使整个群体的结构状况一目了然。

与行列表格法相比较，图形法的最大优点是不仅可以表明群体中每一个人的人际关系状况，也可以明显呈现被测量群体的结构状况，领袖的产生及小团体的分化，并且通过对群体结构的了解，我们可以对该群体的凝聚力、士气、效率等作出推断。不过，图形法也显然缺乏行列表格法所具有的优点。它不能像行列表格法那样将社交测量的结果转化成连续变量，从而使人们有机会考察社交测量的结果与其变量之间的联系或相关。因此，在实际进行社交测量结果的处理时，应将两种方法结合在一起使用，先进行行列表格法的处理，然后再根据表格法结果绘制靶形图或阶梯图。这样，不仅可以充分发现社交测量结果的有效信息，而且在表格法结果的基础上绘图，要比根据原始社交测量结果绘图容易得多，因为此时我们已经知道每一个编号在图形中的大概位置。

接纳水平等级分类法的结果处理比较容易。它是根据被测量群体人数，制作相应数目的接纳水平等级分类表（亦即用于测量的表格，然后按照等级记分分别计算出每一个群体成员的选择总分和被选择总分，见表4-4。同样，前者是选择者个人接纳其他群体成员程度，亦即群体对选择者的吸引力的指标，后者是个人被群体所接纳程度的数量指标。

表4-4 接纳水平等级分类表　姓名：李某

	请指出对你来说每个人适合于哪种情况？				
	5 希望成为亲密朋友	4 愿意一起工作或学习	3 不愿在一起 但可偶尔交往	2 在同一班组也可以，但不愿交往	1 不希望这个人与自己在一起
选择人数	6	7	4	7	5
被选人数	7	4	3	1	7

表中的数据来自一个社交测量实例。从表中可以看出，表格的回答者李某的选择总分和被选择总分可以直接算出：

选择总分=5×6+4×7+3×4+2×7+1×5=89；

被选择总分=5×7+4×4+3×3+2×1+1×7=69。

根据前面同样的公式，我们也可以依据接纳水平等级分类法的测量结果，计算出群体作为整体的凝聚力。

二、人际关系状况的自我诊断

（一）人际交往类型测验

按照人际交往行为方式的主动性、支配性、规范性、开放性四个维度，可以将人们的人际交往分成主动型与被动型、领袖型与依从型、严谨型与随便型、开放型与闭锁型等8种类型。在以下20个题目的人际交往类型测验中，就包括有分别测量人们人际交往主动性、支配性、规范性和开放性等四个方面的题目，通过对一个人在四种题目上的得分进行统计处理，就可以知道这个人在人际交往方面倾向于什么类型。

人际交往类型测验题例：

（1）我碰到熟人时会主动打招呼；

（2）我常主动写信给友人表示思念；

（3）我旅行时常与不相识的人闲谈；

（4）有朋友来访我从内心里感到高兴；

（5）没有人引见我很少主动与陌生人谈话；

（6）我喜欢在群体中发表自己的见解；

（7）我同情弱者；

（8）我喜欢给别人出主意；

（9）我做事总喜欢有人陪伴；

（10）我很容易被朋友所说服；

（11）我总很注意自己的仪表；

（12）约会迟到我会长时间感到不安；

（13）我很少与异性交往；

（14）我到朋友家做客从不感到不自在；

（15）与朋友一起乘公共汽车我不在乎谁买票；

（16）我给朋友写信时常诉说自己最近的烦恼；

（17）我常能交上新的知心朋友；

（18）我喜欢与有独到之处的人交友；

（19）我觉得随便暴露自己内心世界是危险的事情；

（20）我对发表意见很慎重。

人际交往类型测验记分方法有两种。一种是二分记分法。量表在每道题目后面都明确注明“是”和“否”。被测验者在每道题后面都明确注明“是”与“否”。做测验时，根据自己的情况在“是“与’否”中选择一项。记分时“是”的选择记1分，“否”的选择记0分。属于反向陈述的负分的题目在测验中并不注明，但专家在实际记分时，负分题目“是”的回答记0分，“否”的回答则记1分，正好与正分题目相反。测验中每一类题目就是一个分量表。将每个分量表各个题目的得分累加，就是一个人在这个量表上的得分。得分的高低则反映了这个人在分量表所测量的特征上有多大的倾向性。

是与否的2分反应简便易行，记分容易但稍嫌粗糙。因此，发展起了另一种可以更充分了解被测验者状况的记分方法。即将被测验者的反应分为五个或六个等级。用这种方法记分的人际交往类型测验为5分反应或6分反应测验。当测验是5分反应时，5个反应按程度不同一般分别为完全符合、比较符合、不能确定、比较不符与完全不符，记分则依次为5、4、3、2、1或4、3、2、1、0分。当测验为6分反应时，6个反应通常为完全符合、比较符合、有点符合、有点不符、比较不符及完全不符，记分依次记6、5、4、3、2、1或5、4、3、2、1、0分。负分题目与正分题目的记分正好相反。

在以上人际交在类型测验题例中，1～5题测量的是交往主动性水平。得分高则说明交往偏于主动型，得分低则交往偏于被动型。6～10题测量的是交往支配性水平。得分高表明交往倾向于领袖型，得分低则偏于依从型。11～15题测量的是交往规范性程度，得分高意味着交往讲究严谨，得分低则交往较为随便。16～20题属于交往开放性测量题目，得分高表明交往偏于开放型，而低得分则意味着交往倾向于闭锁型。如果得分不是偏向最高分和最低分两个极端，而是处于中等水平，则表明被测验者交往倾向不明显，属于中间综合型的交往者。

（二）建立人际关系的能力测验

人际关系能力测验是按照交往的主动性、交往需要、对别人的接纳性、移情能力、个性真实性等因素来编制的。下面是一个较为典型的建立人际关系能力测验的题例。

人际关系能力测验题例：

（1）我很容易交上新朋友；

（2）我想与陌生人谈话时常感到难以开头；※

（3）我所交的朋友多数都是别人引见的；※

（4）我喜欢参加群体活动；

（5）我能很好地体会别人的心情；

（6）我常能准确猜出别人为什么高兴或不高兴；

（7）我不轻易评论别人；

（8）我觉得好多人都不讨人喜欢；※

（9）我觉得初次打交道不应信任别人；※

（10）我认为人只应与对自己有利的人交友；※

（11）我很容易同别人说得来；

（12）在社交场合中我总是能被当时的气氛所吸引；

（13）一人外出时我常不知如何排解孤独；※

（14）我不喜欢常有人打扰；※

（15）我常忘记答应别人要做的事情。※

我们可以用2分法或5分法、6分法尝试回答以上问题。题后标有※的需要反向记分。如果你的得分接近得分的最大值，那么说明你很善于建立人际关系，容易结识新的朋友，在人际关系上的处境也较好。如果你的得分更接近得分的最低值，则意味着你建立人际关系的能力尚需要改善。

（三）人际关系维持能力测验

维持人际关系能力测验有两类。一类测量的是人们与别人友好相处的能力；另一类测量的是人们平息人际冲突的能力。这两类测验的依据，是认为良好人际关系的维持，要求人们具有较好的接纳和尊重别人的意识和技能，懂得人际关系必须保护，也能够用理性的方式来解决人与人之间的冲突。如果一个人在这些方面的特征是积极的，那么他维持人际关系的能力就较好，反之则较差。以下分别是友好相处能力测验与平息人际关系冲突能力测验的题例。

1 人际相处能力测验题例：

（1）朋友向你吐露一个有趣的个人问题后，你的做法是：

a.努力使自己不转告别人；

b.根本没有想到过将它转告别人；

c.很快与别人讨论此事。

（2）你遇到困难的时候：

a.通常尽量自己解决；

b.马上求助于友人；

c.只求助于最要好的朋友。

（3）当你的朋友有困难时，你发现：

a.他们都乐于求助于自己；

b.只有好友求自己办事；

c.朋友们很少求助于自己。

（4）你认为作为你的朋友，应当：

a.为人可靠，值得信赖而看重情谊；

b.能与自己愉快相处；

c.有钱有势。

（5）以下哪一种情况最符合于你：

a.我与朋友在一起长时间闲聊；

b.我常能发现朋友的错误；

c.我在场，会使朋友们很愉快。

（6）在与朋友的交往中，你觉得：

a.对许多朋友都感到不耐烦；

b.大多数朋友都与你相处得很融洽；

c.必要时迁就一下朋友也是值得的。

（7）你的做法更符合以下哪一种情况：

a.喜欢发现朋友的优点并向他学习；

b.常坚定地坚持自己的着法；

c.从不评论朋友。

（8）对于朋友间的交往，你的观点是：

a.朋友间应当保持适当距离

b.朋友间应当充分信赖；

c.应当避免承担属于朋友的责任。

记分方法：

	a	b	c		a	b	c
1.	2	3	1	2.	3	1	2
3.	3	2	1	4.	2	3	1
5.	2	1	3	6.	1	3	2
7.	3	1	2	8.	2	3	1

得分越高，意味着与别人友好相处的能力越强，人际关系状态也较好。得分越低，表明不太善于与朋友相处，与朋友的人际关系状况也较差，不太受朋友欢迎。

2 人际冲突平息能力测验例题

（1）你正埋头赶一件急事时，你的一个朋友上门来找你倾.诉苦闷，你的做法是：

a.放下手中工作，耐心倾听；

b.显得很不耐烦；

c.似听非听，思维还在自己的事情上；

d.向他解释，同他另约时间。

（2）你的朋友向你借新买的录音机，你自己还没有好好用过，你的做法是：

a.借给他，但牢骚满腹；

b.脸色很难看，使你的朋友不得不改变主意；

c.骗他说你已经借给了别人；

d.告诉他你想先用一个时期，然后再借给他。

（3）在公共汽车上，你无意踩了别人一脚，别人对你骂个没完，你的做法是：

a.听其自然，充耳不闻；

b.同他对骂，打架也在所不惜；

c.推说别人挤了自己；

d.请他原谅，同时提醒他骂人是不妥的

（4）影剧院不准高声喧哗，但你的邻座却旁若无人地讲话，你感到厌烦，你的做法是：

a.很反感，希望有人向讲话者提醒注意；

b.大声指责他们“没修养”；

c.请服务员来干涉，或自言自语地对讲话者旁敲侧击地进行指责；

d.很有礼貌地提醒对方不要影响别人。

（5）休息日你忙了一整天，把房间全部打扫干净，你爱人下班回家却指责你没有及时做晚饭，你的做法是：

a.心里很气，但仍勉强去做饭；

b.大发雷霆，骂爱人自私，要爱人自己去做饭；

c.气得当晚不吃饭；

d.向爱人解释，然后请爱人一同出去“改善”一顿。

（6）某一天你家里有急事，领导不了解情况，要你加班，你的做法是：

a.同意加班但心中暗中埋怨；

b.拒绝加班，不做解释；

c.借口身体不爽，不能加班；

d.同领导商量由于有急事能否不加班，但若工作的确重要，就仍然服从领导安排。

（7）你辛苦了好长时间，自己觉得某项工作做得颇为出色，上司却很不满意，你的做法是：

a.不耐烦地听上司指点，心中充满委屈但默不作声；

b.拂袖而去，认为自己受到的对待不公正；

c.寻找各种借口开脱自己；

d.诚恳地注意自己做得不够的地方，以便今后改善和提高

（8）别人做了一件很对不住你的事，却又试图掩盖，知道事情真相后，你的做法是：

a.不客气地告诉对方自己已经知道了一切

b.与对方大吵大闹，威胁报复；

c.将事情埋在心底，装做什么也不知道；

d.诚恳地告诉对方事情对自己造成的苦恼，并表明双方以后仍可真诚相处。

记分方法：

a 记2分，b 记1分，c 记3分，d 记4分

同样，得分越高，表明平息人际冲突的能力越高，处理人际冲突的方式越有建设性。每道题目的d项选择（记4分），是最有建设性的处理人际冲突的方式，也是最理性、从长远看最有利的处理方式。这类方式是值得提倡的。得分越低，意味着处理人际冲突的方式越情绪化，越容易使事情变得更糟，也使自己付出更大的代价。

3 不良交往行为的自我测量

美国芝加哥大学的行为心理学家米哈里博士曾经对该大学的学生进行过一项调查研究。他向300名大学生发出问卷，要求他们指出，何种行为最令人感到厌烦。在问卷中，他列出43项令人无法接受的行为，由受验者按照自己对其厌烦程度的深浅，顺序排列。以下是根据调查资料得出的8项最不受欢迎的行为：

（1）经常向别人诉苦，包括个人健康问题，经济困难，工作情况等。但对别人的问题却从不感兴趣，不予关注。

（2）经常唠叨，只谈论一些鸡零狗碎的琐事，或不断重复一些肤浅的见解及一些一无是处的空话。

（3）言语单调，喜怒不形于色，对任何事都漠然，情绪上毫无反应。

（4）表现得过分严肃，不苟言笑，一派道貌岸然的样子。

（5）缺乏投入感，在任何社交场合中，悄然独立，既不参与别人的

活动，亦不主动与人沟通。

（6）态度过激，或语气浮夸粗俗。

（7）过度以自我为中心，不断向人诉说自己的生活琐事，夸耀个人经历；或只谈论个人的兴趣，而不理会别人的感受和反应。

（8）过度热衷取悦别人，花言巧语，以博得别人的“好感。”

心理学家们认为，任何人都可能有偶然令人感到厌烦的行为，但如果在多数情况下都成为不受欢迎的人物，那就可能在行为健康方面出现了问题。在上述8项行为中，如果许多行为正是自己具有的，那我们在别人的心目中，就可能是一个难以接受的人物。在这种情况下，就需要进行必要的反思与自我批评，并拟定可以在日常生活中能够实施的行动方案，使自己的行为切实得到改善，并由此来改善自己的人际关系处境。

需要指出的是，由于人际关系与社会文化及人们的社会角色关系等有着深刻的联系，因而，开发一般性的人际关系测验是一件十分困难的事。人际关系究竟应从哪些角度来评价，心理学家们尚未取得一致意见。以上人际关系测验的视角和题例，虽可以在相当程度上帮助人们更好地认识自己，提高自己在人际关系方面的自觉性，但并不一定具有明确的一般性评价意义。为此，有关测验的结果只能作为个人特征的参照，而不宜将其简单用作一般性人际关系状况的定性评价指标，当被测量者在总体上不属于同一群体时更是如此。

第三节 人际关系的优化

一、人际关系的类型

人与人之间的关系从无关到关系密切，要经过一系列的变化过程，一开始在彼此没有意识到对方存在的时候，双方是一种零接触状态。当一方开始注意到对方，或双方彼此产生相互注意时，相互作用就已经开始，产生初步的印象，但一般仅处于旁观者的立场，没有情感卷入。此时的接触是表面的。直接接触是双方情感发展的起始点。随着双方沟通的深入和扩展，双方共同的心理领域也逐渐被发现，而这一共同的心理领域就是情感关系的基础，所发现的共同心理领域的多少，与情感融合的程度是相适应的。根据双方共同心理领域的大小，可分为轻度卷入、中度卷入、深度卷入三种。

人际关系的倾向取决于人际的需要，人们一般有包容、控制、感情的需要。舒茨称为三维人际关系理论。

包容需要是指人们希望与别人发生相互作用、建立联系、并建立和维持和谐关系的需要。由这一需要激发的人际交往动机与行为的基本取向是增加人与人之间相互作用的水平，表现为交往、沟通、归属、参与、融合的特征。缺乏包容需要，就会表现为孤立、退缩、疏离、忽视、排斥。

控制需要是指在影响力方面与别人建立并维持良好人际关系的需要。它激发人运用权力、权威、超越、影响、控制、支配和领导他人。这一需要的反向表现，则使人的人际交往表现出抗拒权威、忽视秩序，受人支配或追随别人。

感情需要是指在感情与爱情上与别人建立和维持亲密联系的需要。它激发的动机和行为包括喜爱、亲密、同情、友善、热心、关怀等。这一需要的反向表现为人际交往上的冷漠、厌恶、憎恨等。

人满足这三种基本需要的方式有两种基本取向：一是主动表现，引起并推进人际交往；另一种是被动接受，期待别人来与自己交往。

基本的人际关系取向

基本人际关系	满足方式	
	主动	被动
包容需要	主动与他人交往	期待别人接纳
控制需要	支配别人	期待别人引导
感情需要	对别人表示亲密	期待别人表示亲密

人际关系的本质是一种情感的社会交换，各种重要的人际关系，一般都能够满足人们各种需要。人际关系一旦建立就会对人的行为产生各种不同的影响。影响的性质与大小，取决于人际关系自身的特点及其对于个人的意义，如关系的时间长短、社会角色。人际关系可以是以个人情感目标为中心的，也可以是以个人情感之外的目标为中心的。即分个人性与非个人性。爱情属于个人性，推销属于非个人性。其中个人性的关系需要通过潜移默化的渐进过程来实现的。而非个人性的关系是通过交往目的是否达成来实现的。两者的关系也可以发生改变。

二、人际关系发展的阶段

在发展过程中，从浅到深，一般要经过定向、情感探索、感情交流、稳定交往这四个阶段。

1 定向阶段

包括对对象的注意、抉择和初步沟通等多方面的心理活动。注意反映着某种需要倾向，但这时的选择是非理性的。抉择是理性的决策，它经过自觉的选择过程，决定着与谁交往，并保持良好的人际关系，然后试图采取与之建立关系的实际行动。

2 情感探索阶段

这一阶段的目的是彼此探索双方在哪些方面可以建立真实的情感联系，而不是仅仅停留在一般的正式模式上。具有正式交往特征，彼此仍然注意自己表现的规范性。

3 感情交流阶段

此时双方关系的性质开始出现实质性变化。双方的安全感、信任感已经得到确立，出现较深的情感卷入。双方会相互提供真实的评价性的反馈信息、提供建议、彼此进行真诚的赞赏和批评。如果此时的人际关系破裂，将会给人带来心理压力。

4 稳定交往阶段

此时相互间的相容性进一步增加，自我暴露也更为广泛和深刻。容许对方进入自己高度私密性的个人领域，分享自己生活空间甚至财产。但实际生活中，能够进入这一阶段的并不多，只是一小部分，大多在感情交流水平简单重复。

5 感情加深阶段

感情加深阶段是在自我暴露逐渐增加的过程中发展起来的，随着对一个人的接纳性的信任感的增加，相互间的暴露也越来越多。因此，了解别人对自己的接纳程度，可以通过了解别人对我们的自我暴露的范围和深度来判断。因为人们对于陌生人、熟人和亲密朋友，在自我暴露的广度和深度上是明显不同的。当然不论什么关系，都有一些不愿意暴露的领域。因此，应尊重别人的隐私权。不能苛求自己的亲密朋友、情侣、夫妻、亲子完全敞开心扉，更不能任意侵犯对方所不愿暴露的领域。否则，对方会产生排斥情绪，反而导致接纳性的降低。

三、人际交往的原则

虽然人与人之间的关系非常复杂，不同的人有不同期待，交往的动机千差万别。但从一般的角度看，要想赢得朋友，保持情谊，避免人际关系的破裂，以下基本原则值得遵守。

1 交互原则

人们都希望自己被别人所承认、支持、接纳、喜欢，这种寻求自我价值确立和情绪安全的倾向，促使自己的自我表现，希望引起别人的注意，希望别人首先接纳自己、喜欢自己。这种以自我为中心，却忽视别人的倾向，恰恰阻碍了人际的建立。因为人际关系的基础是双方的相互重视、相互注意、相互支持。人际交往中的喜欢和厌恶、接近和疏远一般是相互的。对于真心接纳、喜欢自己的人，我们才会倾向于接纳对方，愿意同其交往并建立和维持关系。而对于不喜欢、排斥我们的人，我们也会倾向于排斥、疏远对方，避免与其进行深层的交往。

因此，社会心理学家强调，我们在人际交往中，人际关系的建立与维持首先要遵循相互原则。对于同我们发生交往的人首先要接纳、喜爱他们，保持人际交往中主动地位。正如古人所言："爱人者，人恒爱之；敬人者，人恒敬之。"

2 功利原则

由于人际交往的本质是社会交换。人际交往不只需要倾向的相互一致，而且还需要保持交换的相对对等。人是理性的动物，自然要求自己的一切行动都有符合心理逻辑的充足理由，只有当自己感到值得时才愿意自觉去行动。但这里的交换不完全同于市场交换，不仅有物质的交换，同时还有情感、信息、服务等各方面的交换。一切交往行为以及人际关系的建立和发展，都是人们根据一定的价值观进行选择的结果。这一价值观和客观实际决定着自己的需要。对于那些对自己来说是值得的，或得等于失、得大于失的人际关系，这时才会心理平衡，才倾向于建立和保持。而不值得的往往选择逃避或疏远。

因此，要想建立、保持、发展人际关系，就必须了解对方的价值观以及优势需要，并根据自身实际条件去满足对方，才有资本去期待回报。如果只利用而不投资，即使亲密的关系长此下去也会疏远。当然，并不意味着我们一定要吃亏，多投资少收益。当我们在注意关系的维护，在交往中自然地选择给双方都带来最大满足的行为时，人际关系才是真正平等的、合理的，也才能持续下去。

由于人们的价值观不同，人际交往中也存在不同的社会交换机制。对于重内在感情价值的人来说，重视的是个人情感的卷入，因而重情谊，轻物质，他们与别人的交往倾向于增值，他们对交往媒介的价值估计，往往高于交换行动的发出者，在人际交往中总感到欠别人的情分，因而在回报时，常超出别人的期待，这种过程的循环导致了增值，双方都感到得大于失。相反，对于那些重外在物质利益的人来说，倾向于用物质价值来衡量自己人际关系的得失，对对方的付出的价值评价常低于发出者，总感到自己吃亏，别人没有做到所应该做的。在回报时，也会低于别人的期望。双方都感到同对方的交往不值得。这时出现减值交换机制。

3 自我价值保护原则

自我价值是指个人对自身价值的意识与评判。自我价值保护是指人为了保持自我确立了的价值，心理的各方面有一种防止自我价值遭到否定的自我支持倾向。

心理学的研究证明，人的心理活动从知觉信息的选择到内部的信息加工，从对行为的解释到人际交往，都具有明显的自我价值保护倾向。一般而言，在知觉信息的选择时往往选择对自己有利的；在信息的加工时，对支持自己观点的信息记得多、忘得慢，而反对自己观点的信息则记得少，忘得也快；在行为的解释时，容易将成功的原因归于自己，而失败的原因推给别人；在人际交往中只接纳喜欢自己、支持自己的人，而排斥否定自己的人。这些都是自我价值保护倾向的结果。

社会心理学有关自我阻抑策略的研究，也证明了自我价值保护倾向。自我阻抑是指为本来可能的失败制造保护性借口所采取的措施，以保护或促进自我胜任的概念。也就是通过为未来可能的失败准备外因的解释，以避免将失败作不利的自身内在原因的解释，以免自己承担这种行为后果的责任，获得合理的解释失败的借口，从而避免“无能”标签的威胁，缓解心理压力，也叫合理化作用。合理化作用是对不期望行为结果的事后心理反应，而自我阻抑作用则是人们对于可能威胁的预先的心理反应。如，有的运动员对于重大比赛失败的担心，会减少他们对比赛的准备，有的运动员甚至在大赛前有习惯性的扭脚、感冒。这其中可能与自我保护性有关，是自我阻抑的结果。由于自我阻抑作用通常是在人们意识不到的情况下发生，人们对于未来重要挑战越缺乏信心，恐惧感就越强，所引发的自我阻抑作用也可能越强。可见，自我价值保护是一种普遍而强烈的心理需求。

当一个人在遭到否定评价时，会产生焦虑和自我怀疑，此时更需要外部的肯定，因而当获得肯定的评价时，比通常肯定更有意义。

在人际交往中有必要运用自我价值保护现象，给对方以必要的尊重、肯定，更准确地理解交往中的自我保护行为。

4 情境控制原则

人们对不明确和不能把握的环境会引起焦虑，感到束缚，处于紧张的自我防卫状态，此时会倾向于逃避。因而人们有一种主动控制情境的愿望。情境控制原则是指人需要达到对所处情境的自我控制。可见，要想使别人从内心深处真正接纳我们，就必须保证别人在同我们共处时能够一定程度上对情境有平等地控制的机会和表现自己的自由。只有在平等、自由的人际情境中，人才能达到自我控制，获得充分的安全感。当人面临威胁时，整个身心就会投入到自我捍卫的行动中去。出现因一些细小的事情而引发不可调和的强烈冲突。当父母或领导以权威的身份出现在子女或下属的面前时，无论他们怎样希望了解对方的内心世界，也难以暴露真实的心灵世界。当不是真正平等的交往时，无论表面上如何亲近，也难以有实质性的情感纽带。

四、人际关系改善的心理学技术

改善人际关系的心理学技术，是针对人际关系不良的相对易变的一类原因发展起来的。即这些技术都是试图改变人们的自我意识水平，或移情能力或社交技能，并通过这种途径使人们的人际关系状况得到改善。

总括起来，改善人际关系的心理学技术有两大类。一类是综合性的方法，可以同时改善人的自我意识水平、移情能力和社交技能。这类方法主要有敏感性训练和角色扮演。第二类方法是分别训练自我意识水平、移情能力和社交技能，这类方法主要有意识训练法、移情练习和社交能力训练等。这里主要谈谈综合性方法。

（一）敏感性训练

敏感性训练是一种从团体心理疗法发展起来的团体训练技术。

敏感性训练团体有多种形式。开展最普遍的是训练团体或称T-小组

（T-group，Training group的简称）。它的活动方式主要是语言交流。这类团体通常由5人到15人组成，包括一名心理学家。训练期限可以是一至四周。

训练团体主要以非指导性的方式为参与者提供真实体验“此时此地”的情境。在活动的开初，团体成员之间往往先谈论参加这种活动的意图，想解决的问题和感兴趣的问题是什么。随着沟通的深入，人们会逐渐了解别人对自己的问题和当时的表现怎样反应。当团体成员之间的信任感和真诚的气氛建立起来后，团体作为一个整体会不容忍任何成员拒绝暴露自己的真正自我。此时参与者通常的角色伪装会被撕去，使他们更好地看到自己的本来面目，并在其他成员的支持下理解并接纳自己真正的自我。

与此同时，参与者也会在没有社会角色限制的条件下，通过各个成员所提供的多角度的见解学会准确掌握、理解和评价别人的情绪状态和行为的意义，并在别人真实的反馈调节中，作出正确而为别人所接纳，同时又对人际关系起积极作用的反应。

在这一过程中，我们既了解了自己的真实面目和别人对自己言行的真实反应如何，提高了自我意识水平；也学会了对别人所表现出来的真实的情绪状态和行为作准确的理解和评价，提高了移情能力；还学会了如何对别人作恰当而又为社会所接受的反应，提高了社交技能。

训练团体的活动所以能够成功地改变人们人际关系的状况，能够使许多人真正解决了与别人的冲突和矛盾，是因为它提供了一个不同于通常社会生活的特殊世界。在日常生活中，我们由于受多种社会联系的束缚，既不能自然、真实地表现自己，也难以得到有关自己的真实反馈。例如由于种种原因，明明我们能力平平，别人却说我们能力超群。因此，通常的社会生活常常使我们实际生活在一个不十分明朗，甚至是虚幻的世界中。我们实际上很难知道自己的真实状况和别人的真实状况，很难知道我们的行为适当与否。我们没有真正真实的东西作为参照。所以，一个人在社会结构中所处的位置越正式、越重要，他周围世界也越来越受各种角色关系的束缚。因此，高地位的人更可能得不到有关自我的真实反馈，从而使他更脱离真实世界，并导致其自我意识水平越来越低，移情能力越来越落后，社交技能越来越简单，最终成为只会自以为是、天下唯我独尊、只会板着脸孔训人、抓起笔杆画圈的庸人。显然，学会摆脱角色关系的束缚，以互相合作、互相依赖的方式维持真诚的人际关系，是个性真正向高水平发展的基本前提。

著名心理学家阿龙森曾对训练团体的目的和功能作过如下总结：

（1）培养明确、坦直的交往技能。

（2）学会摆脱角色关系的束缚，以互相合作、互相依赖的方式建立和维持真诚的人际关系。

（3）学会用正常的人际交往技能解决纠纷和冲突，抛弃强制和操纵的方式。

（4）提高对于自己内部的情绪反应和行为的觉察力和敏感性，增加对自己行为后果的觉察力。

（5）增加自我内在系统与外在情境的沟通。

（6）提高对别人情绪反应和行为的觉察力与敏感性。

（7）学会从多种立场来了解人与事。

在上述总结中，1至3条属于社交技能的范畴；4至5条属于自我意识的范畴；6至7条属于移情的范畴。

（二）角色扮演

角色扮演是一种直接摆脱既定角色关系束缚的个体训练技术。它是通过角色改变方法，让人充当或扮演某种角色，站在一个新的立场去体验、了解和领会别人的内心世界，理解自己反应的适当性，由此来增加扮演者的自我意识水平、移情能力，并改变其过去的行为方式，使之更适合于自己的社会角色，从而获得新的社交技能。

在人际关系方面，角色扮演方法还可以直接帮助人们改善双方相互作用的状况，最终有效地改善彼此之间的人际关系。

下面是一个运用角色改变方法改善人际关系的实例 。

一位妻子因为丈夫下班回家很少同她谈话，更不谈自己工作上的事，使她感到很难同丈夫交流思想，为此十分苦闷，而求助于心理学家。

心理学家通过咨询，发现这位妇女之所以很难同丈夫沟通，实质原因并不是丈夫不爱搭理她，而是她自己对丈夫的接纳性越来越差。夫妻之间的相互作用由此出现了恶性循环。她对丈夫的许多生活习惯越来越难忍受，经常唠叨没完，结果是丈夫情绪恶劣，对她产生讨厌情绪，不爱与她交谈。

针对这一个案，心理学家提出了一个运用角色扮演方法来矫正夫妻关系的方案。他要求这位妇女从第二天起，扮演一个完全与丈夫没有关系，也不了解丈夫的人，要求其对丈夫的生活习惯熟视无睹，绝不指东说西。并且，每天至少要从丈夫身上找到一个优点，并像对一般人那样给予夸奖；在这样做的时候，要保持一种意识，即自己根本不了解其实是丈夫的这样一个男人，他不过是一个刚刚碰到一起、刚刚生活在一起的伴侣。

实行矫正方案的第一天，这位妇女感到要想找到丈夫的优点真是难上加难，而看不惯的事却俯拾皆是："你看，你凭什么吃完东西不马上收拾？""那件倒霉的衣服怎么又穿身上了？"……但终于，她还是忍住了未作评论，并找到了一个夸奖丈夫的机会。丈夫把坏了的电灯开关修好了。"啊，开关修好了。我正愁没法子，谢谢你了。"这位妇女一开口这么说话，连自己也感到是装腔作势，很不自然。她已经很久没有这样说话了。

在以后的几天里，情况仍大致如此。

但是，三个星期之后，奇迹发生了。这位妇女发现要找到丈夫的优点并加以由衷地夸奖不是一件困难的事了。"看，他对工作总是那么负责；他对孩子总那么友好，他很能干……"丈夫在她心目中的形象变了。心理学家们发现，人们改变一种观念或意象的时限是三个星期。这一结论又应验了。三个星期之后，求助于心理学家的妇女对于丈夫的态度发生了实质性转变，她开始由衷地接纳丈夫了，并感到对这样一个好丈夫"唠叨没完其实是坏毛病"。

做丈夫的当然也会感到妻子如此明显的变化，因为他再也听不到曾使他厌烦至极的唠叨了。结果，双方之间的关系出现了一次实质性的改善。丈夫面对妻子的诚意，做了自我批评，表示自己的确有坏习惯，决心改掉。夫妻之间的情感重又融洽了，重又有说不完的话了。夫妻之间的相互作用出现了良性循环。

角色扮演方法还能用来培养儿童的移情能力和助人技巧，并被用于系统改造人的个性。心理学家斯陶布20世纪70年代曾进行过一系列实验研究。结果表明，扮演需要帮助者和被帮助者两方面的经验，可以很好地改善儿童帮助别人的动机和技能。社会心理学家凯利（G·Kelly,1955）研究表明，较长时期的角色扮演，可以使人们在扮演过程中将所扮演对象的个性特征最终固定在自己的个性结构中，从而实现改变个性，改变人际关系能力的目的。

第五章 态度形成与改变

态度是指个体对一定对象持有的、比较稳定的内在心理状态及反应倾向。了解、影响、改变他人的态度是人际沟通以及社会工作的重要内容，是个体适应社会，改造社会的基本功。

第一节 态度及态度的形成

一、态度概述

（一）态度的含义

态度作为心理状态的术语，特指对一个客体的反应准备。虽然社会心理学家对态度概念的理解有所不同，M.罗佩奇将态度视为认知和评价组织或倾向；A L.爱德华偏重于情绪情感，将态度看作是情感的标志，体现好与恶、赞成与反对等；G.奥尔波特等人将态度看作是行为反应的准备状态，强调态度的行为意向方面，认为态度对个人心理的所有反应过程起着指导性的或动力性的影响作用。托马斯则偏重社会学的定义，强调态度是组成群体的成员的普遍看法，这一社会学取向的对态度解释主要涉及社会文化的主观层面，重点不是个人层面的看法。认知心理学取向的社会心理学家倾向于将态度笼统地看成是认知、情感和意向成分的复合体，它影响人们理解、感受社会存在以及对其作出反应的方式。目前大多数人认为态度包含认知、情感和行为意向三种成分。

综合上述学者的研究，我们认为，态度是指个体对一定对象持有的比较稳定的、内在心理状态及反应倾向。

态度以具体的社会存在作为对象，包括个体自身以及与个体有关的人、物等一切具有社会意义的存在物。

态度具有一定的稳定性、持久性，它以一定的认知观念为基础，在一定时间内和一定程度上的态度是相对稳定的。

态度存在于个体自身内部，作为一种倾向性的心理准备状态难以直接观察，但可能通过意见、看法、观点、主张等体现和表露。

（二）态度的特征

作为社会心理现象，态度具有以下几种特性：

（1）社会性。态度不是生来就有，是个体在后天的社会生活中通过主动学习、与人交往、相互作用、周围环境和社会文化的影响而逐渐获得的。它本身的内容及其变化体现了态度的社会性。

（2）主观经验性。意识世界分为信仰、价值观、人生观之类的思想观念形态与认识、判断、评价、体验、感受之类的经验形态。态度是介于观念形态与经验形态之间，一方面反映了个人所持有的各种思想观念，同时也包含了相当大的主观经验成分。

（3）动力性。态度对个体内在的心理活动和外显行为表现具有动力作用，具有激发、调整、协调功能，影响着个体与他人的相互作用和个体对社会环境的适应。

（三）态度的构成要素

对于态度的构成要素的认识有早期的“行为一元论”，强调态度本身所具有的行为意义以及以往学习所得的经验对态度形成的影响。后来则重于态度本身所包含的认知和情感这两个因素。目前多数社会心理学家持“三元论”的看法，认为态度是由认知、情感、行为倾向三个部分组成。

1 认知成分

指个体对态度对象所具有的知觉、理解、信念、意象和评价或概念。常常是带有评价意味的陈述。不只是个体对态度对象的认识和理解，同时也表示个体的评判、赞成或反对。态度的认知成分不等同于一般的事实认知，有时带有偏见的性质。认知观念是在直接或间接经验的基础上形成起来的，也可以新经验的建立而获得改变。

2 情感成分

指个体对态度对象所持有的一种情绪体验。如尊重或鄙视、喜欢或讨厌、同情或嘲讽、热情或冷漠、接纳或拒绝。情感成分通常是在认知的基础上的一个理性抉择的结果，之所以喜欢或讨厌，通常是因为我是这样认知的，是以对情感对象的知觉、理解、评价作基础。因此，情感反应往往有认知成分的积极参与。正所谓没有无源无故的爱，也没有无源无故的恨。态度的情感体验与一般的情感体验之间最重要的区别在于，态度的情感成分有认知因素的直接支持，是有原因或理由的。

3 行为倾向成分

指个体对态度对象所持有的一种内在的反应倾向，是个体做出行为之前所保持的一种准备状态。一旦产生就会对态度对象有关的行为产生一定的影响和意动效应。如果你用两尺长的一根细线拴一重物捏在手里，闭上眼睛，保持手的静止，然后想象有一股强大的磁力在吸引重物作前后或左右的摇摆。几分中后再睁开眼睛，你会发现重物果然在作前后或左右摇摆。或者在平地划一个比双脚稍大的正方形，然后闭上眼睛入静，边原地轻轻踏步，边想象正前方或正后方有一股吸引力使你倾斜。过一会睁开眼睛，你会发现自己已经从前方或后方踏出了原来划定的正方形。这些就是意动效应的结果，它说明一个人的内心状态必定会通过种种微妙的途径流露于外。当主体试图不表现出来时，这种流露会过于细微，不容易被通常只关心行为方向和态度指向的人们发现。态度对行为的影响有时影响的是行为的方向，有时影响的是行为方式。例如，如果你的朋友请你做客的同时，也请了你最讨厌的人到场，你即使去了，但此时的行为与没有你讨厌的人在场多少会有一定的差异，只是不留心的人难以察觉得到。行为倾向是否最终转化为外显行为，还受着其他因素的制约。

态度的这三种成分之间一般是协调一致的，如果出现了矛盾和不协调，个体就不舒服，往往会采取一定的方法进行调整，尽量使三者保持一致。但在现实生活中，有时难以完全一致，在一定程度上会存在不协调和不一致。认知、情感和行为倾向之间的关联程度也不尽相同，有关研究表明，情感和行为倾向之间的相关程度高于认知与情感和认知与行为倾向的相关程度。认知成分独立性高些。情感成分的地位和作用十分重要并且非常明显。在态度测量时，实际上常用喜欢不喜欢这一类的情感成分，因为情感指标更为有效和便利。

（四）态度的维度

态度具有指向、强度、深度、向中度、外显度五个维度。

（1）指向即态度的方向，指对态度对象是肯定还是否定。在态度量表中，指向的操作术语常常用赞成或反对、接受或拒绝、喜爱或厌恶、选择或不选择。

（2）强度指一种特定态度倾向于某一指向的程度，通常用等级量表的位置，或二分量表中选择指向的项目的数量来操作。

（3）深度指态度主体在一种态度对象上的卷入水平。通常是一种态度得不到支持时所产生的挫折感的强度，反映某种态度对主体利益的重要性。如竞选一个游戏活动的负责人与竞选一个与自己命运前途密切相关的单位领导，其态度的深度是不一致的。一般情况下，深度水平高的态度也会有较高的强度，但高强度的态度未必有高深度。

（4）向中度是指一种态度在个人态度系统和相关的价值系统中接近核心价值或根本信念的程度。态度的认知、情感和行为倾向密切联系、相互支持时，反映态度具有较高的向中度，高向中度的态度与行为也会有较高的一致性。

（5）外显度指态度主体在一种态度上所表现的外露程度，既可以表现在行动的方向上，也可以是行为方式的表现。高向中度的态度可能使人指向一个远景目标，而不决定近前的具体行为。如，间谍常常表面上附和敌人以便最终打击敌人。因此，衡量态度与行为的一致性时，需要引入行为的目的，而不能简单以外显与否作指标。

（五）态度的功能

态度作为心理准备状态，一旦形成将会产生多方面的影响，因而具有多种心理方面的功能。

态度是为一定心理目的服务的，人们采取什么样的态度，取决于态度对象对本人的意义。由于人们目的与原因的不同，从而发展起了不同态度体系。社会心理学家卡茨1960年提出，态度具有四个方面的心理功能。一是工具性、调整性和功利性功能，它使人们总是尽力发展能够给自己带来最大利益的态度。二是自我防御功能，通常会选择有利于自我形象和价值确立的态度来维护自身价值免受威胁，减少焦虑。三是价值表现功能，它能使人们主动表现自己，通常需要通过表明自己的态度来显示自己的社会价值，如主动表明态度、积极参与某个群体，帮助别人等，都是人们用表明态度的方式以表明自己的价值。四是认识功能。如，通过别人对我们的态度，了解双方的人际关系，通过别人对于周围世界的态度，使我们了解到别人的个性特征。

有关态度功能的进一步研究表明，态度具有以下功能：

1 影响对于现实的理解

态度影响到人们注意事物的方式以及对事物的理解。在观看球类比赛时，常常有球迷觉得裁判不公，除了有的确实属于黑哨外，与观众期待自己所欣赏的队或自己的一方获胜的心理准备状态，它就会对比赛犯规的知觉产生倾向性的影响。一方面，会在己方队员的动作中注意不到犯规，而对对方队员的犯规工作敏感。另一方面，可能用不同的判断标准对待双方队员，己方常常被理解为合理的技术工作，而对方的动作稍微冒犯己方就被视为犯规。此时，球迷对自己的态度对于判断的影响并不觉察到，这些心理作用都是在无意识状态下发生的。这些都说明了态度对注意与理解具有定向作用。

2 具有自我价值的保护作用

某种态度一旦形成，人们总是倾向于保持这种态度，并保护态度所肯定的对象的价值，以避免自我价值受到威胁。这种由态度引起，同态度对象有关的自我保护倾向，也就是态度的自我保护效应。态度越接近人们的核心价值，其自我保护效应也会越强烈。一般情况下，有些人对自己的评价常常高于别人对自己的评价。

3 具有激励作用

有关研究与生活实际证明，人们对一种事物的态度越积极、越强烈，态度自身涉及的问题越重要，人们对有关事物采取行动的内在动力也越大。霍桑研究发现，工作条件、休息时间、工资对工作效率的影响力低于人们想象，而对工人的尊重程度、自由的气氛、工作对工作的责任感却显著影响着工作效率。说明在一定条件下，工人的工作效率主要决定于他们对工作的态度。

4 对记忆具有过滤作用

人们对支持自己现有态度的信息材料，相对更容易被自己的记忆系统吸收和同化，记忆深刻。而对于与自己既有态度相违背的材料，记忆起来显得困难，而且获得的信息也容易被歪曲。

二、态度的形成

人们的态度是在后天的社会生活环境中通过学习而逐渐形成的。影响态度形成的因素很多，不同的知识背景的学者从不同的方面进行考察，心理学家注重个人经验与外界“重要他人”的榜样作用；社会学家强调社会结构对个体社会化过程的影响，重视参照群体对个人的影响；人类学家则强调文化因素的影响。在社会心理学中，这些观点得到了共存和融合。从大方面来看，态度在形成过程中，一方面会受到社会生活环境中各种因素的影响和制约；另一方面是模仿、强化、联想等学习的结果。具体说来，影响态度的因素主要有以下几个。

（一）影响态度形成的因素

1 社会环境的影响

社会环境主要是通过社会规范、准则的要求和约束，各种思想观念的宣传和教育，风俗习惯的潜移默化，文化的熏陶等方式进行。它常常是一种有选择的影响，即只让个体了解或接触事物的某一方面、某一部分或某一种类，从而使个体形成一定的符合社会要求的态度。在一个开放的现代社会里，这种方式的影响力会受到一定的削弱但是无法完全避免的。社会环境的影响有的十分持久，有的会伴随一生。社会环境本身的复杂性决定了它对态度形成的影响是不尽相同的，甚至自相矛盾，需要个体去判断、取舍。它只是一种宏观的影响，对人们态度的形成起着导向作用。对个体态度形成的要求和约束往往仅是一般意义上的。

2 家庭的影响

作为社会化的第一个场所，父母是儿童认同的第一个对象，早期所受到的教育和抚养对态度的形成以及今后态度的发展、变化具有重要的影响，甚至是决定性的作用。有些态度可能保存到成人期，有的可能影响一生的发展。父母的价值观、行为习惯、家庭成员的情感关系、生活方式、对社会的态度、宗教信仰都会影响到孩子。充满民主、平等、和睦氛围家庭的孩子，容易形成良好的为人处事态度，倾向于平等待人、民主协商。而充满暴力家庭成长的孩子，在与人交往中也可能更崇尚武力。

3 文化的影响

社会文化作为个体社会化的背景，也深刻地影响着人们的态度。文化背景影响着人们对许多事物的态度、思维方式、行为习惯。在一些原始部落中，由于社会文化对性别的期待与规范的影响，男人性格女性化，表现出敏感、小心、好打扮、情绪容易受感染、斤斤计较、爱生气。而女性却并不温柔、体贴、含蓄，行为充满敌意、攻击，崇尚武力。有的部落里或民族里，男子在家干家务，而重的体力活、辛苦的事情被理所当然地认为是女子的职责。

4 同伴的影响

随着年龄的增长，孩子心目中的重要他人在不断演变，由儿时的父母，到小学阶段的老师，再到少年期同龄伙伴中的信任的好朋友。此时，会经常将自身所持有的态度观点与同伴们的态度、观点进行比较，并以同伴们的态度，特别是自己崇拜、亲近的同龄朋友的观点作为依据来调整自己的态度，有的被逐渐同化，有的为了免受排斥，只好与非正式群体领袖及同伴们的态度、观念保持一致。

5 所属群体的影响

人们所属的正式群体，以及所加入的非正式群体对其成员的态度形成都具有一定的影响。群体的行为规范和准则、态度倾向，对成员产生约束和潜移默化的影响。以群体压力的方式促进个体态度主动或被动地形成和改变。群体对成员的影响力当然存在差异，其制约因素包括群体对成员的吸引力、成员自身对群体的归属感、个体在群体中的地位等，一般来说，吸引力越大、归属感越强、地位越高，群体对成员态度形成的影响力越大。

在个人价值上认同的参照群体中，参照群体为人们提供了社会同一性并提供了自我评判的标准，它可以在不同层次上影响人们态度的形成。首先，参照群体的规范、态度等，会构成对群体成员的外在压力，使其成员屈从，产生从众而作出相同的态度选择。其次，当个体需要与参照群体的价值取向一致时，或个体对群体有很强的归属感、认同感时，个体会自愿接受群体的态度。长期在同一群体中，由于实际上形成了许多共同的知识、经验、社会视角，使态度渐趋一致。例如，大学的新生可以从口音、服饰、行为方式判断出大体地区、家庭背景，但几年后就难以寻找有关的迹象了。

6 知识的影响

知识可以使人形成一定的态度，也可以影响到态度的改变。人们对于同自己没有直接关联的对象，因为没有多少情感因素参与，态度的基本倾向是认知性的，此时知识的作用就更加明显。迷信的传播、巫术的盛行与有关知识的贫乏有直接的关系，知识水平高的人对真理性的观念相对容易接受形成态度，知识贫乏的人容易受愚弄。

7 需要的影响

由于态度具有情绪体验的成分，而情绪与需要有密切的关系。一般情况下，人们对于能够帮助自己实现愿望，满足自己需要的对象，倾向于产生积极的情绪体验，产生肯定的态度。而对于阻碍自己达到目标或引起挫折的对象，容易产生恐惧、厌恶等消极的情绪体验，产生否定、拒绝的态度。

8 经验的影响

所谓“一朝被蛇咬，十年怕井绳”，说明个体经历的情绪效应会对态度产生直接的影响。某些导致心灵创伤的经历，哪怕只有一次，都可能在心里留下深深的烙印，形成某种态度，并可能将这种态度泛发到相关甚至相似的对象身上。比如，童年曾遭受过成人性侵犯的女性会觉得世界上的男人是坏的、可恶的。

9 学习的影响

这里的学习包括联想学习、强化学习、观察学习，是态度习得和形成的主要途径，它们各自具有不同的特点和作用，个体态度的习得和形成是在这三种学习共同影响和相互作用下进行的。这三种形式的学习分别以古典条件作用、工具性条件作用和社会学习这三种理论为基础。

第二节 态度的评估

了解人们的真实态度，对于做好态度的转变工作，预测人的行为倾向有重要的作用，这就需要学会评估态度，掌握态度的测量方法。

态度的评估方法主要有以下几种：

一、测量法

（一）瑟斯通量表

瑟斯通1928年最先提出，通过人与人之间的比较，态度是可以被测量的。1929年，他在助手凯夫的帮助下，制订了一种精确的态度测量方法，他称为“主观外显相等间距法”。这一方法的步骤如下：

（1）选择被限定想要测量的态度对象，如对黑人的态度。

（2）通过广泛调查，提出有关态度对象的简单明了的各种问题，并以它们作为原始题目，一般为50题以上。

（3）将确定好的问题分别写到卡片上，分别制成卡片。

（4）从态度测量将要针对的群体中，随机抽取一个足够大的代表样本，一般多于300人，以他们作为每个题目的审定人。

（5）请审定人按11点量表，即从最赞成到最反对，平均分为11个等级，去客观、独立地评定每个题目所体现的对态度对象的肯定或否定的程度，并按11个不同等级分为11组。如一个题目体现了对态度对象的最肯定态度，就将其放到第一等级中；没有明显肯定或否定，反映中性态度的题目，放到中间第六等级中；反映最不赞成态度的题目，则放到第十一等级中。

（6）计算出每一题目上所有审定人评分的平均数，同时得出每一题目的分配曲线。这种评定过程要对每一道原始题目都这样进行，然后删除审定者认为意义模糊和审定人评分高度分散的题目，保留意义明确，评定集中或一致的题目。这些最后保留下来的题目，就构成了测定人们关于某一对象态度的瑟斯通量表。

一般情况下，瑟斯通量表总题数为25题左右。它们通常平均分配在各个等级上。

瑟斯通量表制成后，就可用它来广泛施测于审定人所代表的群体。它的记分，直接根据各个题目已经确定的量表值，答肯定则记分，答否定不记分。如果有关黑人态度的瑟斯通量表上，“黑人家庭降低了邻居房地产价值”这一题目的审定分值为9，则答“是”得9分，答“否”则不得分。最后，得分越高，对某一对象的否定态度越强烈。

瑟斯通量表的优点很明显，首先它的每一个题目都有态度强度上的明确定义，而不是平均考虑对象有关的各个方面，这显然与实际生活相符合的；其次，它逻辑地将每道题目的得分在态度强度的意义上汇聚成了一个态度的总分，在根本上符合统计学原理；第三，被测者易于对量表进行反应，对每个题目回答“是”或“否”就行；第四，易于记分。

瑟斯通量表的不足，一是编制量表的过程复杂，通常必须由专家来完成；二是11点审定判断相当困难。现在已有研究者将11点量表改为易于判断的5点量表。瑟斯通量表的另一个不足，是它的题目都是肯定性描述，答题时只有是、否两种反应，因而难于发现被试任意性的习惯反应，使测量的真实性受到损害。

（二）李凯特量表

1932年，心理学家李凯特（RLikert）（有的译为李克特）为了避免瑟斯通量表编制过程过于复杂，提出了一种类似于瑟斯通量表，但更为简便的方法。

李凯特量表的具体步骤，也是先针对一定的态度对象，通过广泛调查，拟定一系列备选题目，然后抽取一个态度测量对象群体的代表性样本试施，请他们以5点量表对每个题目评分，即完全同意记5分，比较同意记4分，不能确定的中立态度记3分，比较反对记2分，完全反对记1分。接下来，是对预测结果进行统计处理，最后保留与量表总得分相关高的题目。删去相关低的题目。保留的高相关题目构成量表，李凯特量表通常有二十个左右的题目。

李凯特量表目前是应用最广泛的态度量表。它编制较为精简，各题目之间的一致性也较高。目前更多的是态度与个性量表，都是李凯特式的量表。

（三）语义差异量表

语义差异量表是由心理学家奥斯古德（C.E.Osgood）等人于1957年发展起来的。其基本方法，是用成对的两极性的形容词，如好/坏；聪明/愚蠢等来评价态度对象。每对两极性形容词中间从肯定的一极到否定的一极，一般平均分为7个等级，分别以7、6、5、4、3、2、1数字表示。其中7指最肯定评价，1指最否定评价，4则表示没有明确倾向的中性态度。记录被试在所有回答上的得分并累加，就可以得到其有关对象态度的测量。得分越高，反应被测试者对态度对象越肯定。

用于语义差异量表的单个主要态度维度包括：①情感倾向维度，主要评价好/坏；②力量维度，主要评价强/弱；③活动维度，主要评价快/慢。例如

情感倾向维度可以涉及		
好	7 6 5 4 3 2 1	坏
漂亮	7 6 5 4 3 2 1	丑陋
聪明	7 6 5 4 3 2 1	愚笨
力量倾向维度可以涉及		
大	7 6 5 4 3 2 1	小
强	7 6 5 4 3 2 1	弱
重	7 6 5 4 3 2 1	轻
活动倾向维度可以涉及		
迅速	7 6 5 4 3 2 1	缓慢
积极	7 6 5 4 3 2 1	消极
敏捷	7 6 5 4 3 2 1	迟钝

通过了解一个人对一定态度对象在上述三个态度维度方面的评定，就可以了解其对这一对象的态度。日常生活中，实际运用语义差异量表时，还可以根据需要，设定另外一些有关态度对象的评价方面，使态度测量在各个最重要的方面反应态度主体与态度对象的关系。

语义差异量表的优点，主要在于两个方面：第一，它考虑到了实际生活中人们对一定对象的评价不简单是完全肯定或完全否定的，而是在每一方面都对人们评价的强度进行分析。第二，该量表编制简单，不需要过多的专门化知识，一切涉及对态度对象评价的两极性评定都可以引入量表。

（四）投射测验

投射的实质是一种知觉转移。即个人将自己的需要、情感或观念倾向投射到其他对象上，知觉成为其他对象具有实际为我们自己具有的特征。常说的“以小人之心度君子之腹”现象，即为典型的投射。

投射测验的方式，通常是给予人们一定的刺激物，让人们据此进行联想，并由口头或书面方式报告出来，然后通过分析人们联想的内容，来推测人们的态度与个性。投射测验式的态度测量，实际上是一种间接的态度测量方法。

最著名的投射测验有两种：一种为主题统觉测验，引文缩写为TAT；另一种为罗夏墨迹测验。后者主要用于病理心理诊断。

TAT通常是给被测者一系列图片，让被测者根据图片内容，联想以前发生过怎样的事情，以后事情又将如何，使每张图片都引出一个故事。随着人们心理准备状态不同，所联想出的故事也不同，由故事的倾向，可以了解人们对一定事物的态度。例如，给学生一张画着一个男生坐在桌旁看书的图片，不同成就动机的学生联想到的故事会明显不同。高成就动机的学生的故事会以学习、努力、考试为中心联想和组织故事。低成就动机的学生则更注重娱乐、挫折、人际冲突。TAT的方法可以直接用于测量成就动机或其他我们关心的态度评价。

其他投射方法的态度测量方法很多。比如在学校，教师可以运用投射性句子完成测验，了解学生对家长、对教师、对学校的态度。如果学生在“我爸爸……”这一句子完成测验中（可以让学生在这一方面造若干个句子）写下的都是“我爸爸出差了，我很高兴”，“我爸爸今天又瞪眼了”等反映消极亲子关系的句子，则可以了解到这一学生对父亲态度消极的程度。

态度的其他测量方法很多，如我们可以从人与人之间的心理距离，来了解个人对其他人的接纳程度；可以通过半实验性的实际生活观察，了解人们对具体事物的态度。如，在固定时间、地点设定残疾人基金募捐点，从别人感兴趣与捐款的水平看人们对此义举的态度。还可以变换募捐人，如用正常人或残疾人来募捐，考察人们对残疾人的态度反应，等等。

二、态度评估的其他方法

（一）问卷法

问卷法是进行调查访问的一种重要方法，但也被用于态度的测评。

由于这种方法是通过编写一些问句让被试填答，回答出自己的看法、观点、主张等，因而又被称为自我报告法。问卷法在问卷的编制上较为简单，无需根据什么严格的统计和测量原则，而只要注意问句中可能出现的语句问题即可，如问句的长度、结构，所提问题是否明确，语句有无暗示性及避免一问多题等。

根据问卷形式上的特点，可将问卷分为开放式和封闭式两种。

开放式问卷是由研究者提出问题，但不提供任何可能的或供选择的答案，由被试自由回答，使之能够充分自由地表述出自己的态度。开放式问卷的长处就在于它为被试填答问卷提供了充分的思考余地，被试可以根据自己的所思所想做出充分详细的回答，在作答中，被试不会受到来自问卷自身的限制。通过开放式问卷所收集的资料能够为研究者提供较多的信息，使研究者对被试的态度有较深刻、较全面的认识。其中不足之处则在于收集到的资料难以进行统计处理和定性、定量的分析，要求被试具有一定的文字表达能力，费时过多，容易使被试厌倦或草草作答等。

封闭式问卷是由研究者提出问题，同时提供可能的几种选择答案，由被试根据自己的看法和想法从几种选择答案中选择一个作为自己的回答。封闭式问卷的长处在于答案是由研究者按照统一的形式提出的，因而对不同被试的回答可以进行相互比较，用这种方式收集的资料也易于进行统计处理和分析，费时较少，被试易于作答等。其不足之处则在于所提供的几种选择答案未必能将所有可能存在的回答都包括在内，因而会使被试感到无从回答或被迫做出回答，被试做出的相同回答之中可能也存在有一些不同之处，而封闭式问卷的作答则常常将这点忽略或掩盖了。再者，封闭式问卷也难以避免被试随机地选择答案进行回答的情况。

（二）行为观察法

行为观察法是通过个体的外在行为表现来推测其内在的态度，因而也是一种间接的方法。社会心理学研究者就曾采用过这种方法，以选择座位的距离作为观察指标，来研究白人学生对黑人学生的种族歧视的态度。歧视态度较强则座位距离就较远；反之，则较近。在实际研究中，这种方法应尽可能和其他的方法一起使用，而避免单独使用。结合多种方法所获取的资料，互相印证，这样才能保证所得结论具有一定的可靠性，而不能仅仅根据行为的观察来确定态度。

（三）生理反应法

生理反应法是根据被试生理反应的变化来确定其态度的一种方法，因而仍是一种间接的方法。通常采用的生理指标有皮肤电反应、脉搏等。这种方法的原理就在于态度中包含有情感因素，情感在态度中起着重要作用。当态度发生变化时，则总会伴随有由于情感变化而引起的体内生理反应的变化，如呼吸急促，脉搏加快，瞳孔放大等。根据这些生理变化的测定，即可推测人们的内在态度。在实际使用中，生理反应法也常常是结合其他的方法一起使用的。如果同问卷法或访谈法一起使用，这样能够提高态度测定的准确性。

第三节 态度的改变

一、态度改变研究的有关理论

人为了更好地适应社会，需要继续社会化，随着客观现实的变化而及时改变有关的态度；同时，思想工作者以及各种人际交往中都经常需要去积极影响、修正或改变对方的态度，树立合理的态度。

有效地改变他人的态度是社会心理学的重要功能。要想实现这一目的，就需要了解态度改变的基本理论、影响态度改变的因素，并在此基础上探讨态度改变的方法。

有关态度改变的理论根据基本观点与方法的不同，大致有以下几种：

（一）分阶段变化理论

社会心理学家凯尔曼提出了态度改变的依从、认同、内化三个阶段。

1 依从或服从

它是指在受到外在压力的情况下，为了达到一个更重要的目标，而改变自己的态度反应或表面行为，所谓口服心不服。实际上仅是一种印象的控制策略，是一种权宜之计，只是为了达到避免某种害怕的惩罚或获得某种好处而被迫表现出来的、表面而非内心愿意的、暂时性的行为。但由于人们在心理上具有保持认知一致性的需要，因而长期的依从有可能整个态度结构的逐渐的、真正的改变。

2 认同

认同是个人情感上存在与别人或群体的密切联系而自愿接受他人的观点、态度或行为方式，或把他人作为榜样，有意无意地模仿他人，使自己的态度与他人的要求相一致。当某个人加入某个吸烟或追逐某位明星的小群体后，会觉得自己应该与群体保持一致，从而认同、接受吸烟和追星者的态度与行为。商家之所以使用影视明星做产品代言人，就是利用其“粉丝”对明星情感上的喜欢而“爱屋及乌”，从而推销产品的。

认同阶段的态度改变已经是自愿的并且已经有了情感因素的改变，开始涉及态度的认知因素，但不一定是理性的，长期的认同可以导致整个态度的根本改变。

3 内化

内化是个体完全从内心里相信并自觉接受他人的观点，彻底改变自己的态度。在这一阶段，意味着已经将他人的观点、态度完全纳入自己的价值体系中，成为了自己态度体系的一个组成部分，达到了“行之于心，应之于手”的境界。是一种新的态度、价值观的获得，不需要外在压力或与他人的情感关系来维持。只有内化的态度才是最坚决的、稳定的、可靠的。也是改变自己或他人态度所追求的理想阶段。

（二）认知失调理论

这一理论由社会心理学家费斯汀格（L.Festingger）于1957年提出。他认为，当个体所持有的认知彼此矛盾冲突，处于对立状态时，这种失调状态就会产生心理压力，使个体去改变有关的观念或行为，来减少或避免这种不愉快的情感体验，缓解心理压力。这里的失调即不协调、不一致，认知包括了思想、态度、信念以及所感知到的行为，心理压力指不安、紧张、恐惧、不愉快等情绪。

认知失调通常在以下情况下出现：一是逻辑的违背，例如水在0度结冰与冰到40度仍不融化；二是文化价值的冲突，对18岁的孩子继续给予经济保障，在中国是理所当然的，在美国却让人难以接受；三是观念层次的冲突，对于同一事物，从不同的层次评价会有不同的结论，看到朋友与人打架，当朋友却是失理的一方时，此时到底是帮朋友还是主持公道，行为决策就处于失调状态；四是新旧经验的矛盾，本来反对抽烟的人，在社交场合为了应酬而抽烟。

认知失调的强度取决于以下两个因素：一个是失调的认知数量与协调的认知数量的相对比例；另一个是认知对于个体的重要性。其关系可以用公式表示：

$$\text{认知失调程度}=\frac{\text{失调的认知数量}\times\text{认知的重要性}}{\text{协调的认知数量}\times\text{认知的重要性}}$$

有关研究发现，即使个体存在认知失调，但如果个体在认知中的卷入程度较低，则这种失调并不会引起个体心理上的紧张和压力。另外，与认知不一致的行为是否属于个体自愿做出影响到态度的改变，如果是在没有外来压力和限制而自愿选择的，这种失调引起的心理压力就大，更容易引发态度的改变或行为的改变；如果是被迫、不得已而为之，此时心理压力或不舒适感就不会很强烈，对态度的改变的动力也不大。

当在认知上产生失调状态时就会引起心理上的不愉快的情绪体验，造成心理压力，从而驱使个体去努力使认知恢复协调，减轻或消除这一失调状态。

消除认知失调常用的方法主要有以下三种：

一是改变认知，使之与自己原有的其他认知保持一致。如原来相信吸烟有害的人却在抽烟而感到不安时，此时可能认为吸烟实际上并无害处而继续抽烟。

二是改变行为，如信奉吸烟有害身体的人放弃抽烟，从而使两个认知协调一致。

三是增加新的认知，使原来认知之间的矛盾得到合理解决。例如，一个自我感觉良好的人，却没有获得他人的信任和喜欢，此时将这一现象解释为人家“瞎了眼”或妒忌。那些既相信吸烟有害健康又想吸烟的人，往往是持有“吸烟可以提神、提高工作效率”等新的认知，从而得出虽然有害但还是值得去做的结论，使认知失调程度得以缓解。

四是同时改变不协调认知因素双方的强度。如对吸烟的危害产生怀疑，又减少吸烟的数量，可以使怕吸烟又在吸烟的人的心理压力减少。

（三）强化理论的观点

度布（L.W.Doob）认为社会态度是对于社会对象进行好坏评价的倾向性，它通过学习强化而获得。有关强化论观点的社会态度研究又有以下三种。

古典条件反射理论认为，如果将社会态度作为对于社会对象的评价或情感的话，态度是以态度对象作为条件刺激，将其与人已经具有的肯定或否定性评价、情感等无条件刺激多次结合强化，即形成特定的社会态度。

操作性条件反射理论认为，借助操作性条件反射机制可以有效地改变社会态度。只要加以及时的物质和精神手段进行强化，就可以对特定对象的态度发生变化，得以加强或者削弱衰减。

学习理论是将行为主义的学习理论有机地应用到态度改变研究的领域之中。该理论认为，人们态度的改变过程实际上是一个学习的过程。是在强化原理的支配和控制下所进行的特定刺激与特定反应的联结过程。由于个体自身是介于刺激和反应之间一个不可缺少的中介环节，因此，要想改变他人的态度，除了要了解和掌握刺激与强化作用的特性外，还要对个体本身的情况有所了解，包括他人原有的态度，过去所经受过的强化经历，只有这样才能在改变他人态度的过程中充分有效地发挥刺激和强化的作用。

归因理论的观点认为，人能够清楚地意识到自己的态度与情感，并常常积极主动地将当前的认识对象及其有关评价与过去的经验相比较。除了部分属于潜意识的作用外，态度的形成与变化是建立在自己有意识的理性评价的基础之上的，一般都能表述出社会态度形成的理由，对态度形成与变化的心理原因有一定的自知。

（四）社会判断理论

社会判断理论强调个体自身对刺激信息的知觉判断，这种判断是态度发生改变的中介物，一般情况下，个体对自己持有的态度以及自己所愿意接受或不愿接受的态度是知道的。谢里夫认为，个体所持的态度应该用一段区域来表示，即接受的区域、态度不明朗区域和拒绝的区域。当个体遇到一个劝说信息或新的观点和看法时，首先会对它进行判断，弄清这些观点或信息是什么性质，位于哪个区域，然后才可能根据上述原则作出改变态度或拒绝不变的反应。经过判断后，如果发现新的观点位于接受区域或不明朗区域时就会引起态度的改变，如果位于自己态度的拒绝区域时，就会拒绝态度的改变。个体所拥有的态度接受区域越大，其态度越容易改变；如果新的观点与个体原有的观点极为相近或相似时，很容易被原有的观点主张同化，因而不一定会引起态度的改变；当新旧观点相差极大时，就会遭到拒绝，难以改变。因而只有当新的主张处于两种极端的中间，位于态度区域的不明朗区域时，所具有的劝说作用最大，才容易引起个体态度的改变。并认为态度改变基本上局限于强度改变的范围之内，较少涉及态度方向的改变。

（五）功能理论

功能理论兼收并蓄，融合各家于一体。它认为人之所以持有某种态度，是因为这种态度能够满足他的某种需要，特别是心理上的需要。因此，要想改变人的态度，首先应了解他的态度到底能够满足他的什么需要，进而通过改变他内在的需要来改变他的态度。其代表人物有卡茨和史密斯，他们认为态度具有功利性功能、自我防御的功能、认识的功能、价值表达的功能。

其功利性功能表现为：人们之所以对某一对象持积极肯定的态度，是因为这一对象对满足某方面的需要是有用的、有效的；如果阻碍或不利于个人需要的满足，就会持消极否定的态度。可见，态度反映和体现了个体的内在需要，能够帮助和促进个体需要的满足。

自我防御性功能表现为态度能够帮助个体回避或忘却有关自己的真实了解，特别是个体的缺点、不足之处、过去生活中不愉快的经历，帮助个体回避严峻的或不愿正视的现实，从而保护个体现有的人格和心理健康。

认识的功能表现为态度是个体认识周围环境的一个重要途径，为了理解各种事物，人会将所获得的各种知识、经验、信息加以汇集、整理、分类，并使之与各种事物相联系且具有意义，从而更好地认识和了解事物，并将这种认识和了解组织进自己的态度之中。

价值表达功能表现在，通过态度来表达自己的价值观，显示自己的人格和追求，从而满足自我表现的需要。

态度改变的功能理论还认为，由于人们内在需要是有差异的，因而态度的改变中存在着个别差异，在改变他人的态度时要因人而异。

二、影响态度改变的因素

社会心理学家霍夫兰与詹尼斯于1959年提出态度改变模型，其简化为：传达者→沟通信息→态度主体←周围情境

从这一模型中可见，态度的改变涉及到四个因素：

（一）传达者的影响

传达者也就是说服者、宣传者、传播者。说服者本人的威信、观点

立场、目的指向、吸引力、与被说服者的相似性、说服的方式等都会影响到说服的效果。

传达者自身所具备的各种特点常常对劝说宣传有着极大的影响，一些重要特征本身往往就是一种有效的宣传和证明，仅此就足以使人们信服而不再猜疑。与劝说宣传有联系的这样一些个人特性主要有：

（1）专家身份。这是由传播者所受过的教育、专业训练和所从事的社会职业、所具有的专业身份决定的。研究表明，专家的身份足以使传播者在某些特定的方面所传播的信息比没有专家身份的人更易被人接受，更令人信服。不过，专家身份所具有的劝说效用只是在特定的、有限的范围或领域内才能奏效，一旦涉及到与其不相关的领域时，则劝说作用就不会有多大的影响。

（2）社会身份。指传播者所具有的社会地位、社会名望、知名度及年龄、经验等。事实表明，在一些不属于或不涉及专业性知识内容的问题上，具有较高社会身份的人比社会身份低微的人具有更大的影响和说服力。

（3）吸引性。指传播者自身具备的人格特征、仪表体态以及言谈举止所具有的吸引力。吸引力大，则易引起他人的好感和愉快的情感体验；吸引力小，则不易使他人产生好感，甚至有可能产生厌烦、不愉快的情感体验。对于传播者来说，吸引力大则会增加其自身的影响和说服力，改变他人的态度，而吸引力小就难以说服他人接受自己的观点。

（4）相似性。指传播者自身的身份、职业、背景及态度、观点等与被劝说者有相似或相近的特征。一般地说，传播者与被劝说者之间在身份、职业、参加的团体以及年龄、性别、出生地等方面相似或相近，会促进双方之间在态度上的求同存异，从而导致被劝说者态度的改变。例如，在日常生活中，青年人容易接受其他青年人的劝说，同他人取得一致的看法；有着共同的经历、职业、籍贯的人之间也易于互相劝说，求取一致的态度。

传播者自身的态度观点与被劝说者所持态度相似相近的程度和被劝

说者态度改变之间的关系则较为复杂。博克纳和英斯科年所作的关于睡眠时间的研究结果表明，当传播者与被劝说者双方态度观点之间的相似相近程度很小，而差异较大时，被劝说者的态度就易发生改变，并且随着差异的增大，被劝说者的态度改变也会进一步增大。然而当这种差异超过了一定的程度而进一步扩展开时，则态度的改变就不再随之增大，而是开始逐渐减少。

（5）可信赖性。指传播者自身被他人相信和信赖的程度。这种特性主要受被劝说者关于传播者的内心动机的知觉的影响。如果传播者被认为是怀有个人目的，出于一己私利，并非公正无私的，那么传播者就不会被他人所相信，其说服力就会大大降低。如果被劝说者认为传播者的观点、看法与其自身利益不相符合甚至是矛盾的时候，则被劝说者就容易接受传播者的影响，其态度也容易产生较为明显的改变。

（二）沟通方式

信息在传播过程中的呈现和组织方式也是影响劝说效果的重要因素。同样的信息内容在采用了不同的传播方式和技巧后，所产生的劝说效果往往是很不相同的，通过对信息内容进行有效合理地组织编排，就有可能提高其劝说效果，增加其对被劝说者的影响。

1 单方面传播与双方面传播

在劝说他人的过程中，劝说者往往只叙述能够证实自己的主张或者是赞同自己的主张的各种看法和论据，对与自己不同甚至是反对自己的其他各种观点和主张则闭口不谈，不予提及，或者是一味强调与自己对立一方的种种缺陷、漏洞和不足之处。这种向被劝说者传播劝说信息的方式即是单方面的传播。与此相反，在详尽地阐述了自己的观点主张是合理的、有根据的、值得相信的同时，也对与自己对立的一方的观点主张加以介绍并进一步肯定其虽不可取但也不乏借鉴之处，这种做法就是双方面的传播。双方面传播的另一种形式指在劝说中，不仅强调自己的观点主张的正确性、合理性，同时也指出其不足和缺陷之处，或者是在指出他人的缺点和错误的同时，也指出他人的优点和长处。

这两种传播方式在劝说他人改变态度的过程中所产生的作用是很不相同的。霍夫兰德等人在二次大战的后期曾就这个问题进行了研究。结果发现，两种传播方式的效果没有绝对的高低优劣之分，只有在考虑了其他有关因素的前提下，才能明确地区分两者的不同效果。在霍夫兰德的研究中，士兵本身受教育的程度是影响传播效果的一个重要因素。单方面的传播易使受教育程度较低的士兵改变态度，而双方面的传播则易使受教育程度较高的士兵改变态度。再者，士兵的原有态度也是一种重要因素。当原有态度与传播信息较为一致时，则单方面的传播效果显著；当原有态度与传播信息矛盾时，则双方面传播更为有效。近期的一些研究还表明，当被劝说者可能自己获得不止一方面的信息时，则劝说者采用双方面的信息传播较为妥当；当被劝说者是依靠劝说者来获取各方面信息时，则采用单方面的信息传播效果较显著。另外，当劝说者所需要的是短时的、即刻的态度改变时，则应采用单方面的信息传播；如果所期求的是长时的、较稳固的态度改变，则应采用双方面的信息传播。总起来说，在考虑究竟采用哪一种传播方式来改变他人的态度时，应视具体情况而定。

2 信息传播的首因效应和近因效应

在采用单方面的信息传播方式劝说他人改变态度时，往往会遇到这样一个问题，即在劝说中是开门见山地提出自己的观点主张呢？还是将自己的观点主张放在劝说的最后来说好呢？在采用双方面的信息传播时，则常常会遇到这样一个问题，即在劝说中先叙述赞同、支持并证实自己观点主张的好呢？还是将此放在后面说，而一开始就陈述反对自己，与自己观点主张相矛盾的各种观点主张好呢？所有这些都涉及到了在传播过程中信息呈现次序对信息劝说效果的影响问题。如同本书在介绍社会认知时已指出的，在社会心理学中，将先呈现的信息所产生的较大影响称为首因效应，将后呈现的信息所产生的较大影响称为近因效应。在实际劝说中，究竟是应先叙述自己的观点还是应后叙述自己的观点，要依自己所面临的具体情境条件而定，有时先讲有利，有时后讲有利。单就两种效应而言，劝说者应该考虑的一个重要因素就是时间，即先后呈现的两种信息之间的时间间隔和信息呈现与态度测评之间的时间间隔。这两种时间因素会影响信息的首因或近因效应，从而影响信息的劝说效果。一般地说，在先后呈现的两种信息之间的时间间隔较为短暂，而信息呈现与态度测评之间的时间间隔较为长久时，则会产生首因效应。反之，则会产生近因效应。除此之外，在其他的情况下一般都难以产生首因或近因效应。

3 信息传播的渠道

在信息传播的过程中，人们总是要借助于一定的手段或工具，如通过电台广播或电视是通过交谈、书写文章、书信来劝说他人。这些不同的方法、手段对信息的劝说效果所产生的影响也各不相同。较早的研究曾表明，生动形象的视觉信息，如通过图片、录像所传播的信息，要比单调的听觉信息更有劝说效力，而这种单调的听觉信息又比用书面文字所传播的信息更有劝说效力。近期这方面的研究则发现，事实上并非如此简单，被劝说者在接受他人劝说信息的过程中实际上是经历了两个不同的阶段，即理解信息的阶段和根据信息做出行动的阶段。在前一个阶段，被劝说者要对信息进行分析，领会其含义，认识其基本要求和意图；在后一个阶段，被劝说者则根据自己对信息的理解及自己内心的态度观点来决定行动。由于这两个阶段的不同，因而应有针对性地采用不同的传播方法。在第一阶段，用书面文字传播的信息具有较好的劝说效果，尤其是涉及比较复杂、难于掌握的信息时更是如此。在第二阶段，用图片、录像等生动形象的视觉形式传播的信息则具有较好的劝说效果。

（三）态度主体的影响

态度主体也就是被改变者、被说服者或信息接受者。

1 原有态度系统存在的自我防卫倾向对态度改变的影响

态度与价值观有着密切的联系，人们在面临态度改变的压力时，一般倾向于拒绝别人的影响。导致拒绝的心理倾向来自三个方面：一是心理惯性，人的心理活动通常遵循费力最小的原则，在没有感受到改变的必要性时，通常会尽可能少改变自己的态度。二是抗拒反应，当感觉到自己被别人操纵，发现别人影响自己的企图时，心理上会自发出现抵抗，维持自我控制。三是保留面子，一般的人会觉得轻易跟随别人会失去独立与面子，会有损自己的尊严与形象。在面临别人的劝说时，出于自我防卫的需要，容易采用笼统拒绝沟通信息、贬损信息来源的可靠性、歪曲信息、辩驳、合理化、投射等心理防御机制来维持自己的态度，拒绝劝说者的态度，缓解改变态度的心理压力、保持心理平衡。

态度主体在态度改变过程中是主动的，他原有的信念、价值观、态度、个性特点、智力状况、社会角色，都会对其态度的改变过程产生影响。有的有助于态度的改变，有的可能妨碍、抵制态度的改变。因为一切旨在劝导人们发生态度改变的沟通努力，必须为主体所接受，才可能发生作用。因而一切改变他人态度的努力，都需要以对方既有的特点为起点，它是态度改变努力的着眼点和核心。在被改变者的特点，最主要的有两个方面，一个是其原有态度的特点，另一个是其人格特点。

2 原有态度特点对态度改变的影响

①自小形成并内化、保持着的态度难以改变，而仅仅形成于一时一事的态度容易改变；②根据个体亲身经历与直接经验而形成的态度难以改变，而依据间接经验或道听途说而形成的态度则较易改变；③自主选择或自觉自愿接受的态度难以改变，而出于某种压力而被动形成的态度较易改变；④自身协调一致，不存在矛盾冲突的难以改变，而自相矛盾，互不协调的态度较易改变；⑤高强度即理由充分的态度难以改变，而认知支持小的态度较易改变；⑥接近个人价值系统，即向中度高的态度难以改变，而表面的态度容易改变；⑦具有强烈情感基础的态度难以改变，而自我卷入较浅的态度容易改变；⑧与自身需要的满足密切相关的态度容易改变，关系不大觉得无所谓的态度容易改变。

另外，被改变者的信息加工，劝说的信息在被改变者的头脑中是怎样加工、储存、提取的，以及个体对信息的感知、记忆等方式，都可能影响到信息的劝说效果，从而影响到态度的改变。

3 被改变者的个性因素也直接影响着态度的改变。

包括性格特征、智力水平、自我防卫倾向、个人同群体的关系。

性格特征的影响。如独立性、自尊心、灵活性、对社会赞许的期望等均对性格特征有影响，独立性、自信心与自尊心强、缺乏灵活性、刻板、不在乎他人评价的人，喜欢我行我素，不易接受理解新的信息，态度难以改变；而依赖性强、低自尊、缺乏自信、无主见、希望与他人保持一致来获得赞许的人，对自己既有的态度信任感较低，容易信任权威、接受说服，其态度较易改变。

智力的影响。高智力与低智力的人在态度改变方面的差异主要表现在动力特征方面。智力水平高的人易于接受新的信息，了解各种观点及其逻辑根据，主动改变态度，变化后的态度也较为稳定；智力较低的人态度变化往往是被动的，难于理解复杂的观点，而易于接受非一致、非逻辑的观点的影响，易于屈从群体压力，态度变化后的稳定性不如高智力水平者。但是不能简单地认为高智力者比低智力者难以被说服，它与输送的信息的科学性、合理性、真实性、复杂性等因素有关。

自我防卫倾向的影响。那些缺乏安全感，对攻击过于敏感，思维方式保守，倾向于依赖自我防卫维护自己的既有形象与自尊的人，较难接受新的信息或易于发生曲解，难以改变态度。

个体同群体的关系的影响。有关研究表明，个人对所属群体的认同感越高，就越倾向于保守自己与群体相一致的态度，难以被说服。其态度改变的难度与个体对其成员身份的认同、在群体中的地位、对群体态度的信任度影响到态度改变的难度。一般说来，越是重视成员身份、地位越高、对群体越信赖的人，其态度改变的难度越大。

（四）情境因素

使态度改变的劝说过程并不是仅仅在劝说者和被劝说者之间孤立地进行的，而总是在一定的情境条件下进行的。因此，一定的情境条件也会对劝说效果产生影响。

（1）信息繁多的情境。在现实生活中，每一个人都会遇到一个充满了各种各样信息的环境，都会同时看到或听到关于某一事物的种种相同或不同的观点、主张、看法。在这样的环境中，个体态度的变化和改变就不再是某一种劝说信息单独作用的结果，而是多种信息交互作用的结果。换言之，在此时某一劝说信息对个体态度改变所产生的影响是与其他多种信息的影响交织在一起的，同时也是受其他信息的影响的。鲍姆加德纳等人于1983年以学生为被试做实验，让他们一次接受关于多种牌子的商品劝说信息。在一种条件下，劝说信息对相类似的商品都给予了称赞；在另一种条件下，对各种产品的劝说信息则是有褒有贬。主试让被试接受了这样的信息后，再来测泛化为对其他商品的态度，而且由这种泛化而得的态度保持得比较长久。在第二种条件下，被试对各种商品的态度则没有呈现这种泛化现象，而且被试在劝说信息的影响下所产生的态度改变也不易维持长久。由此可见，在信息繁多的情境中，单一信息的劝说效用是受其他信息影响和制约的，如各种信息互相之间的相似或一致性越多、越明显，则其中的某一信息的劝说效用就会得到增强和提高。但是，如果各种信息互相之间的差异或矛盾越多、越大，则其中的每个单一信息的劝说效用就会因此而降低和被削弱。

（2）令人分心的情境。他人在场和其他信息的同时呈现，都会引起人们对劝说信息注意力的分散，从而影响信息的劝说效果。因此，在那种充斥着其他各种信息或者有许多无关的人在场的情境中，通过劝说宣传来改变他人的态度就不是一件轻而易举的事情。因此，对被劝说者进行单个劝说或单一信息的劝说时，劝说者会为了克服注意力的分散而做出较大的努力，从而使其接受到更多的信息，对信息有更完全的了解；同时又不致于有更多的时间和思想准备去考虑对立的观点和主张注意力的轻微分散会影响被劝说者对信息的了解和掌握，包括正反两方面的信息，使其对自己的态度和判断缺乏自信和确认，因而增加了其自身被说服的可能性。

（3）信息重复的情境。反复多次地重复某一信息会加深人们对它的印象，巩固对它的记忆，从而增强这一信息对人们的影响，有助于人们态度的改变。但是，重复的作用也是有限度的，过多的重复则可能会引起相反的效果，原因也许是由于重复而引起的厌烦情绪以及继之而起的逆反心理。

三、态度改变的方法

（一）角色扮演法

这种方法是以角色理论为依据的。角色理论的核心原则即个体的行为应与其所承担的角色相一致，应该符合这一角色身份的要求。无论是什么角色，客观上都包含着标志这一角色的各种象征（如权力、地位、待遇）和符号（如称呼、头衔、级别），包含着为这一角色所特有的行为规范和准则以及他人对角色的期待。对于个体而言，担当起某一角色，也就意味着要使自我的内涵与角色的内涵相吻合，使自我与角色协调一致。这一方面意味着个体的变化和发展，另一方面则意味着个体被约束和受制约。角色扮演法是通过角色对承担角色的个体所具有的约束和影响来改变个体态度的。

（二）团体影响法

通过团体对个体所具有的影响也可以有效地改变人们的态度。团体的影响来自于团体的规范和准则，这种规范和准则对团体成员具有一种无形的约束力，促使团体中每个人的一言一行与团体的规范准则保持一致。在这种情况下，一个成员的言行如果符合团体规范准则的要求，就会受到团体的接受、承认、赞同和支持，被其他成员视为自己人，在团体中确立自己的位置；如果其言行违背了规范准则的要求，就会受到团体的拒绝、排斥、否定和打击，被其他成员视为离经叛道的异己分子，在团体中被孤立起来甚至被逐出团体。无论是正式团体或非正式团体，抑或是所属团体或参照团体，其所具有的规范准则都具有这种约束力。正因为如此，通过将他们组织进一定的团体，并制定相应的规范准则来影响和约束他们的一言一行，就能够有效地改变他们的态度。

（三）活动参与法

这种方法是通过引导人们参加与态度改变有关的活动来改变人们的态度。例如，通过劳动锻炼来改变轻视劳动、好逸恶劳的态度。在通常情况下，人们所参与的活动或者是与所要改变的态度有着密切联系，或者就是所要改变的态度对象本身。此外，人们参与活动时的自愿程度或感受到的压力大小对人们态度的改变有很大影响。如果人们觉得参加一项活动是自觉自愿的，则其态度的改变就会大些；如果觉得是出于某种自身之外的原因，如奖励或惩罚，感受到了某种压力，如权威和团体的压力，则即使其积极参加了活动，其态度也未必会发生很大的改变。再有就是所参与的活动如果是经常性的、较长久的，则态度 改变相应地就较大、较持久；反之，如果只是一次性的活动或短期的活动，则态度改变的效果就不很明显或难以持久。

（四）自我防御的回避与渐近策略

1 态度改变中自我防御的回避

态度系统的自我防卫特性、难于改变态度的各种特征，以及有关传达者立场与目的指向、沟通信息的倾向性、沟通情境的注意分散等问题的研究，都明确地提醒人们，任何态度改变的努力，都必须遵循自我防御回避原则。否则，态度改变的努力所诱发的，将不是态度变化，而是主体强烈的自我防御，努力的结果可能反而使人们原有的态度更稳定。

自我防御是主体维持态度稳定性的重要方式，同时也是态度改变首先碰到的障碍。态度改变的努力只有在避开自我防御抵抗的情况下，才能真正有效地对态度主体发挥实质性的影响，促使其态度发生变化。

自我防御回避的一个基本方法，是对人们既有的态度不要采取简单的否定立场，以防止提醒人们自己正遭到否定，激发其自我价值保护意识。尽量注意立场靠拢、引导人们自我判断、分散注意，运用赞美先行、善意提醒、从提及自身错误入手等方法，都是回避自我防御的有效手段。除此之外，社会心理学家通过对推销术的研究，引申出了多种回避或突破人们的自我防御，引导人们态度改变的渐近策略。

2 态度改变中的渐近策略

（1）“登门槛”效应与技术

“登门槛效应”原意指推销员只要能把脚踏入人家的大门，那最后就能成功地让人家买他的东西，实现推销的目的。后来社会心理学家通过研究，沿用“登门槛”的说法，用“登门槛效应”一词来泛指在提出一个较大的要求之前，先提出一个小的要求，从而使别人对较大要求的态度发生改变，相应的接受性也增大的现象。

最初以试验方法验证“登门槛效应”存在的是著名社会心理学家弗里德曼和他的助手。他们1966年做了一个经典研究。研究的第一步，是先到各家各户向家庭主妇被试提出一个小的要求，请她们支持“安全驾驶委员会”的工作，在一份呼吁安全驾驶的请愿书上签名。研究的第二步，两周以后，由原来的两个大学生主试重新找到这些主妇，问能否在他们前院竖一块不大美观的大告示牌，上写“谨慎驾驶”。结果表明，先前在请愿书上签过名（几乎所有人都同意签名）的实验组主妇55%以上的人都同意竖告示牌。而没有签过名的同样情况的主妇，只有不足17%的人接受了这一要求。

后来的许多研究都证明了“登门槛效应”的存在。

（2）“低球技术”

“低球技术”与“登门槛技术”相类似，也同样是很好的诱发态度改变的方法。“低球技术”的具体做法是，先提出一个小的要求，别人接受这个小的要求后马上提出一个别人要付出更大代价的要求。这同样是从推销术中引申出来的社会心理技术。研究表明，运用“低球技术”，是要比直接提出较大要求更易于为人们所接受。二手车销售商卖车时往往把价格标的很低，等顾客同意出价购买时，又以种种借口加价。有关研究证实，用这种方法可以使人最后接受较高价格。而如果最初就标出这种价格，顾客却难于接受。日常生活中，如果你请别人帮助时开始就提出较大要求，很容易遭到拒绝，而先提出较小要求，别人同意后再增加要求的分量，则更容易达到目标。

登门槛技术与低球技术同为二步式渐近策略，但有两个明显区别。第一是二步时间联系的区别。登门槛技术的二步操作中间有时间间隔，而低球技术的二步操作是紧接在一起的，没有较长的时间间隔。二者的第二个区别，在于二步要求的性质方面，登门槛技术的二步要求之间没有直接的联系，而低球技术的二步要求则是直接联系的。

社会心理学家分析，登门槛技术与低球技术的作用原理，在于接受一个要求之后，增加了人们在某个特定问题上的投入，使人们增强了责任意识，从而增加了人们对更大要求的接受性。事实上，问题的更重要的关键可能被忽略了。由于两种技术的二步要求是由同一个或两个人提出的，并且请求者与被请求者卷入了直接的交往。因此，人际关系在其中所起的作用可能更大。由于人们需要在同自己发生交往的人面前维持一个一致的社会形象，因而一旦接受了一个要求，拒绝别人要求的困难也就明显增加，从而使人接受更大要求的可能性增加。根据自我价值定向理论，除非拒绝别人的要求比在人们面前维持一致的社会形象的价值更大，人们就总倾向于接受别人更大或更多的要求。

（3）“留面子效应”

“留面子效应”正好是与登门槛和低球作用相对应的现象。它是指人们拒绝了一个很大的要求之后，对较小的要求接受性增加的现象。相应的，为了使人更好地接受一个较小的要求，先提出一个明知别人会拒绝的很大要求，提高人们接受较小要求可能性的方法，就称作“留面子技术”。西阿第尼等人1975年进行了一项试验。他们以大学生为对象，先提出一个社会高度支持但过分的要求，请被试为县里担任青少年教化中心自愿咨询员两年时间。所有人都礼貌的拒绝了这一要求，但当第二步较小要求护送孩子们去一次动物园被提出时，很多被试欣然同意，比例高达50%。作为比较，如果直接提出陪同孩子们去参观动物园的较小要求，仅有16.7%的被试同意；如果同时提出两个要求让被试自己去选择，则同意的比例为25%。

很显然，由于人际相互作用，当人们拒绝了别人的一个要求后，会愿意作出一点让步，给别人一个面子，使别人获得满足。人与人之间的交往是人的自我价值意识最为重要的来源。他人的不愉快，是个人不愉快的重要原因之一。因此，在人际交往中，人会自然地倾向于选择给交往双方都带来最大满足的行为。出于补偿，拒绝别人后对人的接受性出现了增加。

日常生活中，很多买卖交易都在使用“留面子效应”。自由市场中的售货人会将价格订得远远超过实际应有的价格。然后在讨价还价中通过让顾客在拒绝高价时接受一个比高价低得多，而实际上又高出应有价格的价目。

必须指出的是，各种二步式渐近策略引发的仅仅是依从层次的态度变化，并不意味着人们的态度发生实质的、稳定的变化。因此，作为态度改变手段，二步式渐近策略无论如何不能滥用。而且，二步式渐近策略的作用实际上依赖于人际关系。过度的使用这些策略，意味着在人际关系上将付出代价。倘若个人形成一种滥用二步式渐近策略的方式，将会在人际关系上面面临很多困难。

3 逆反心理反应的避免与利用

“逆反心理”的说法来自日常生活，泛指个人用反向的态度与行为来对外界的劝导作出反应的现象。实质上，所谓“逆反心理”是个人心理抗拒反应的一种特殊形式，是人适应外在环境的一种正常心理机能。最为典型的逆反心理反应有三种，分别是超限逆反、自我价值保护逆反和禁果逆反。

① 超限逆反

超限逆反指集体过度接受某种刺激之后出现的逃避反应。它是机体的自然的保护反应。生物学与心理学的研究都已经证明，对于任何刺激，包括能够给集体带来巨大满足的刺激，机体的接受性都是有限的。

当此剂量超过一个最适当水平之后，刺激对于机体的意义就会从带来满足转向造成伤害，此时机体就必须逃避这种刺激。譬如，美妙的音乐可以带给人享受，但音量过大则造成耳膜的痛觉和心脏的压力，人就必须躲避；美好的食品可以带给人满足，但过量后人对什么样的山珍海味都会感到厌烦等等。很明显，一种刺激过量后，所引起有机体的反应会出现根本性的逆转，使人从原来的趋近、赞成和接受态度转向回避、反对和拒绝态度。

刺激量过大的一种特殊形式，是一种刺激被反复呈献给有机体。任何时候，有机体只会对自己有意义的刺激感兴趣和产生积极反应。一种刺激无论怎样富有意义，过多的重复都会使它成为无意义的消极刺激。当个人对一种刺激的意义已经明了，可以对这一刺激作出预言时，这一刺激对于个人就不再具有意义。此时，这种刺激再出现就不是引起个人的积极态度反应，而是引起消极的态度反应。一部电影无论怎样出色，当它的播放不能再激发人们新的感受时，它就可能成为纯粹干扰人们的无关刺激，而引起人们的逆反心理反应。因此，任何旨在诱发人们态度改变的说服引导，都必须避免无意义的重复，否则效果会适得其反。

著名作家马克·吐温所讲述的一个幽默故事，是说明过度劝导引发人们逆反心理反应的一个典型例证。故事说作者去教堂听一位传教士的募捐演说。传教士用令人同情的语言，讲述非洲传教士的苦难生活。起初他讲得很生动，作者决定捐出身上所有的钱，以支持非洲传教的有意义事业。当传教士又讲了10分钟还没完时，作者决定改为只捐出身上的零钱。当传教士滔滔不绝讲了一小时之后，再拿起钵盂向听众哀求捐助时，作者由于气愤，非但分文未捐，还从钵盂中拿起两块钱，以弥补时间的损失。

②自我价值保护逆反

自己活着有价值，是人生活富有意义的最重要的理由。任何时候，当外在的劝导或影响威胁到人们自己的自我价值时，人们都会有意无意地进行自我价值的保护。人们由于自我价值保护动机的推动，对外界劝导或影响所作的反向反应，即为自我价值保护逆反。

一切被否定、被控制、被利用、“丢面子”等意识，都可能引发人们的自我价值保护逆反。当领导、教师或家长站在权威和否定的立场上去批评下属、学生或孩子时，被批评者处于自我价值保护，会故意不按权威的引导去做，借此显示自己的独立与自尊，显示自己的力量；当人们感到自己正被别人利用时，会感到自己的尊严没有得到重视，从而故意用与别人期望逆反的行动来造成别人的困难。教师常常不理解有些学生为什么在同辈群体中的表现同在自己面前不同。其实道理很简单，同辈群体的接受是青少年学生自我价值的重要组成部分。他们不能为讨好老师而冒失去同伴支持的风险。在特定情境下，当教师期望与同伴期望相冲突时，他们需要首先认同同伴的期望。

很显然，有效说服的基本立场，应当是支持人们的自我价值而不是反对人们的自我价值。

③禁果逆反

禁果逆反指理由不充分的禁止反而会激发人们更强烈的探究欲望。古希腊传说中，伊甸园的夏娃受蛇的诱惑，偷食了善恶树上的禁果，受到了上帝的惩罚。禁食的果实分外甜，由于禁止，人们尝试的欲望反而更加强烈。禁果逆反正是这一传说得名。古希腊的另一个传说叙述的是相同的现象。在这一传说中，宙斯神的侍女潘多拉好奇地打开了禁止开看的宙斯的魔盒，将一切不幸降到了人间。宙斯越是禁止别人偷看他的魔盒，潘多拉想看个究竟的欲望越强烈。因此，禁果逆反现象也被称作“潘多拉效应”。

社会心理学家阿龙森等人1963年以严格的实验证明，对一件东西的外部禁止越是严格，它对人们的吸引力也越大。这意味着，在可能的条件下人们犯禁的可能性也越大。

日常生活中有大量利用禁果违反来改变人们态度的例证。最为典型的事例，恐怕要算土豆在法国的引种。在当时的法国，土豆被人们称为“鬼苹果”，农民都不愿意引种。著名法国农学家帕尔曼切长时间的劝导都未能奏效。最后，他想到了一个绝妙的办法。他受国王特准，在一块贫瘠的土地上种植土豆，并由一支着军礼服、全副武装的国王卫队看守。一到夜晚，看守的卫队故意撤走。结果，人们受到“禁果”的引诱，每到晚上就来挖土豆，引种到自己的田地里。通过这种方法，土豆的种植在法国得到了迅速推广。

至于某些电影、书籍越禁止越走俏；奥斯卡电影奖越是晚发布获奖人名单，人们越是想知道结果等事实，更是为人们所熟知。20世纪50年代，好莱坞一制片商别出心裁，制成一部影片后不是组织人马唱赞歌，而是有意大肆攻击，结果使影片公映时盛况空前。可见，利用禁果逆反的心理作用，常常可以收到其他方法难以取代的效果。

第六章 群体心理及管理

人们都生活在各种各样的群体之中，群体规范、压力、竞争、冲突是客观存在的。增强群体凝聚力，需要管理者疏通沟通渠道，妥善处理群体心理问题，合理使用权力性因素，最大限度地开发和利用非权力性因素。

第一节 群体心理概述

一、群体含义与分类

（一）群体的含义

群体作为社会心理学体系中的一个范畴，是指那些成员间相互依赖、彼此间存在互动的集合体。在大部分群体中，成员间存在面对面的接触，彼此相互影响。

许多学科也对群体进行研究，而在社会心理学研究意义上，简单的统计集合体、围在路边看热闹的人群、喜欢看电视新闻的观众等不能归为群体之列，因为其成员不存在依附关系，不发生互动，在多数情况下，彼此间无丝毫影响。而学校篮球队、家庭、工厂中的班组等，则可称为群体，因为其成员常常是为了共同的目标而组合一起的，彼此间不但有面对面的接触，而且有频繁的互动，多方面的影响。

一般来看，要构成一个群体必须具备以下条件：有频繁的互动，即成员间有生活、学习、工作、信息和心理上的交往，有信息、思想、感情上的交流，有共同的目标与利益，群体内有相互协作与配合的组织保证，有群体意识。

密切结合在一起的家庭是一个群体，有时由于特殊原因短暂结合在一起的几个陌生人也可以形成一个群体，如几个人同乘一辆缆车上山，由于意外事故，车被困在半山腰，在这突如其来的情况下，本来素不相识的人组成暂时性的群体，有的人出主意，有的人修机器，有的人向外呼喊求救。这些本无任何关联的人，为了共同的目的，彼此互动起来。他们平安脱险后，互动即告结束，在一个十分短暂的时间内，几位陌生人形成了一个临时群体。群体可以有不同的持续时间，可以像家庭那样数代延续下去，也可以在数天或数小时内解体。

规模也是群体的一个重要方面。夫妻二人组成的家庭是最小规模的群体，数百人组成的车间也可归为群体之列。社会心理学研究所关心的主要是2~50人组成的群体。数百人集合在一起而形成的大规模群体，其成员不可能熟知每一个人，不可能发生充分的互动，也很难产生群体归属感。

群体是介于个体与组织之间的人群集合体。个体在群体中的活动，巩固了群体的关系，增强了群体的凝聚力，鼓舞了群体的士气。群体精神造就了群体成员，促进了其能力的发展和发挥。群体和个体的关系是互相促进、互相增强的。组织是一种社会内部关系的结构或体系，是权力的表示，是社会秩序的基础，群体和个体是社会组织不同层次的组成部分。

（二）群体的分类

有很多种群体分类方法，最常见的方法是将群体划分为正式群体和非正式群体，其他划分方法在社会心理学研究中也能见到。

1 正式群体和非正式群体

人的社会活动主要通过两个途径进行，一个是正式的，一个是非正式的。正式的社会活动是指人们在群体中按照计划完全公开的、特定的、有目标的活动。非正式的活动主要指人与人之间自发的思想感情交流活动。与此相应，群体根据自身在人们社会生活中所发挥的作用，也可划分为正式的和非正式两种。

正式群体是指有明确规章，成员地位和角色、权利和义务都很清楚，并具有稳定、正式编制的群体，如机关的科室、工厂的班组、学校的班级等。正式群体按其存在时间的长短又可分为永久性正式群体和暂时性正式群体。永久性正式群体前面已提到，科室、班组都属之。暂时性群体是指新产品设计组、课题研究组等临时性组织。

非正式群体是指自发产生的，无明确规章的，成员的地位与角色、权利与义务都不确定的群体。人们除了完成工作和学习任务，还有交友、娱乐、消遣等各种各样的欲望与需要，非正式群体往往借助于同乡会、协会、兴趣小组、朋友圈等形式，帮助其成员获得某种需要。非正式群体往往以共同的利益、观点或兴趣、爱好为基础，以感情为纽带，有较强的内聚力和较高的行为一致性。

非正式群体普遍存在于正式群体中，特别是在正式群体的目标与其成员的需求与愿望不一致，正式群体不能发挥正常的功能，缺乏合理的领导机构时，非正式群体更容易产生。在大学中，由于班级不能充分发挥其功效，而同乡会、各种形式的联谊会却可以吸引大量学生。

2 成员群体与参照群体

群体也可分为成员群体及参照群体。成员群体是指个体为其正式成员的群体，但是在现实生活中，常常有人抛弃自己所属群体的观念，而向往其他群体的观念。例如，有些人出身于地主阶级家庭，却投身于革命队伍。对于这种现象，参照群体能给予较好的解释。

参照群体通常包含三种含义：第一是作为比较的标准。例如：一名技术工人，自己的地位已经不错，但与工程技术人员相比，又感到相形见绌。第二是指望晋升其间的群体，在等级社会中，较低等级的人总希望成为较高等级的一分子，如蓝领工人将白领管理层作为参照群体。第三是指个体以其他群体的价值和观念为行为准则。例如，一个长期生活在中国的外国人，逐渐学会了用中国人的价值和观念去为人处事。总之，参照群体是令其他群体成员向往的一类群体，当群体成员对其所属群体感到不满时，往往会寻找其他群体作为参照，有时甚至在心目中树立起两个以上的参照群体。

参照群体常被其他群体成员视为榜样，在某些情况下能起到模范作用。例如，学校的先进班集体、车间的先进班组等；但有时也会起到带头破坏社会规范的作用。美国社会学家研究犯罪问题时发现，在犯罪率较高的社区内，一些男孩子自幼就模仿犯罪团伙中成年男性的行为，认为他们勇敢、大胆，是真正的男子汉，视他们为楷模，直至最后堕落成犯罪团伙成员。这类犯罪团伙在该社区内成了许多小男孩心目中的参照群体。注重参照群体的研究，认识、分析人们心目中的参照群体，能更好地发挥先进群体的带头作用，及时发现和制止越轨团伙的破坏作用。

3 大群体与小群体

群体规模即群体内成员的数目，它与群体凝聚力有密切联系，能直接影响到成员的感情和行为。因此，可以将群体划分为大群体与小群体。在这方面，可以从三个方面进一步区分：

① 2人与3人群体。

最先提出群体规模问题的是社会学家斯麦尔，他比较了2人群体与3人群体。在2人群体中，任何一人的退出都可导致群体的解体，这一事实迫使群体成员的不断参与，相互依存。2人群体成员间因此产生了特殊的亲密感、责任感、压力感。在3人群体中，即使一个退出，群体仍然存在，但是彼此间的亲密感、责任感都没有那么强烈；同时，成员间关系不再像2人群体那样面对面和公开，有了一定的匿名性和隐私性，“三个和尚没水喝”，就是3人彼此推卸责任的结果。

2人群体的另一个特点是，任何人都无法扮演中间人的角色，不存在多数派、少数派问题；而3人群体不仅可以居间调停，还会出现少数服从多数的局面。

② 小群体。小群体研究仅限于4~30人的群体。群体每增加一个成员，彼此之间的关系就复杂很多倍，不仅有两人关系，还有个人与群内其他成员之间的关系。群体成员的多寡、人际关系的变化直接影响到群体凝聚力的变化。

③ 大群体。在大群体与小群体的比较中，有两点是关键的，即群体的规模和群体成员之间的交往方式。

第一，群体规模的大小，影响成员的参与程度。在一般情况下，群体越大，成员平均参与群体活动越少。以班级为例，学员越多，每个人发言的机会越少。同时，群体规模的扩大，还会增强成员的拘束感，促进成员收敛自己的行为，进一步影响成员的参与程度。

第二，群体规模的扩大，不仅使成员参与机会减少，还将导致机会分配的不平衡，出现少数人一统天下的局面。

第三，群体规模扩大超过一定限度，将影响群体功能的发挥。成员太多，彼此间差异大，摩擦增加，群体内人际关系难以协调，群体难以正常发挥功能。

第四，群体规模越大，成员间沟通的机会越少，人际关系开始转向群内的沟通，成员间更多以间接方式交往。

二、群体功能

群体的功能可分为对个人的功能和对组织的功能。群体若想有成功的表现，不仅要满足成员的各种需求，使成员目标与群体目标一致，还必须有效地完成组织目标。

成员可能有各种各样的需求，有些需求必须通过学习、工作等活动才能得到满足，有些需求则可以从群体中获得。其需求可归结如下：

交往需求。个体在群体中可以与其他群体成员保持各种形式的联系，获得友谊、关心和帮助等。

安全需求。参加群体活动，获得他人的关心和帮助，以减少孤独和恐惧感，获得心理上的安全感。

自尊心需求。在群体活动中，受到别人的欢迎和尊重，获得一定的地位，都将使自尊心得到满足。

自我表现的需求。被群体接受本身就是对个体价值的承认和肯定。在群体中的个体可以体会到自身是社会的成员，从而确认自身在社会中的地位。

群体要想有良好的表现，首先必须善于帮助其成员寻求满足需要的活动，使之成为群体活动，才能使群体的目标与成员的目标一致起来，才能顺利完成上级组织分配下来的任务。

正式群体的主要目的是完成工作或学习任务。一个较高层次的组织要想有效地达到其目标，必须依赖于较低层次群体的分工协作。一个正式群体功能的最重要体现就在于它是否能有效地完成其基本任务，充分调动其成员的积极性，使群体为完成任务而有效地运转。

非正式群体也能完成上级组织下达的工作任务。研究表明，较高层次的组织利用非正式群体的消息传递路线，可以获得很多通过正式群体途径无法得到的信息。由此可见，非正式群体也是高层组织功能运转的不可缺少的组成部分。

执行任务、创造成就与满足成员的心理需要，是群体功能相辅相成、互相制约、互相促进的两个方面。一个群体只有有效地完成其基本任务，更多地创造物质和精神财富，才能最大限度地满足成员的基本心理需要。成员心理需要得到满足，才能充分发挥其为群体目标而奋斗的积极性，进一步促进群体功能有效地运转。

三、群体规范

一个群体有别于简单人群集合体的原因之一，是群体有一套成员应该如何做的行为规范。群体规范是群体成员共同认可并遵循的行为规范。

梅奥在对霍桑实验工厂接线车间的研究中发现，群体工作时，会产生出一种关于群体忠诚的非正式的、非书面的规章。根据这种规章，一个好伙计，既不能干活干得太快，使管理部门增加定额，也不能偷懒耍滑，完不成自己的任务；一起干活的人违反了厂规，不告密；不能势利眼，对同伴们表现出高高在上的样子。大家希望一个群体成员都遵守这些规范，如果一个工人违反了其中一条规范，就会受到其他成员的排斥和打击。

群体规范可能是由群体领导人根据该群体的情况制定的，也可能是在工作和学习生活中自然形成的。这些群体规范也许与主体文化规范高度一致，也可能有所差别。常言说："国有国法，家有家规。"群体规范虽然不像社会习俗、道德、法律那样明确、具体、广为人知，却与群体成员有着更为直接和密切的联系，就像生活在一个有法律规定婚姻自主的社会中，还要听从父母之命一样，群体规范往往是群体成员更为直接的行为准则。

群体规范可以分为正式规范与非正式规范。正式规范指在正式群体中明文规定的行为准则，如认真学习、工作，服从上级，尊敬师长等。非正式规范往往是成员间相互约定的，大家一致同意却没有明文规定。非正式规范有时甚至与主体文化规范相矛盾，而它对群体成员行为的制约能力往往还要胜过正式规范。群体规范还可分为一般的社会规范和反社会的规范。群体内部大多数规范是与社会主体文化规范相一致的。但也有些是反社会规范的，例如犯罪团伙中的哥儿们义气、凶狠、好斗等。这些犯罪团伙成员的行为准则，在多数情况下是与主体社会文化规范相抵触的。

群体规范是群体成员的行为准则，因此，人们可以依据它对群体成员的言行的影响做出肯定或否定的判断；同时使群体成员明确自身言行的准则，知道在群体内应该怎样行事。群体规范明确了群体成员行为的奖惩标准，保障了群体成员行为的一致性，从而维护了群体的稳定，发挥了群体的正常功能。群体规范对一个有效的群体而言，是不可缺少的。

四、群体压力

群体对个体的影响主要是通过群体压力形成的。群体压力是指群体对其成员的约束力，它直接影响着群体成员行为的一致程度，影响着群体效力的发挥。

群体规范形成后，群体成员会自动地、不加思考地与群体行为保持一致，所谓自动和不加思考实际上是群体规范内化的结果。群体借助规范的力量形成了一种对其成员心理上的强迫力量，以达到对其行为的约束作用，这种力量就是群体压力。群体压力与权威命令不同，它非明文规定，但它是群体内多数人的一致意见，虽不具强制性，却是个体难以违抗的。群体压力的影响，有时比权威命令更具效力。

1 群体压力的形成过程

人们趋于从众，是因为群体为他们带来了某些信息性的或规范性的压力。群体压力在形成过程中，如果发生分歧，经过辩论，个别人或少数派坚持己见，不肯妥协，多数人开始攻击固执己见的人。此时，个别人或少数派已感到压力极大，一开始可能为了面子而硬顶。对于少数不顾多方劝解和攻击，仍然固执己见的人，大家于是采取断绝沟通的方法，使其陷于孤立。这时个体会感到已被群体抛弃，处于孤立无援的境地，除非脱离群体，否则将处于一种极为难堪的境地。

2 群体压力的意义

群体压力约束了群体成员的异端行为，促使群体成员采取一致的行动。群体压力对于群体至少有以下两种积极意义：群体成员的一致行为有助于群体任务的完成及群体组织的存在和发展。群体压力促使群体成员以合作的方式在群体内互动，协调了群体内不同意见及矛盾冲突，增强了群体团结，维护了群体秩序，提高了群体效率。反之，如果群体内部毫无约束力可言，成员各行其是，必将降低群体效率，妨碍群体任务的完成，甚至会引起群体内部的冲突与分裂。但群体压力也容易压抑成员的独创性，压制民主。因此，群体也要注意帮助成员充分表现其个性，既要利用其压力保持群体的统一，也要允许具有独到见解的人来发挥其创造性，才能最大限度地发挥群体功效。

第二节 群体凝聚力及培养

一、群体有效性

群体有效性也就是群体的效力。任何一个群体若能同时完成执行任务与满足个人需求两种目标，该群体就是高效的群体。所以，群体的有效性可以从两个方面加以衡量：一是群体任务的完成情况；二是群体成员欲望满足的多寡。

通过一系列研究，社会心理学者发现，群体效力与三类变量有关：一类为独立存在的变量——自变量，主要指群体结构因素、工作难易与要求、环境因素；第二类为中间变量，这些变量既受到自变量的影响，又影响群体效力的发挥，这类变量是指人与群体的种种心理过程；第三类为因变量，即群体效力，包括群体活动的效率和群体成员的心理需求的满足程度。

群体效率是表明效力的重要指标，但非唯一指标。群体的功能不仅在于完成任务，还在于满足成员的心理需求。一个车间有很高的生产率，如果它是通过强制手段迫使工人工作，则群体虽然有足够的生产量，但使其成员心理需要满足程度降低了。这样的群体并不是有效的，对于一个群体组织而言，效率和士气是衡量群体成就或功效的最主要指标。

一般情况下，成员对所在群体不满时，群体凝聚力也将减弱，这样的群体组织肯定存在降低效率的倾向，缺乏可持续发展的潜力。

群体士气是指成员对群体组织的满足感及对群体目标的态度。它代表了成员在群体内需求满足的状态及为群体目标而奋斗的自愿程度。一个成功的群体组织，不但应该有高水平的工作效率或生产效率，还应有高昂的士气。但这种状态很难达到，因为高昂的士气，只是提高效率的必要条件，而非充分条件。提高效率还需具备许多其他条件，如群体结构是否合乎达到目标的要求，工作方法是否适合完成目标，环境条件是否有利于群体工作等。

二、群体凝聚力

（一）群体凝聚力的体现

我们常常看到，有些群体意见分歧，关系紧张，矛盾较多，不能很好地完成任务；有些群体意见比较一致，关系融洽，相互合作，任务完成得好；有些群体成员之间相互友爱，以作为群体的一员而自豪，对群体工作有强烈的责任感和义务感，这种群体具有积极的群体规范。群体的这种对成员的吸引力，在社会心理学中称为群体凝聚力。

群体凝聚力也称内聚力，是指群体在其规范的基础上，使全体成员情感共鸣、价值定向或行为保持一致的内在聚合力量，也有人把凝聚力解释为群体对成员的吸引力。

凝聚力表现在成员的心理感受方面，即为认同感、归属感与力量感。

1 认同感

在凝聚力强烈的团体内，各个成员对一些重大的事情与原则问题，都保持共同的认识与评价。这种认同感往往会相互影响，这种影响是潜移默化的，尤其当个人对外界情况不明和个人情绪焦虑不安时，团体其他成员对其影响更大。

2 归属感

表现团体凝聚力最重要的形式之一就是每个成员在情绪上加入团体，作为团体的一员，具有“我们”和“我们的”这种情感。当团体取得成功或遭到失败时，团体成员有共同感受，一部分成员也会为其他成员的成功感到高兴与自豪，从感情上爱护自己所属的群体。

3 力量感

在群体凝聚力强烈的条件下，当一个人表现出符合团体规范，符合群体期待的行为时，群体就会给予他赞许与鼓励，以支持其行为，从而使他的行为得到进一步强化，使个人信心更足，决心更大。

社会生活实践表明，并不是任何群体都能对其他成员的行为发生支持作用。一个群体若能对其成员的行为发生支持作用，则必须具有高度的凝聚力。一方面，成员本人对自己所属群体的态度是肯定的，即热爱自己的群体，群体对成员有一定的吸引力；另一方面，个人认为自己所属群体在社会中有一定的影响、地位与威信，因此，个人希望群体来支持自己与表扬自己。如果缺乏这两个先决条件，即使群体要去支持成员的行为，也起不了多大的强化作用。

总体来说，群体凝聚力表现为知、情、意三方面。归属感是给个人情感上的依据；认同感则对个人的认知给以知识与信息；力量感则给个人以力量，使个人的活动能坚持不懈。

群体凝聚力既包括群体成员与整个群体的内在聚合力，也包括群体成员间的内在聚合力。

（二）凝聚力的作用

群体凝聚力对群体及其成员发生的作用，表现为群体对成员的控制力量的增强，群体成员的自信心与安全感的增强等。

1 增强群体的控制力

在凝聚力增强的群体中，成员都愿意留在自己所属的群体中，怕被排斥于群体之外，因此容易接受团体的监督与控制，遵守团体的规范，积极参加群体组织活动，承担群体规定的义务，努力实现共同目标。

成员为了保持与群体的一致性，在遇到群体舆论压力时，亦容易产生从众行为和服从行为。沙赫特曾研究了凝聚力强度显著不同的两个群体，让两个群体的成员各自讨论解决一个问题，在这过程中有三个实验助手也作为群体成员，他们扮演了不同角色，其中一名故意表示赞同群体意见；一名故意先发表不同意见，然后同意从众者；另一名则自始至终坚持不同于其他成员的异议者。结果发现，上述两种群体的许多成员都试图改变异议者的初衷，他们好言相劝，一旦发觉异议者坚持自己观点，就对他不理不睬，甚至将他排斥在群体之外。一般来说，凝聚力强烈的群体，排斥现象更为严重。

凝聚力强的群体能控制成员的行为，对群体的工作效率有很大影响。研究表明，群体凝聚力与群体工作效率并不总是呈正相关。沙赫特将被试者分为5个组，控制了不同的实验情境：一是强凝聚力+积极诱导；二是强凝聚力+消极诱导；三是弱凝聚力+积极诱导；四是弱凝聚力+消极诱导；五是对照组。凝聚力的强弱是由指导语的控制产生，积极或消极的诱导是用群体其他成员的名义写的纸条递给被试，积极诱导要求增加生产，消极诱导则要求减少生产。各组的生产任务是制作棋盘。对照组是在没有上述两种控制条件下从事生产劳动。实验组分为两个阶段进行。第一个阶段共16分钟，每个实验组被试收到6次诱惑。研究结果表明，实验第一阶段，各组成绩并无差异，而在实验的第二个阶段，凝聚力的强弱与不同的诱导产生了两种明显不同的效应，从而使群体生产率产生明显的差异。积极诱导能提高生产率，尤其是对强凝聚力组的作用更大，该组的成绩最好；而消极诱导则会降低生产率，尤其是对强凝聚力的组，该组成绩最差。这一研究结果显示出，强凝聚力更易受诱导的影响。

上述结果说明，要提高任何一个团体的工作效率，最重要的是要引导群体向正确方向发展，若方向不正确，群体的凝聚力越强，小群体主义倾向越严重，反而会阻碍群体的工作效率。

2 增强成员的自信心与安全感

在强凝聚力的群体中，各个成员之间的观点一致，关系融洽，相互支持，从而在心理上增强了自信心与安全感。成员对于自己所属的群体以及自己的评价也会随之而提高，从而更加热爱自己所属的群体，将群体作为自己的后盾与“靠山”。

要了解和分析一个群体的凝聚力的高低，可以进行心理学测量。测量凝聚力有几种方法，例如，请群体每一个成员评定自己对其他各成员的感情，然后把这些评定加在一起。心理学家多伊奇曾提出一个计算凝聚力的公式，这个公式可以用于实际测定：

群体凝聚力=成员之间相互选择的数目/群体成员中可能相互选择的总数目

（三）群体凝聚力产生的条件

一个群体是否有凝聚力，凝聚力有多大，取决于群体本身以及它所处的情境。

1 目标整合

群体是由不同的个体组成的一个整体，整体有整体的目标，个体也有个体的目标，两者的目标如能统一起来，保持一致，称为目标整合。目标整合原则指两个方面：对群体来说，总目标应该包括和满足个体的需要和愿望，使个体目标在群体内得以实现；对群体成员来说，各个个体目标必须与整体目标一致，或趋向于统一，当整体目标与个体目标发生矛盾时，应以整体利益为重，修正个人目标，甚至牺牲个人目标以顾全大局。

2 志趣相投

志趣相投是指成员在动机、理想、志向、信念、兴趣、爱好等方面的一致。而上述心理品质是个性心理结构中的重要组成部分和最活跃的因素，是个人行为的内在动力和个人积极性的源泉。

3 心理相容

心理相容是指群体中成员与成员、成员和群体、领导和群众、领导人之间的相互吸引、和睦相处、相互尊重、相互信任、相互支持。若是不相容，则表现为相互排斥、相互猜疑、相互攻击、相互歧视。

4 互补

一个群体内，每一个成员所扮演的角色不同，完成的工作任务不同，因而，既需要具有不同智力水平的人们，也需要具有不同智力结构的人们共同协作，取长补短，才能出色地完成工作任务。群体成员在智力、性格、气质和年龄等方面若能互补，则往往会增强群体的凝聚力。

5 外界的压力与威胁

当群体处于外界的压力下，或遇到外来的威胁时，群体的凝聚力会提高。迈厄斯的研究证实了这一点。迈厄斯组织了几个三人一组的步枪射击组，设置了不同的情境，即让有些组进行彼此的竞争，有些组不搞竞争。结果表明，开展组间竞争的组比不竞争的组团结得更紧密，成员之间彼此吸引、相互合作、亲密宽容。

三、如何增强群体凝聚力

培养、增强群体的凝聚力是群体管理者的重要职责和追求的目标。在这一过程中需要注意以下几点：

第一，群体目标必须与绝大多数个人目标一致。群体是由个人构成的，群体利益的扩大和增长同时也就是每个群体成员个人利益的扩大与增长。群体利益并不是个人利益的简单相加，而是在更高的程度上代表了每个成员的根本的、长远的利益。群体在确立目标时，必须考虑与绝大多数个人目标一致。只有这样的目标，才能为成员所赞同、拥护和支持，才能使成员产生认同，从而把集体事业的成就同个人的发展结合起来，把个人目标融合于群体目标之中，才能在群体中激发起集体荣辱感，形成强大的凝聚力。在群体目标与个人目标一致的基础上，群体凝聚力对促进生产效率的提高才有现实意义。如果群体目标脱离实际，或与绝大多数个人目标相悖，这样的目标，就不能得到成员的认同，成为无本之木，无源之水，因为得不到成员的拥护而只能是空中楼阁。

第二，要充分实行民主管理。领导方式民主化，能够缩短“领导”与“被领导”之间的距离，能够淡化“管”与“被管”的矛盾，获得群体成员的信任，需要管理者或自然领袖更多地倾听到成员的呼声，接受和采纳群众的意见，使决策过程民主化，避免武断。在实行民主管理中，要保持良好的意见沟通。群体成员之间、成员与领导者之间、领导者与领导者之间沟通渠道要畅通，坚持双向沟通。一方面，要把领导的决策、计划和工作目标告诉全体成员；另一方面，要让群体成员有参与决策的讨论和发表意见的机会。这样，才能够使群体成员充分表现自己的聪明才智，人们在自己的意见或建议得到群体肯定的时候，会感到极大的满足，因此而自豪、自信、自强、自制，满足心理的需要。言行也会更加顾及群体利益，服从群体目标，更加勇敢地接受群体给予的任务。民主领导方式能够使群体成员增强主人翁意识和参与感，产生集体的价值观念，能够满足他们的尊重和信任的需要，可以调动群体成员的工作积极性，可以沟通信息，统一认识，让群体成员了解决策的内容、任务、方法、步骤，以及群体与个体利益关系的一致性，从而为实现群体目标自觉地行动，自觉地维护群体的利益和声誉。专制的领导方式只能加深“领导”与“被领导”之间的矛盾，造成众叛亲离的局面；放任式的领导方式只能使群体松散，丧失战斗力。只有民主式的领导方式才能使群体保持向心力和凝聚力。民主就像伸开的手指，集中就像握紧的拳头，充分民主而高度集中才会形成强大的凝聚力。

第三，要人尽其才。人才成就事业，要在开创事业中发现和造就人才。同时也要看到人无完人，不能求全责备，对人要巧于驾驭、善加管理、用其所长。群体领导要根据成员的文化程度、智力水平、身体状况、专长、气质类型、性格特点、兴趣爱好、心理素质等情况合理安排工作，做到量才用人，使其各尽其能。这样有助于发挥个人的潜能，使群体成员实现其自身的价值，全面调动每个成员的工作积极性和创造性。

第四，群体领导要在成员中树立起良好的形象。领导者是群体的核心，直接影响成员的思想情绪，“桃李不言，下自成蹊”。领导者的素质如何、水平怎样，直接影响群体吸引力的强弱、凝聚力的大小。古人曰：“其身正，不令而行，其身不正，虽令不从。”群体领导要以身作则、严于律己、宽以待人、勤政廉洁、作风正派；要坚持原则，办事公道，处理事情不论亲疏，不偏不倚；要扶正压邪，使群体正气上升；关心、尊重、理解、欣赏、支持其群体成员。这样，就能激发群体成员积极向上的斗志和工作热情，增强群体成员对群体的认同感以及对领导的信任感，从而形成较强的凝聚力。

第五，思想政治工作要贴近群体成员的思想实际。群体领导要结合企业生产经营的实际，结合群体成员的思想实际，积极开展思想工作。群体领导者要从“管人”转变到“育人”、提高人的思想素质上来。要讲究工作方法、技巧和艺术，增强思想政治工作的实效性和渗透力。要善于调解矛盾，理顺情绪，协调好成员之间的人际关系。做好后进成员的思想转化工作，关心他们、感化他们。当他们有缺点时，批评要注意时间、场合、情绪，要给他们留有一定的余地，不要伤其自尊心；要晓之以理，动之以情，因势利导，循循善诱；必须处罚时，一定要讲清道理，让其明白自己错在哪里，后果如何，使其口服心服；当他们有进步时，要及时表扬或奖励，使其觉得不因有错而受歧视、受冷落，使其提高自信心。从而增强群体成员的主人翁意识和凝聚力。

第六，要加强企业文化建设。蓬勃的企业精神，是企业凝聚人心、鼓舞斗志的力量源泉，良好的企业形象是企业整体素质的外在表现，先进的企业文化是企业在市场经济条件下持续发展的内在动力。要逐步形成具有本企业特点的一种企业理念，树立一种企业精神，培养一种企业作风，塑造一种企业形象。通过塑造共同的价值观念、道德观念和思维方式，提高群体成员的素质和管理水平，"内强素质，外塑形象"，才能不断强化企业凝聚力、市场竞争力和内在动力。

第七，要使群体的业余活动丰富多彩。现代工作生活节奏日渐加快，人们精神压力也日渐增大。同时，大多数人日复一日都是重复着干那些工作，因此，单调、乏味、枯燥、机械、呆板是这些人共同的感受。久之，便会产生了厌烦感，使群体吸引力减弱。

第八，注重心理工作。群体的凝聚力需要其成员具有良好的心理素质，保持健康的心态。在性格方面，具有自信、自爱、自强、合群、乐观、开朗等健全的人格，具备自我认知能力、人际交往与沟通能力、竞争协作能力、心理应变能力、承受挫折能力、情绪调适能力、自我控制能力等非智力的心理能力。正式群体在引进成员时要注意考核其心理素质，同时加强对现有员工的心理素质培育，建立必要的心理辅导机制，使群体成员心中有话有处说，苦恼有处诉，忧愁有人排，困惑有人解。在群体中获得心理上的最大满足，从而提高成员的心理满意度，增强群体的凝聚力。

第三节 群体心理管理

一、竞争与协作心理管理

成员在群体内的互动方式也是影响群体凝聚力的重要因素，竞争与合作是群体内两种主要的互动方式。

在群体中成员可以彼此以合作的方式互动，他们可以互相帮助，互相沟通，为群体成员的共同利益而协调行动。有些群体、成员间有时以互相竞争的方式互动，他们将个人的利益放在首位，努力表现自己的超人之处。

合作的实例很容易举出：同一宿舍的人轮流打扫室内卫生、夫妻分管家务等都是合作行为。合作是指至少两个人通过相互提供活动，不仅有益于本人，而且也有益于对方。

竞争是指每个人都在努力，以求达到自己获得最高报酬或胜于对方的互动方式。竞争行为在体育比赛中最为常见，在日常生活中也随处可以见到。例如，学生考试时想得第一名，人们要抢先得到某物或做某事的机会，都是竞争心理的表现。研究发现，虽然合作似乎给人们带来了更大的收获，但在社会互动中多数人宁愿竞争而不愿合作。

在社会互动中，人们不愿合作，宁愿竞争，那么在群体内部是展开竞争有利，还是合作有利呢？道奇做了一个简单试验说明合作与竞争如何影响群体凝聚力。研究者对某一班级的一半学生说，他将以合作为基础给学生打分，全班学生都是同一分数，关键在于大家在辩论时如何成功地击败其他班级。对另一半学生，研究者告诉他们将以竞争为基础打分，谁对所辩论的问题贡献大，谁的得分就高。研究结果表明，合作解决问题的群体要比竞争解决问题的群体协调，合作群体成员比竞争群体成员更能采纳别人的意见，更能友好相处，而竞争群体成员彼此很少沟通，观点重复，容易产生误解，成员间互相侵犯，心情压抑。研究说明，在一般情况下，竞争影响群体内人际关系的协调，破坏群体凝聚力。

有许多因素影响群体成员的竞争与合作。成员之间的沟通程度是最重要的因素之一。一般而言，沟通的机会越多，合作的可能性越大。在道奇等人的研究中，曾设计了3种不同的沟通情况：第一组被试要求彼此沟通信息，第二组被试只是提供一些谈话的机会，第三组不允许彼此沟通。结果发现彼此沟通组产生了一些合作行为，不允许沟通组极少合作。沟通将起到促进群体成员合作的作用，他们有了讨论计划、相互依赖、相互学习的机会，就有了合作的前提和可能性。

群体规模也能影响群体内的竞争与合作。研究发现，随着群体人数的增加，合作行为会减少。群体成员的增加，使成员对群体的责任心降低，自利行为更具隐蔽性，合作也因此而减少。

最后一个因素是相互性，这是人际关系的一个基本要素。人们行为的基本准则之一是以德报德，以怨报怨。在社会互动中，如果以竞争为开端，将引起更多的竞争行为。增强合作最好的办法是相互妥协，彼此让步。这是人与人之间合作的基础，也是群体成员协调的前提。

在群体心理管理中，需要注意竞争与协作的引导，首先要帮助成员既树立必要的竞争意识、竞争勇气与竞争的规则，在需要竞争时，勇于竞争、善于竞争，合理竞争。与此同时，高度重视成员协作意识、团队精神的培养，在必要时，能够相互配合、相互支持、相互奉献、相互忍让。通过竞争，增强群体的斗志与活力，开发成员的潜能；通过协作，增强群体内部的和谐与凝聚力。

二、非正式群体及管理

（一）非正式群体的类型

根据形成原因，可将非正式群体分成五种类型：

1 利益型

以利益关系为基础形成的群体。如因共同利益的维护而形成的乘客群体、业主群体、既得利益者群体、受害者群体以及盗窃团伙、抢劫团伙、走私团伙等等。它们以利益关系一致来维系成员间的关系。

2 爱好型

以共同兴趣爱好为基础形成的群体。如学校里的各种课外兴趣小组；企业里、社会上的各种业余活动组织，如业余球队、爱鸟协会、各种业余的俱乐部等。

3 信仰型

以理想、信念、志向的一致而形成的群体。如学校、机关、企业里几个人自觉组织起来的理论学习小组或研究会等。

4 情感型

以日常交往形成的友谊来维系的群体。如同学会、同乡会、联谊会、流氓团伙。

5 亲缘型

以血缘关系形成与维持的群体。如农村中的宗族派系。

（二）非正式群体特点

非正式群体有其不同于正式群体的特点，如：

1 有较强的凝聚力

因为这种群体的成员观点、爱好、利益相一致，感情融洽，关系密切，相互信任和支持，行为一致，心理和谐，因此有较强的凝聚力和排他性。

2 有较强的影响力

由于这种群体成员的利益、观点、爱好，以及感情上的一致，有服从群体规范的自觉性，对群体有较强的归属感，愿意服从群体的约束，所以群体对成员有较强的影响力。成员的从众行为、标准化倾向很强烈，信念和行为有高度的一致性，甚至达到模式化的程度。

3 有自然形成的领袖人物

在非正式群体形成和发展过程中，自然涌现出有威信的带头人当“头头”，他对其他成员有精神上的支配权，所以大家都服他。

4 群体中信息沟通灵敏

非正式群体的成员之间由于感情融洽，交往频繁，因此信息沟通得很快，容易造成舆论上的一致，小道消息或谣言容易在这种群体中传播。

5 有较大的重叠性和不稳定性

非正式群体的成员可以同时参加几个非正式群体，如一个人可以是某研究小组的成员，又是业余篮球队队员，还可以是业余歌咏队的成员等等。另外，这种群体往往是不定型、多变的，群体成员的某种利益、目的、想法、活动达到，群体也就散伙了，而且脱离这种群体也比较随便，无需任何手续，所以散伙很容易。

（三）非正式群体的作用

非正式群体起的作用如何，要作具体分析。整体上讲，非正式群体既有积极作用的一面，又有消极作用的一面。具体到某个非正式群体的作用是积极的还是消极的，关键的衡量标准是该群体的价值取向与正式群体的社会目标是否一致，如果一致的，作用就是积极的；不一致的，作用就是消极的。

应当肯定，多数非正式群体与正式群体不存在根本利益的冲突。如果管理者善于协调二者的活动，善于对非正式群体做引导工作，非正式群体还是会发挥积极作用的，而且作用还会比较明显。例如，企业改革方案制订之前，先让业余理论学习小组就企业如何改革作番研讨，提出意见建议，提供思路，这对改革无疑是有益的。又如企业技术革新改造遇到难题，交给技术攻关小组去攻关，效果往往很明显。再如，企业内各种业余文体小组活动的开展，既对职工个人身心健康有益，也对正式群体工作开展有利。另外，也可以利用非正式群体凝聚力强、信息沟通快、舆论一致、情绪稳定等特点去感染、影响正式群体，把这些特点融入正式群体之中，这样做，则有利于高凝聚力正式群体的建设。

如果非正式群体的价值取向与正式群体社会目标不一致，甚至相悖，并且又没有给予及时的引导，其作用就会是消极的。非正式群体消极作用大致有这么几方面的表现：一是非正式群体活动往往过于频繁，活动时间持久，影响成员的休息，以致在工作（生产）中精力不足，注意力分散，从而降低效率，乃至出现事故。二是非正式群体成员间感情亲近，一人受批评产生不满情绪，容易波及到其他成员，一起产生消极、抵触情绪，甚至可能由此引发事端，影响正常生产（工作）秩序。三是非正式群体凝聚力强，成员间交往、沟通多，所以最容易传播小道消息，引起思想混乱。此外，有些有反社会倾向的非正式群体，如流氓、盗窃、抢劫、走私、赌博等团伙，是社会的害群之马，他们的能量越大，危害越大。

（四）非正式群体的管理

非正式群体可以成为正式群体工作开展的一支生力军，也可能会是一群害群之马，这就需要对它们加强管理。

1 摸清情况

在正式群体中存在着非正式群体，这是一种普通现象，是客观事实，是人际关系的一个重要方面。从满足成员的心理需要看，这可作为正式群体的有力补充。所以管理者应掌握本单位有多少主要的非正式群体，并了解它们产生的原因、背景、思想倾向、成员构成、领导核心、行为目标以及活动方式等，做到心中有数，并能因势利导、发挥其积极作用，限制其消极作用。如果对非正式群体采取粗暴或禁止态度，效果往往适得其反；如果采取放任自流的做法，也会影响非正式群体健康发展和积极作用的发挥。

2 区别对待

根据非正式群体社会意义的不同，非正式群体可分为四种类型：

①积极型。这种群体的活动可以促进正式群体目标的实现。它们是一种积极力量，应予以支持保护。

②无害型。这种群体对正式群体目标的实现无损害，然而也不十分关心它的实现。对这样的群体不应排斥，也不应冷落，而应积极地加以引导。

③消极型。这种群体对正式群体目标的实现有阻碍与干扰，应采取措施改变其消极行为。

④破坏型。这种群体的活动会危害正式群体和组织目标的实现，也

会危害社会，因此经教育无效的，应采取果断措施，予以取缔或制裁。

3 注意方法

加强管理对任何类型非正式群体都是需要的，但管理的方式、方法应当正确。

（1）注意目标导向。

使非正式群体的行为目标与正式群体和组织的目标相一致，相配合。为此要组织、引导他们提合理化建议和参加各项革新活动，尽可能使组织目标与他们的切身利益相结合，同他们的心理需求相联系，以吸引他们的注意力，充分发挥他们的创造力。

（2）注意联络感情。

情感是形成非正式群体的基础，也是管理非正式群体的一个重要途径。只有与其成员真诚相待、密切联系、加深理解、消除隔阂，建立友谊，才能实施影响。对他们自发组织起来的各种有益活动，应给予物质上和精神上的支持，并参加他们的活动，促使其活动健康发展。

（3）做好核心人物的工作。

因为非正式群体的领袖人物威信高、影响大、说话灵，他们的意志和行为对群体成员的影响力大，因此做好他们的工作可以影响一批人。对核心人物，管理者应以同志式或朋友式的平等态度关怀他们、信任他们、尊重他们，充分调动他们的积极性，激发他们的创造性，并通过他们去带动其他成员的积极行为，防止和克服消极行为；意见有分歧时，要尊重他们，耐心交流、充分讨论，不要强加于人。做好核心人物的工作，是协调与非正式群体关系的关键。

（4）分类管理。

对非正式群体的管理，方法上应根据非正式群体的不同类型确定不同做法，不搞一锅煮，不用同一种方法模式进行管理，以求实效。

总之，搞好非正式群体的管理，无论是对正式群体或组织目标的实现，还是对单位内部人际关系的协调，都有重要影响。所以，企业管理者应该对其有足够的重视。要认识非正式群体存在的必然性，注意区别对待，对积极的扶持，对中性的引导，对消极的改造乃至取缔。同时应注意协调非正式群体与正式群体两者之间的关系。

三、群体冲突

每个单位都存在若干个群体，每个群体都由若干个体组成。群体与群体、个体与个体之间总会因对这样那样问题的看法不一致而产生分歧与冲突，这是一种普遍现象；只要分歧与冲突没有发展到势不两立的地步，也是正常的，关键是处理好分歧与冲突，不让它造成危害。应使信息沟通渠道畅通，在沟通中达到互相了解，平息冲突，形成共识，搞好团结。

（一）冲突的含义及其研究意义

一般意义上讲，冲突即矛盾。从心理学角度看，冲突是指目标、观点的互不相容或相互排斥，在群体或个人心理上形成的矛盾状态。冲突可分为三类：

一是个人心理冲突。表现为个体面临不相容的目标时所产生的左右为难的心理体验。

二是群体内个人之间的冲突。表现为群体成员因对某人或事认识、情感、态度、利害关系不一致而发生的意见分歧。

三是群体与群体之间的冲突。表现为群体之间目标利益或对某一事件认识发生的矛盾、分歧。

冲突具有两重性，即冲突不仅有消极的一面，还有积极的一面。

积极的一面是指在一定条件下冲突有利于群体工作开展和目标的实现。比如企业改革中，不同群体、不同个人，对改革方向、改革内容、改革做法，会有不同的看法，出现意见分歧，产生冲突。但如能使不同的看法和意见都摆到桌面上，共同讨论，进行沟通，在讨论和沟通中，互相了解与理解，集思广益，互相补充，形成一致的意见，这对改革的顺利进行就十分有利。

消极的一面多指不同群体或个人之间，争权力、争地位、争利益等冲突，这样的冲突会影响群体之间的协作关系，影响群体内部凝聚力和士气，最终就会影响群体目标的实现。所以这种冲突自然是破坏性的、是消极的。就个人而言，如若目标抉择陷入两难之中而不能摆脱，会使人因苦闷情绪的笼罩而影响工作，影响生活。

现实中有一种现象，群体中某领导者发表了意见，下边无一人提出异议。这种“一边倒”现象，表面看绝对一致，没有矛盾，然而这往往与领导作风有关。专制式领导下的一致，往往掩盖着更大的矛盾与冲突。因为人与人之间因个性差异和其他原因带来的认识不同是自然的，所以有矛盾是正常的，无矛盾反而是不正常的。矛盾具有普遍性，冲突也就在所难免。因此，不能一味地排斥冲突，而要正确区别与对待冲突，设法驾驭和解决冲突。研究冲突的意义也就在于通过研究，了解冲突成因，达到正确区别和对待冲突，寻求解决冲突的方法途径，达到有效地平息、消除冲突，从而使群体能团结协作，使群体成员能友好相处，大家齐心协力为群体、为企业目标实现而尽力。

（二）群体成员间的冲突原因

1 个性差异引起的冲突

群体成员因生活环境不同、经历不同、所受教育不同，因而个性心理就会有差异。这种个性差异，如果沟通不畅，不能互相理解和心理相容，又不能自我管制，就可能引起矛盾，产生冲突。例如，脾气暴躁、不能接受批评的人；自高自大、瞧不起他人的人；嫉妒心强，难容他人也难被人容纳的人；狡诈多变、自私自利的人，都容易与人发生冲突。又比如重名誉与重经济实惠的人，在处理具体问题时也会因价值判断不同而产生冲突。

2 年龄、角色差异引起的冲突

一个群体中不同年龄的人，由于认识水平、处事经验不同，容易互相有看法，如年长的往往认为年轻人办事缺乏经验靠不住，产生不信任；年轻的则往往认为年长者因循守旧、固执，听不进他人意见。这样一来，倘若沟通不畅，就会感情疏远、互不理解、互不信任，从而造成工作不协调，引起矛盾、冲突。

另外，群体是一个分工协作的整体，每个成员虽然职责不同、扮演角色不同，但又必须在各负其责的同时，互相支持与配合，才能共同完成好集体任务。然而，往往由于思想素质的差异，有的成员自私、过分强调自我角色的重要，结果导致矛盾与冲突产生。现实生活中，这种现象是不少见的。

3 奖惩问题引起的冲突

由奖惩引起群体成员间冲突可能有几种情况：一是我国实行“各尽所能、按劳取酬”的分配原则，因领导没有认真执行，没有真正做到奖勤罚懒，报酬分配不公平，而引起勤者与懒者的矛盾冲突。二是领导认真执行此原则时，因它意味着报酬必然拉开档次，如果思想工作没跟上，吃惯“大锅饭”的人会因不理解而不满，出现纠纷与冲突。三是工种相同而设备条件不同的劳动定额以及劳动能定额与难以定额等诸如此类的奖惩问题，在定额标准难能准确公平的情况下，容易促使冲突发生。四是领导者在对待成员晋职晋级等涉及切身利益的问题上处理不公、不当，也容易引起成员之间闹矛盾。这些因奖惩问题引起的冲突，原因有领导者在廉正公道存在的问题，也有群体成员思想观念不健康的问题，再者是奖惩机制还不完善、不科学。

以上三种群体内部的冲突，管理者应及时予以解决。对群体成员中因个性、年龄、角色差异引起的矛盾冲突，可以通过成员间加强沟通，达到相互加深了解，多着眼对方的优点长处，使彼此心理相容。同时，管理者做好引导、劝说的思想工作，解决认识上的分歧，促使冲突的解决。在以上方法解决不了时，可以考虑据情况调换个别人的工种或部门，以减少接触、淡化矛盾。对因奖惩而引起的冲突的解决，首先是领导加强廉政修养，使用好手中的奖惩权；再者是完善奖惩机制，使劳动报酬尽可能公平、合理，同时配以必要的思想工作，使冲突尽可能减少。

（三）群体与群体之间的冲突

一个群体总是由若干个小群体组成，由于客观因素与主观因素的影响，群体之间不免发生一些矛盾，进而导致冲突。

群体成员间的冲突主要有：

第一，各群体在总目标之下，各有自己的目标，在这些目标实现的过程中，从物质条件上讲，有人力资源、设备、材料、资金等的需求，而这些方面数量是有限的，与各群体的需求往往是有矛盾的。如果各群体有小团体主义，都想自己多得，不考虑兄弟团体，或者领导分配不公，偏袒哪一个群体，都会导致群体之间的冲突。这是群体间发生冲突的主要原因。

第二，每个群体在大群体中所占的位置、充当的角色不同，对事物的理解就可能不同，看问题的出发点也会不同，也会引起群体之间的冲突。

第三，个别群体，特别是这种群体的负责人，在荣誉地位面前，心术不正，要手段争夺，往往也会因此引起群体冲突。

群体之间一旦有了矛盾冲突就应妥善解决。解决需要根据不同情况采取不同方法。

（1）协商解决法。以上所谈冲突，无论是个人之间冲突还是群体之间冲突，均为人民内部矛盾。在共同利益的大前提下，共同协商，双方遵循“顾全大局，求大同存小异，互谅互让，多做自我批评”的原则，同时摆事实、讲道理，在沟通辩论中使认识达到一致，使冲突得以解决。

（2）仲裁解决法。当协商无效时，可以请第三者出面调解进行仲裁，使冲突得到解决。仲裁者要有权威，是冲突双方都能接受的人物，仲裁者提出的解决方案要公道，这样才有利于冲突的解决。

（3）权威解决法。在以上协商、仲裁不能使冲突得到解决时，可以由主管部门做出裁决。以“下级服从上级”的组织原则，强迫冲突双方执行命令，甚至将当事人调离岗位。这种方法往往是不利于冲突的彻底解决，然而需要当机立断时，就要采用此方法。不过做出决定之后，还是要做思想工作，使人的认识真正得以提高，才是消除冲突的根本办法。

（4）暂缓解决法。有些问题虽然冲突很厉害，但一时难以判断对错、是非，不妨先放一放，暂缓解决。这样矛盾有时会容易解决，即使未得到解决，也会使是非、对错明朗化，便于“对症下药”加以解决。

解决冲突的方法还有许多，仅介绍以上几种，这些方法的掌握运用，对解决冲突，不仅对群体领导是重要的，对其他群体成员也有作用。

四、群体沟通

（一）沟通的含义及作用

1 沟通的含义

沟通即联络、通讯、交往、交流的意思。沟通可以是通讯工具之间的信息交流，也可以是人与机器之间的信息交流，还可以是人与人之间的信息交流。后者是社会心理学、管理心理学等学科的研究课题之一。

无论是哪种形式的信息交流，都遵循信息传播的一般规律。沟通最基本的要素是：信息发出者、信息、讯道、信息接受者。“信息发出者”是信息沟通的主体，是有目的的信息传播者。“信息”是沟通的内容，表达沟通主体的观念、需要、意愿、消息等。“讯道”是信息传递的途径，即传递媒介，或说载体。如人、动物、书、报、影视、声、光、电等。“信息接受者”就是信息传递的终端。“信息接受者”接到信息后，必须经过译码，即依据过去的经验对信息进行理解，然后将自己对信息的态度反馈给信息发送者。

人与人之间的信息沟通，不同于通讯设备、人机之间的信息交流，其意见、信息交流主要是通过语言进行的。在沟通过程中不仅有信息交流，更有情感、态度、思想观点的交流。可以说，心理因素在沟通中起着重要作用。人的知识、经验、职业和观念会对沟通结果产生重要影响甚至形成特殊障碍。

2 沟通的作用

第一，从沟通中能够获得国家法律、方针、政策和国内外科技进步、产品更新和市场动态等外部环境情报资料，为群体工作开展，进而为群体和企业目标实现提供法律、政策等依据。

第二，沟通能为企业和群体提供内部信息。如群体成员需求状况、成员的工作士气、群体凝聚力大小、管理效能状况等等，都需从沟通中获得。这种内部信息沟通同外部信息沟通相配合，是搞好群体管理和企业生产经营，使企业在竞争中立于不败之地的一个关键性条件。

第三，沟通是群体领导者与群体成员增进互相了解与理解的基本方法途径。沟通可增加领导工作透明度，帮助职工明白工作任务、理解企业目标、了解具体要求和存在的困难，因而有利于统一大家的意志和步伐，有利企业目标的实现。沟通还能使管理者及时了解职工的意见、要求和情绪状态，这有利于管理者进行决策、制定政策措施以及计划制定与调整。

第四，沟通对人际关系调节有重要作用。群体成员沟通过程中，彼此传达意见、看法，表达喜怒哀乐情感，互相满足交往需要和友谊需要，由此能产生亲密感，从而加强团结，改善和调节人际关系。而且，群体与群体之间的沟通，不仅是互通信息，协调工作，还是建立情感联系，工作互相支持与密切配合的重要途径。

（二）信息沟通分类

1 正式沟通与非正式沟通

正式沟通是通过组织明文规定的渠道进行的信息传递和交流。如企业制定的汇报制度、会议制度，按组织系统逐级进行的上级指示的下达或下级情况的向上级反映等等。

非正式的沟通是在正式沟通渠道之外进行的信息传递和交流。如员工之间私下交换意见和议论某人某事以及传播小道消息等。现代企业管理很重视研究非正式沟通，因为人们在非正式沟通中往往表露出其真实的思想和动机。

2 上行沟通、下行沟通与平行沟通

上行沟通。指下级情况、意见通过组织系统向上级反映的沟通形式。群体中这种沟通渠道畅通，领导者才能全面地掌握下级的情况，才有可能做出符合实际的决策。

下行沟通。指企业内部上级管理人员向下级人员传达指示、命令等的沟通方式。如上级向下级指示工作方针与目标，指派工作项目和程序，通报企业内部工作情况与成果，对职工进行思想政治教育等。下行沟通应注意几点：一是要提供新信息，以引起职工的兴趣；二是注意下级的情绪，发扬民主作风、不搞专制独裁、不搞一言堂、不失民心；三是讲究沟通艺术，说实话、短话，要生动风趣和有教育性。

平行沟通是指同一层次的组织人员之间的信息交流，它是保持组织间正常关系的重要条件。此沟通渠道畅通，可避免部门之间的矛盾和冲突。

3 单向沟通与双向沟通

单向沟通是指沟通整个过程中，信息自始至终是由发送者向接收者传递的沟通方式。双向沟通指沟通双方互相传递信息，双方互为发信者与接收者的沟通方式。两种沟通方式比较而言，单向沟通比双向沟通速度快，但双向沟通比单向沟通准确。从程序上看，单向沟通安静、规矩，双向沟通混乱无秩序。在双向沟通中，接受信息者对自己的判断有信心、有把握，发出信息者感到心理压力大，因为随时会受到对方的批评或挑剔。

单向、双向沟通各有长短，应根据不同的情况选定沟通方式。如需要迅速传达的信息，用单向沟通效率高，但准确性可能差。需要准确传达的信息，用双向沟通效果好，但速度可能慢。一般对急需完成，又比较简单，只需沟通观念而不需回馈时，多采用单向沟通方式。

4 口头沟通、书面沟通与混合沟通

口头沟通是指会谈、讨论、会议、演说以及电话联系等。书面沟通是指布告、通知、刊物、书面报告等。混合沟通指口头与书面沟通配合使用。

实验表明，口头与书面混合方式沟通效果最好，口头方式次之，书面沟通效果最差。在管理工作中，一般情况下，这几种形式都不可少，而各有其优缺点。例如，书面沟通比较正规，具有权威性，传递中不易被歪曲，可长期保存，反复阅读。口头沟通比较灵活、迅速，双方可自由交换意见，而且口头沟通不仅可以传递信息，同时可传递情感、态度等，所以在企业管理中对口头方式更为重视。但口头沟通应注意口齿清楚、言语简洁、抓住中心，否则容易降低沟通效果。混合沟通则兼有口头和书面两种沟通的优点。

（三）沟通网络

沟通网络是指由不同的沟通渠道所组成的沟通格式。沟通网络有不同的形态，大体分为两大类，即正式沟通网络和非正式沟通网络。

1 正式沟通网络

正式沟通网络，即由正式沟通渠道所形成的沟通格式。管理心理学家巴维拉斯对不同沟通格式如何影响群体与个体行为，以及不同沟通格式的优缺点进行过比较实验研究，提出比较典型的沟通格式是链式、轮式、环式、全通式和Y式五种，如图6-1所示，它们各有优缺点，对群体和个体行为影响不同。

（1）链式网络

指信息垂直逐渐传递。如上级单线向下级逐级下达指示、命令，或下级单线逐级向上汇报情况、意见，这就属于这种格式。这种格式的沟通只有上下纵向运行，没有横向联系，并且信息沟通较快，正确性较高，但缺乏互相沟通，士气低，适用于解决比较简单和容易处理的问题。

（2）轮式网络

指由一个上级领导者同时向几个下级人员下达指令、命令，或者几个下级人员同时向一个上级领导汇报意见、情况的沟通格式。上级领导者处于格式中心地位，信息沟通最快，正确性高，但上下级之间和下级之间缺乏沟通联系，士气低落。这适用于解决比较简单容易处理的问题。

（3）环式网络

指每个沟通者之间依序进行互相联系，但又只能与邻近者联系，因此横向联系有限。这种沟通格式可能发生于三个层次组织结构之间：第一层次管理者与第二层次管理者发生相互联系，第二层管理者再分别与基层管理者（基层人员）发生关系，基层管理者（基层人员）相互横向联系。这种沟通格式沟通速度慢，正确性不高，但沟通者比较满意，士气较高。这适用于解决比较复杂的问题。

（4）全通式网络

指每个沟通者可以自由与其他沟通者发生联系。无中心人物，大家平等交往，人际关系融洽，通过协商、采取决策，解决问题，士气特别高。适用于解决复杂的问题，但解决问题速度慢，领导作用不明显。

（5）Y式网络

指几个层次沟通者逐级沟通，其中第二级沟通者与两个上级联系，反映“婆婆多”的状况。若是“Y”倒转，则是第三级沟通者与两个基层人员联系。Y式网路只有纵向内有横向联系，兼有链式和轮式的优缺点，信息沟通快，但士气低落。

以上沟通网络模式是通过实验所得到的，它对群体管理实践是有启发的。各单位均有自己的正式沟通网络，形式也多种多样，并非仅此五种。管理人员应注意研究本单位正式沟通网络。加强薄弱环节，使之畅通无阻。

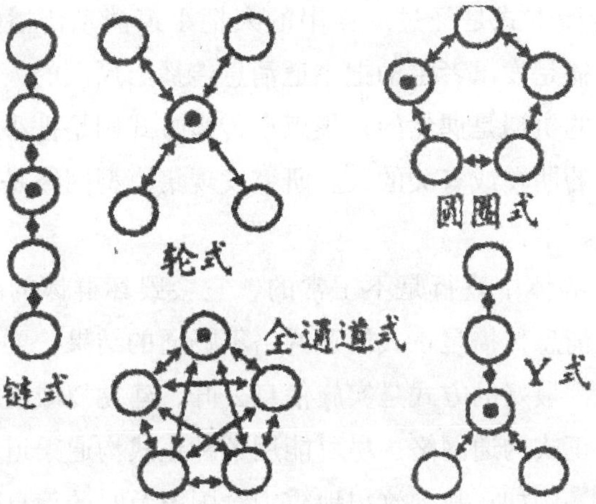

图6-1 五种典型沟通网络图

2 非正式沟通网络

在群体、企业中除了上述正式沟通网络外，还存在着非正式沟通网络。例如“小道消息”的传播途径便是非正式沟通网络。社会心理学家研究发现非正式沟通网络有四种形态：单线型、流言型、偶然型和集束型见图6-2。

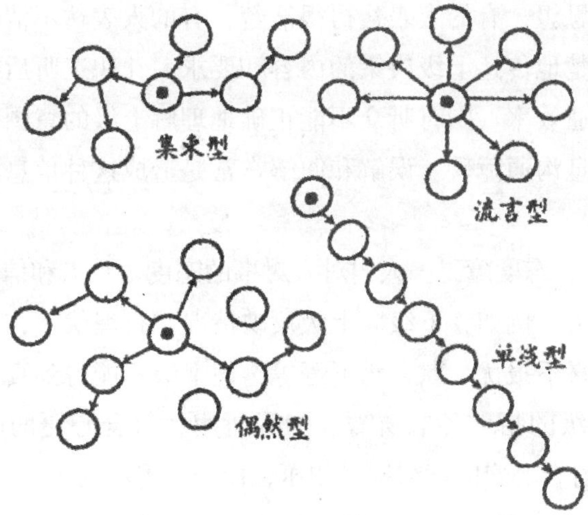

图6-2 四种非典型沟通网络图

单线型的传播方式是经过一连串的人把小道消息传播给最后接收者；流言型的传播是发讯者主动把小道消息传播给周围的人；偶然型传播方式传播消息的机遇是偶然的；集束型传播方式则是把小道消息有选择地传递给自己的朋友或有关的人。研究发现集束型网络是小道消息传播最普遍的形式。

小道消息在群体中盛行是不正常的，它会毁坏群体的凝聚力，对管理不利。小道消息传播是正式沟通网络不畅通的结果，要想防止小道消息的广泛传播，最好的方式是实施信息公开，建立权威的信息发布制度，完善和疏通正式沟通网络，尽可能用各种正式沟通渠道尽快把信息传达给群体成员。例如，我国汶川地震中，国家及时的信息发布，消除了许多小道消息以及谣言的影响，使其失去了市场。而2008年6月，贵州瓮安县的群体事件就是因为信息披露不及时，导致小道信息却满天飞，以致被人利用。

（四）信息沟通障碍

群体沟通过程中，往往受到许多因素的阻碍。

（1）语言表达和理解障碍。人之间的信息沟通主要借助于语言来进行。语言是表达思想的符号而不是思想本身。人们的语言修养存在着很大差异，同一思想，有的人表达得很清楚，有的人表达不清楚。如果一个领导不能清楚地传达上级决策的内容和要求，让职工听后模模糊糊，自然会影响沟通效率。同时听众不能正确地理解上级的意图和精神，也同样会造成信息沟通障碍。误解和曲解常常是造成这种信息沟通障碍的原因。

（2）观点、态度障碍。人们对人对事的态度、观点和信念不同，也会造成沟通障碍。例如，下级向上级反映情况“打埋伏”，夸大成绩、缩小缺点，报喜不报忧、欺上瞒下等等，使上级不能得到真实情况。同样，下级对上级的指示各取所需、为我所用，符合心愿的就传达、贯彻、执行，不符合心愿的就封锁、扣压，使职工得不到正确的信息。

（3）个性特征障碍。人们的个性因素也会造成沟通障碍。不良性格特征会影响人际交往，也同样会影响人之间的信息沟通。品格高尚的领导者传达的信息，职工容易相信，乐于接受；品格低劣的人传达的意见，人们容易分析其动机，不轻易相信，甚至采取排斥的态度。可见，领导者应以高尚的品格取信于职工，减少沟通障碍，保证领导人与职工之间的意见沟通畅通无阻。

（4）情绪情感障碍。人的情绪情感是人的认识和行为的启动与控制力量。人与人之间的情感距离将直接影响沟通是否顺畅和效果如何。感情亲近，关系融洽，沟通容易进行，且会有“言听计从”效果；相反，感情疏远，有叛逆心理容易产生，则沟通难以进行，即使进行也难有好效果。如一个不被下属拥戴的领导者，他是很难与下属话语相投的。

简而言之，心理素质会影响沟通。对此，无论企业管理者、群体带头者，还是职工都应该注意到沟通中充分利用好有利于沟通的心理因素，防止和克服不良心理现象发生，使沟通获得预期效果。

（五）信息沟通十诫

信息沟通要注意方式与方法，以提高信息沟通的效率。

（1）信息沟通首先要将概念搞清。信息沟通的内容要事先作妥善安排，管理者应系统地对沟通信息进行思考，并考虑到该项沟通对受信人可能产生的影响。

（2）明确信息沟通的真正目的。管理者应经过调查，明确希望与要求，确定信息沟通目标、内容。

（3）应考虑信息沟通时的一切环境情况以及过去的沟通情况，这对沟通成效常有较大的影响。

（4）对信息沟通的内容，应尽量争取他人的意见，这样便于获得别人的支持，以便取得更佳的效果。

（5）信息沟通时不仅应注意内容，同时应注意语调。因为听者不仅受信息内容的影响，也受表达信息方式的影响。如声调的轻重、面部表情，以及语调的选择等等，都对受信者的反应有影响。

（6）顾及接受者的利益与需要。因为对人有价值的信息容易记住，所以管理者如果希望员工记住他的信息，就该在表达信息的措词用句上处处考虑到员工的利益和需要。

（7）应有必要的反馈。管理者对员工的信息沟通行为，必须设法取得反馈。比如员工是否已经了解，是否愿意遵照执行及采取适当行动等等。

（8）信息沟通时不仅应着眼于现在，也着眼于未来。多数信息沟通均为当前情况的需要而进行。然而，信息沟通应该配合长远目标。比如，一项有关如何改进绩效与促进士气的信息沟通，固然是为了处理眼前的问题，但也是为了改善长期的组织效率。

（9）言行一致。管理者言行要一致，不可说是一回事，实际做又是一回事。如果是这样，便是自己推翻了自己的指令。如管理者要求员工八点准时上班，而自己却八点半才到，员工则难以实行他的指令。

（10）应成为一位好“听众”。信息沟通是双向的，而不是单方发号施令，这就要求管理者倾听员工的意见，而且在听取他人陈述时，应专心注意，确切明了对方在说什么，如果漫不经心，或心不在焉，后果很不好，与其如此，还不如不听。以上十诫是发信者（一般是管理者、领导者）应引起足够注意的，这样的信息沟通才能达到事半功倍的效果。

五、管理者的影响力及心理效应

1 什么是管理者影响力

影响力是指一个人在与他人交往中，以其身份和个人特征影响与改变他人的心理与行为的能力。人与人在交往过程中，通过言语、动作、表情等方式产生着相互影响。影响力的大小，取决于交往一方给对方留下的体验、印象的深刻程度以及对方个人的生活经验与观念。

许多管理者也是领导者。领导影响力，就是指领导者以其身份和个人特征有效地影响与改变被领导者心理和行为的能力。领导者的影响力取决于许多因素，如领导者的地位、权力、品格、知识、才能等等。

2 领导者影响力的构成及其心理效应

领导者的影响力包括权力性影响力与非权力性影响力两大类见表6–3。

表6–3 领导者影响力构成表

因素		性质	心理效应	
权力性	传统因素	观念性	服从感	强制性影响
	职位因素	社会性	敬畏感	
	资历因素	历史性	敬重感	
非权力性	品格因素	本质性	敬爱感	自然性影响
	才能因素	实践性	敬佩感	
	知识因素	科学性	信赖感	
	情感因素	精神性	亲切感	

（1）权力性影响力及其心理效应

权力性影响力也叫强制性影响力。权力包含有个人的职位特性。这种特性是形成影响者潜在影响力的基础。一般说来，权力性影响力是由社会赋予个人的职务、地位、权力等构成的，所以它是掌权者才具有的。

权力性影响力的特点：领导行为施行前就已存在，是社会赋予的，对别人的影响带有强迫性与不可抗拒性，是以外推力的形式发挥作用。在权力影响力作用下被影响者的心理和行为表现为被动服从，因此，它对人的影响是有限的。

权力性影响力的基础：一是强制权。不接受领导者的影响就给予惩罚，使其痛苦，使其某种需要得不到满足，产生恐惧心理；二是奖赏权。使追随者明白领导者有权奖赏他，满足他的某种需要；三是合法权。领导者的权力是法定的，正式授予的，使被领导者认为领导者有合法权力对他施加影响，是不可违抗的，只有服从才是对的；四是亲和权。这是一种盲目崇拜权力，渴望认同于“领袖”现象。盲目信从领导者的人，对领导者只是言听计从。

构成权力性影响力的因素有三种：传统观念、职位和资历。

① 传统观念——观念性因素

几千年的社会历史沿袭，人们头脑中对领导者形成一种传统观念：认为当官的与普通人不同，有权、有才干，比普通人强。这种传统观念成为一种社会规范，使人从小就接受这种思想的影响，从小就产生对领导的服从感。我国两千年的封建社会更强化了这种观念，使领导者的言行具有相当的影响力。这种传统观念附加给领导者的影响力，只要是领导者就顺理成章地获得了这种影响力。

② 职位——社会性因素

职位是一种社会分工，是指个人在组织中的地位、职务。具有领导职务的人，社会赋予他一定的权力，这种权力对被领导者的影响是强制的。领导职务越高，权力越大，其强制性影响力也就越强。职位权力是社会赋予的，所以具有社会性。

③ 资历——历史因素

领导者的资格和经历也是产生影响力的因素。资历是历史性的因素。它反映一个人过去的情况，人们对资历较深的领导者会产生敬重感。比如新来的一位经理，人们总要了解一下他从哪里来的，过去都干过什么工作。如果资历老，阅历丰富，人们自然而然对他产生敬重感，他的言行就会在人们心中占有位置，容易接受他的领导，这就是资历因素所造成的影响力。一般说资历越深影响力越大。

由这三种因素构成的影响力都与领导者个人特征和现实领导行为没有直接联系，是人们的传统观念和社会赋予的权力的作用。

这三种因素构成的领导者影响力在被领导者身上产生的心理效应是

产生服从感、敬畏感、敬重感，从而改变与影响着被领导者的心理和行为。

（2）非权力性影响力及其心理效应

非权力性影响力也叫自然性影响力，它与法定权力无关，是靠领导者自身的个人特征与行为所形成的。它不是社会所赋予的，普通职工如果具备了某些品质和才能，也会产生这种影响力。

非权力性影响力的特点：a.自然性，由领导者自身的品格和才能等因素决定；b.它的影响力比权力性影响力更大，持续时间更长；c.它存在于领导者实施领导行为过程中。

构成非权力影响力的要素是：品格因素、才能因素、知识因素和感情因素。

① 品格因素——实质性因素

品格指领导者的道德品质、人格和作风等。具有优秀品格的领导者有着强大的号召力、动员力、说服力，并诱使人们模仿与认同。“榜样的作用是无穷的”，道理就在于此。不论多高职位的领导人，如果品格不好，就会威信扫地，失去影响力。

② 才能因素——实践性因素

才能就是聪明才智。一个人的才能是在实践中形成并表现出来的。有才能的领导者会给事业带来成功，使人们愿意自觉地接受他的影响。当然只有才能而品格不好的领导者，其影响力将会大打折扣。

③ 知识因素——科学性因素

知识是人类实践经验的科学总结。知识本身就是一种力量，是科学赋予的。知识广泛又有专业特长的领导者，容易获得下属的信任，他的指挥、命令容易得到执行。相反，没有专业特长知识又贫乏的领导者，其影响力会大为降低，甚至大权落榜。

④ 感情因素——精神性因素

领导者与被领导者的关系不仅是工作关系，也是一种人际关系，存在着感情上的亲疏、好恶。一个领导者能关心其下属，与他们交朋友，建立亲密和谐的良好关系，彼此有了亲近感，思想容易沟通，心理容易产生“共鸣”。因此，下属不仅能自觉听从指挥，还能为组织目的实现向他出谋划策，与他同甘共苦。

构成领导者非权力性影响力的四个因素给被领导者的心理影响是：敬爱感、敬佩感、信赖感以及亲切感的产生，进而影响他们的心理和行为。不言而喻，一个群体领导者能否发挥好影响力，带领好成员去实现群体既定目标，更重要的是依靠自己的品格、才能、知识和工作作风。

第七章 社会心理现象分析

暗示、崇拜、从众这些社会心理现象对行为的形成和变化有重要影响。我国近二十多年来社会民众心态发生了嬗变，出现一些失衡。社会心理是可以引导的，应该把社会心理研究作为社会预警机制的一个组成部分，并为政府制定政策提供依据。

第一节 暗示

一、暗示概述

1 暗示的含义

暗示是我们日常生活中最常见的心理现象。

暗示是采用含蓄的方式，通过语言、行动、表情、符号等刺激手段对他人或自己的心理与行为发生影响，使之接受某一观念，或按某一方式进行活动。暗示以无批判的接受为前提，一般不付诸压力成分。暗示不需要讲道理，靠被暗示者不假思索地接受。暗示可以是语言的、行动的、表情的，也可以是某种符号等。商店里到了一批时令服装，橱窗里摆了一个穿上新服装的石膏模特儿，就是符号暗示；一些人在商店里排队买这种衣服，对人们形成行为暗示；某人买衣服后喜形于色，对人又形成表情暗示；而某人买了衣服后还赞不绝口，说价廉物美，自然这是语言暗示。这些符号、行动、表情和语言，都没有直接“号召”你去买衣服，只是用含蓄的间接的方法来达到这种效果。

有一则小故事：在很久以前非洲的某一个部落，这个部落酋长有三个女儿。两个大女儿因为既聪明又漂亮，还很能干，都被人用九头牛作聘礼娶走了。在当地，这是最高的礼仪。第三个女儿非但不漂亮，还很懒惰，所以到了出嫁的年龄仍没有人肯出九头牛来迎娶。这让老酋长很没面子。后来有一天，一位远乡来的客人听说了此事，就对酋长说：“我愿意用九头牛迎娶你的女儿。”酋长很高兴，真的就把三女儿嫁给了这位外乡人。过了几年，酋长去看自己远嫁他乡的小女儿。没想到，女儿能亲自下厨做美味佳肴来款待他，而且从前的丑女孩也变成了一个超凡脱俗的漂亮女人，他差点没认出来。酋长很震惊，偷偷地问他的女婿：“难道你是巫师吗？你是怎么把她调教成这样的？”女婿说：“我没有调教她。我只是始终坚信你的女儿值九头牛。所以她是一直按照九头牛的标准来做的，就这么简单。”

这位年轻人以“九头牛”的价值对待他迎娶回来的妻子，同时酋长的小女儿也确信自己的价值是最高的“九头牛”的时候，她便在自己的努力下发生了脱胎换骨的变化。这就是暗示的力量。

从心理学上看，暗示是一种极有益的启发，只要暗示得巧妙，暗示得及时，就可以让那些暗示变成潜移默化的力量，从而有效地改造一个人，并重铸一个全新的灵魂。为他贴上一个美的标签，那么，这个美的标签也就会“鬼使神差”似的引导他按标签所提供的美的模式去做。

2 暗示的分类

暗示根据划分标准的不同，有不同的分类：

① 根据信息来源可分为他人暗示和自我暗示，前者信息来源于他人，后者信息来源于自己。

他人暗示，是指个体与他人交往中产生的一种心理现象，别人使自己的情绪和意志发生作用。有一位心理学家在真实的环境中做了这样的实验：在课堂里，他取出一个洗得干干净净的装满清水的香水瓶，对学生们说：“这是一瓶进口香水，看谁能最先辨别出这是什么香味。”然后将瓶盖打开。过了不久，许多学生相继举起手说自己闻到了香味，有的说是茉莉香味，有的说是玫瑰香味，有的说是玉兰香味……当得知这只是一瓶清水时，大家不禁哄堂大笑。其实这是学生受了老师话语的影响，既然老师说了瓶子里装的是香水，香水肯定有香味，这种诱导下的思维定势使学生好像真的闻到了香味。

自我暗示，即依靠思想、语言等向自己发出刺激，以影响自己的情绪和意志，或加深对某一观念的认知，或要求按某一方式行动。广告常常利用外在的刺激引起消费者的自我暗示，例如我们熟悉的高露洁牙膏广告：“我们的目标是——没有蛀牙！”这个广告刺激可能引起消费者的自我暗示，如“我的牙齿不太好，应该赶快采取防护措施”等，这使消费者对高露洁采取了接纳的态度。而“杯弓蛇影”则是一个因错觉而疑神疑鬼，自己惊扰自己导致不良后果的自我暗示。

② 根据暗示者的目的可分为有意暗示和无意暗示，前者有明确的目的，后者目的不明确。上面所讲的商店衣服的例子中，用商品模特儿进行暗示，显然费了商店职工的一番苦心，是有意暗示，而顾客排队买衣服等形成的暗示则是无意的。

③ 根据暗示双方的接触关系可分为直接暗示和间接暗示，前者的暗示者直接对暗示对象施加影响，后者则间接施加影响。

直接暗示，即直接把事物的意义提供给受暗示者，使之迅速地、无须思索地接受。直接暗示的特点在于直截了当，不仅迅速，而且被暗示者不会对信息产生误解。例如："买一送一，送完为止"，直接暗示消费者良机莫错过。"望梅止渴"也是直接暗示的一个好例子，曹操所指的前面并没有梅林，但是仅靠语言的提示，就达到了影响他人心理和生理反应的目的。

间接暗示，即暗示者不显露动机，不明确指明事物的意义，而把事物的意义间接地提供给受暗示者，使之心理和行为受到影响。例如，有这么个广告："漂亮的女士都喜欢×牌护肤霜"。在这个广告中，把被暗示的内容融进广告内容，并让消费者自己推出结论。如果消费者认为自己是漂亮的，当然也要加入用×牌护肤霜的行列，而女人通常是不愿承认自己不漂亮的，即使的确不够漂亮，也希望自己能够变得好看些。因此，用漂亮作为护肤霜的一种暗示，能够击中或更容易诱发消费者的内心需要。

④ 根据暗示的效果可分为暗示和反暗示，前者达到了预期效果，后者则达到了相反的效果。

反暗示，即暗示者发出的刺激引起受暗示者性质相反的反应。有两种反暗示。一种是有意的反暗示，即故意说反话以达到正面效果。例如有个广告写着：抽烟有害，请不要抽烟，其中包括某某牌的。别人一看，就感到很奇怪：提出不要抽烟就行了，为何还专门提出某某牌的？于是人们都去买某某牌香烟尝一尝，广告制造者就达到了推销这种牌子的香烟的目的。另外一种叫无意的反暗示，即有意进行正面说明，却无意引起了相反的结果。在对暗示者缺乏敬意的时候，容易引起无意反暗示的结果。例如，如果大家认为某个小商贩油嘴滑舌，那么，他越是把他的商品说得如何如何好，大家就越怀疑他的商品是冒牌货，越不敢买。

3 暗示的作用

暗示的力量是巨大的。暗示有积极作用也有消极作用。

（1）消极作用：暗示有时会给人带来不良的影响

二战期间，臭名昭著的纳粹在战俘身上做了一个残忍的实验。将一个战俘捆绑起来，蒙上双眼，把他的胳膊从墙上的一个小孔伸到另一个房间，然后用器械在战俘的手腕上扎了一针，并且告诉战俘，现在对他抽血处死。被蒙上双眼的战俘听到血滴进器皿的嗒嗒声，哀号一阵后气绝而亡。事实上，纳粹并没有抽这个战俘的血，滴血的声音是模拟的自来水声 。战俘的死应该归咎于他的自我暗示：把嗒嗒声想象成自己的血流出的声音，以为自己马上就要血流而亡，极度的恐惧使身体产生化学变化，最后真的死了。换句话说，这个战俘是被自己吓死的。

现实生活中，许多生机勃勃的人，一旦知道自己患了某种疾病（特别是“不治之症”如癌症等）后，精神立刻萎靡不振、卧床不起、不思饮食，病情迅速加重，甚至在短时期内死去，其中很大部分原因就是由于心理暗示的缘故。瑞典一位老妇人只是患了重感冒，但由于教堂牧师在一天内探望了她三次，因而怀疑自己是患了绝症。几天以后，她便因精神崩溃而去世。因此我们探望、护理病人时一定要注意，千万不要在脸上扮出悲天悯人的表情，否则会容易给患者造成不良的心理暗示。

（2）积极作用：暗示也能对人体产生积极作用

积极暗示对人的作用很大，有时甚至会创造奇迹。二战时前苏联一位天才的演员毕甫佐夫平时老是口吃，但是在他演出时克服了这个缺陷。所用的办法就是利用积极的自我暗示，暗示自己在舞台上讲话和做动作的不是他，而完全是另一个口齿伶俐的人——剧中的角色 。

再来看著名的“罗森塔尔效应” 。1968年，罗森塔尔和他的助手来到一所乡村小学，从学校一至六年级中各选了3个班的学生，为他们进行了语言能力和推理能力的测验。测试完毕，罗森塔尔在没看测验结果的情况下，随机选出了20%的学生，然后以赞美的口吻告诉相关老师，说这些孩子很有潜力，将来可能比其他学生更有出息。8个月后，罗森塔尔再次来到这所学校。奇迹出现了，他随机指定的那些学生，成绩普遍有了显著提高。由于罗森塔尔提供的名单是随机抽取的，所以那20%的学生，并非都是成绩一直优良或者智商较高的孩子。罗森塔尔通过“权威性的谎言”暗示了学校的老师，老师再用他们教学中的行为和情绪暗示这20%的孩子，让他们不知不觉地增加了“我是最棒的”信念，从而更加努力地学习，提高了学习成绩。这个实验，让我们清楚地看到了在现实生活中，心理暗示是怎样起到积极作用的。

生活在社会中的每一个人，都会进行暗示活动。积极善意的心态，往往会给出积极的暗示，可帮助被暗示者稳定情绪、树立自信心及战胜困难和挫折的勇气等；反之，消极恶劣的心态，往往会使被暗示者受到消极暗示的影响，变得冷淡、泄气、退缩、萎靡不振等等。俗话中有“好言一句三冬暖，恶语伤人六月寒”以及“说你行，你就行，不行也行；说不行，就不行，行也不行。”从某种意义上说的也是这个道理。因此，当我们发现他人有可能受到自己的暗示时，也要注意暗示的方式和度，尽量使他人接受积极的、适度的暗示。

4 暗示的本质

暗示在本质上是人的情感和观念，会不同程度地受到别人或者一些因素下意识的影响。

那么，人为什么会不自觉地接受别人或者一些因素的影响呢?

这与人进行决策和判断的心理过程有关，人的判断和决策过程，是由人格中的“自我”部分，在综合了个人需要和环境限制之后做出的。这样的决定和判断，我们称其为“主见”。一个“自我”比较发达、健康的人，通常就是我们所说的“有主见”、“有自我”的人。但是，人不是神，没有万能的自我，更没有完美的自我，这样一来，“自我”并不是任何时候都是对的，也并不总是“有主见”的。“自我”的不完美以及“自我”的部分缺陷，就给外来影响留出了空间，给别人的暗示提供了机会。

但是，外来影响空间的存在以及易受暗示的机会，并不等于一定会受到暗示。暗示的成功，还需要一个必要的条件，那就是受暗示者必须存在着针对外来的暗示者的自卑——觉得自己不如暗示者，觉得暗示者比自己高明，自己应该向其讨教，自己必须接受他的判断、接受他的影响。其实，这样的暗示作用，在本质上，就是用自认为比自己强的别人的智慧代替或者干脆取代自己的思维和判断。当然，这样的自卑、自贬以及对于暗示者的崇拜和能力的夸大，很少能被受暗示者意识到，这些心理过程通常都发生在潜意识中。所以，暗示作用通常都发生在不知不觉中。而且，我们会发现，人们会不自觉地接受自己喜欢、钦佩、信任和崇拜的人的影响和暗示。这种对于自主判断的部分放弃，是有一定意义的，这可以使人们能够接受智者的指导，作为不完善的“自我”的补充，这是暗示作用的积极面。这种积极作用的前提，就是一个人必须有充足的自我和一定的主见，暗示作用应该只是作为“自我”和“主见”的补充和辅助。

心理暗示也有非常消极的方面，那就是容易受人操纵、控制，成为别人或异端邪说的受害者。心理暗示发挥作用的前提是自我的不完善和缺陷。如果一个人非常虚弱、幼稚的话，这个人的自我就很容易被别人的“暗示”占领和统治。这种人的人格本身，就存在着严重的依赖倾向，甚至可以说，在这些人的潜意识中，就存在着接受暗示、接受控制、接受操纵的渴望和需要。由于这些人自身存在着严重的自卑和不安全感，他们的内心往往会通过幻想作用，制造各种神话，幻想着有法力无边的神，可以接管他们、主宰他们的命运、为他们带来好运。这样的心态往往和外来的暗示一拍即合，就如同存在着默契。所以，那些没有主见的人、人云亦云的人、依赖性比较强的人、比较幼稚的人以及患了病或者遭受了精神打击的人，往往容易成为接受不良暗示的群体中的一员。这些人更愿意相信各种灾难或神奇力量、神奇效果的迷信传言。而造神者或者制造各种迷信传奇者本人，要么就是深谙人性弱点的超级骗子，要么就是骗人、骗己的精神变态者，具有因为变态而畸形发展的自我暗示和他人暗示的能力。造神者和需要“神”来接管和奴役的群体，是一对相互需要的病态心理互补综合体。两种需要汇合到一起，就形成各种迷信现象滋生的土壤和环境。此时，不良的消极暗示，就能大行其道了。

概括起来，暗示作用的本质，就是人由于自身弱点，会受到别人或者一些因素的影响，严重时可以达到不加分析和批判地接受别人的观点，甚至异端邪说。人的依赖性越强、人格越幼稚、主见越少，就越容易受别人暗示，容易被别人控制和奴役，容易相信异端邪说，容易“走火入魔”。许多巫婆、神汉、所谓的“大师”，夸大的功能的气功，都有意或无意地利用了易受暗示者的心理，施以了心理暗示，来施加心理影响。

二、暗示的应用

暗示有积极作用也有消极作用，受暗示者对暗示的理解不同，可能受到积极影响，也可能导致消极影响。因此，我们应该注意有意识的给别人以及自己以积极的心理暗示，而避免消极的心理暗示。

心理学家们在应用心理学领域展开了大量的相关研究，最后发现：在企业管理中，管理者如果经常赞美员工，激励员工，并给他们描绘出更壮阔的企业前景，这个企业的生产效率就会比较高；而在家庭生活中，经常受到父母表扬和正面鼓励的孩子，长大之后，会比在批评与否定声中长大的孩子，获得更多的成就。

在临床中，暗示可以用于治疗疾病。国外一些医生有一种“内视想象疗法”，就是诱导病人想象自己身体中的癌细胞一点点地消失，还有的就是把树立战胜疾病的信心作为一个必备的条件，这些治疗方法对发挥药物的最大功效十分有帮助。

在心理咨询中，咨询者常采用言语或非言语的手段（手势、表情、动作以及某种情境等）含蓄、间接地对来访者的心理和行为施加影响，引导来访者顺从咨询者的意见，从而增进或改善来访者的心理状态、调节其行为或生理机能，达到咨询和治疗的目的。如，一位妇女因丈夫突然在车祸中死亡，精神上受到强烈的刺激，悲痛得双目失明。但经医生检查，眼睛的结构没有病变，诊断为心理性失明。用许多方法都没治好。后来进行催眠治疗，在获取了来访者的信任和心理暗示后，催眠师暗示她视力已经恢复，对她说:“我数五个数，数到第五个时，你醒来就能看见东西了。”催眠师很慢地数一二三四五，果真数到五的时候，病人醒来，发现自己的视力已完全恢复。

暗示还可用于侦破案件。有些犯罪嫌疑人会利用人们这种普遍受暗示的心理特性，实施作案。心理的犯罪比实际行为犯罪更让人感到可怕，特别是通过心理暗示来控制他人思维达到犯罪目的的行为更是令人不寒而栗。刑侦科学的发展令刑侦专家同样会利用心理暗示的作用，对案情进行仔细甄别，从而发现蛛丝马迹，在侦破中巧妙地还原犯罪嫌疑人作案的全过程，从而大大减少这类犯罪对人类的危害。

此外，人们也可以利用暗示对自己施加积极的影响。比如，有个人特别害怕下水井的盖子，生怕自己会掉下去。后来他在接近井盖时告诫自己：“男子汉！区区井盖何足惧哉！”然后站在井盖上讲十遍，跳十次，结果就不害怕了。但是，用暗示作自我调节也有一定的艺术，要使用积极的话语调节自己，而避免用消极的词汇。比如毕甫佐夫的暗示语是“我是一个口齿伶俐的人”，而不是告诉自己“我是一个不口吃的人”。现在很多学校进行赏识教育，对孩子进行积极暗示，并引导孩子进行积极的自我暗示。如将以前常常挂在嘴边的“我不行”等消极的自我暗示，改换为“我能行！”等积极的自我暗示，从而强化其自信心，开发其内在潜能。

第二节 崇拜心理

偶像崇拜是目前青少年群体中一个普遍而又引人注目的现象。心理学认为，偶像崇拜是一种特殊的社会心理现象，它特指基于“光环效应”而形成的社会印象和盲目的心理倾向，把个人喜好的人物看得完美无缺，从而导致高度认同、崇尚并伴有情感依恋的一种复杂的心理行为。这种现象在青少年身上尤为明显。

一、偶像崇拜的心理成因

1 自我认同的需要

精神分析心理学认为，在个体的心理社会性发展阶段中，青少年要经历从自我迷茫到自我确认的发展过程。因此，青少年时期的主要发展任务是形成自我同一感。良好自我同一感的形成往往是青少年期的成功过渡的重要特征 。当他们告别童年，进入社会时往往会感到无所适从，不知道何去何从，他们这种内心深处的困惑缘自于心中没有建立起一个稳定的自我形象，即所谓“自我同一性”。在形成自我同一性的过程中，他们逐渐想摆脱父母权威领导，希望像成人那样体现自己的成熟。这一过程犹如“心理断乳期”，而崇拜偶像使青少年寻找到一种能够接受同时又能充分表现自我，以及情感依托与情感表现的完美形式。青少年通过对不同偶像的认同、依恋和追求等心理活动，来确定自我存在的价值，寻找自我发展的潜能。在这样的内因作用下，加上大众传媒对偶像的宣传，使得那些具有很大社会效应的偶像自然成为青少年模仿的对象。如果明星能够有足以让他们佩服的表演，就会成为被崇拜的偶像。从这个角度来说偶像是崇拜者的代言人，是崇拜者的理想自我，也是崇拜者心目中的未来。因此，偶像崇拜是青少年从孩童向成人成长过程中的心理过程的反映，是寄托希望和理想的一种表现，也是心理需求和情感宣泄的需要。这是青少年自然健康成长中的一个重要环节。Susand Boon（2001）的研究表明，对偶像的崇拜有利于形成个体的自我认同 。

2 心理归属的需要

从某种角度说偶像也是青少年心目中父母的代替品。进入青春期后青少年在生理上有了突飞猛进的发展，但心理上的发展却远远滞后。由于生理上的发展，他们认为自己已经长大，希望能够独当一面，渴望摆脱父母的束缚。然而，他们有限的生活经验又使他们不能没有父母的帮助，这种矛盾状况使他们感到很苦恼。因此，他们选择崇拜拥有能力、地位和独立的偶像，希望通过偶像崇拜来实现独立自主的目的。某种意义上，这不过是将偶像作为了父母的代替品，让偶像来行使父母对自己的控制，正所谓寻找一种遥亲感。偶像崇拜正是他们寻找的一种新的情感依托与情感表现的完美形式，这是他们能够接受的又能充分表现自我的形式。

3 从众的需要

所谓从众行为是指群体成员企求自己的行为跟从群体的倾向。每个人总是生活在一定的社会群体中，因此也就必然会感受到来自群体环境的压力。当一个人发现自己的意见和行为与群体不一致的时候，就会感到一种心理紧张，促使他趋向一致从而产生从众行为。青少年是一个特殊的群体，由于认知经验和社会阅历的缺乏，对自己的判断往往还缺乏自信，所以对事物的判断容易采取跟从群体意见的态度。即使有的人相信自己的判断没有错但因不能“标新立异”，或怕被别人认为自己是不合群的人而被群体所孤立乃至讽刺，因而表面上也采取了从众行为。这样，当大众传媒制造出大量的明星让其崇拜时，作为公众人物的明星的生活方式、习惯就会被广为传颂，成为青少年朋友们谈论的热点。倘若有谁不知道几位明星，就会被认为是跟不上时代的人而被大家所不屑。因此，在这种从众心理的促使下，某些青少年也就很自然地崇拜起明星了。2002 年McCutcheon，Lange 和Houran 提出了“专注-成瘾”模型，按照这个模型，青少年对明星产生心理上的专注，是为了建立群体认同感和成就感。这种动机反过来也成为他们成瘾的组成因素，这种成瘾甚至会导致极端的行为。成长中的青少年，渴望得到群体的接纳，害怕被群体孤立，于是选择大家都喜爱的公众人物如明星等可在群体中找到共同谈论的话题，以期受到群体的认同与重视，以满足其归属感，达到精神上的安慰与稳定。

二、偶像崇拜的特征

1 理想化

青少年把其偶像及其特质想象得完美无瑕，把他看成是世上最完美的人物。这种理想化使得青少年对其偶像产生了强烈的心理认同和情感依恋。从社会心理学的角度分析，这也是“光环效应”的结果。如果一个人最初被认定是好的，则他身上的其他特质也都被认为是好的，也就是“爱屋及乌”的原因。这种社会认知会使青少年对其偶像形成一种强烈的心理定势，认为其偶像是完美的化身。久而久之，形成这样一种认知：越是迷恋某一个偶像，就越感到自己的渺小和无能。从而形成了青少年的这种自贬式的对偶像的依恋。

2 浪漫化

青少年对偶像产生浪漫的幻想和依恋，这种浪漫情怀会使青少年沉湎于对其偶像的种种情爱遐想之中，以此梦幻自己的爱情生活。这种浪漫化完全是崇拜者自己虚构出来的，只是崇拜者的一厢情愿，不具有现实的意义，会影响其正常的生活，不利于青少年形成良好健全的人格。

3 绝对化

青少年对其崇拜偶像投以绝对的信任，对偶像采取一种近似狂热的追逐和迷恋的方式，容不得他人有不同的见解。对偶像人物的神化或者绝对化会导致狂热的个人崇拜及个人的自我迷失。所以当青少年在崇拜某个偶像人物时，不应将其舞台、歌坛、屏幕、竞技场中的形象过分美化或夸张，那样会使他脱离其生活中的真实形象而成为青少年心目中的一尊神。一个偶像人物一旦变成了神，则很容易导致其崇拜者的盲目和狂热的追逐。其结果，青少年不但会痴迷于偶像人物的外部形象而无法自拔，也很容易自感渺小无比，无法应对现实的生活。

4 冲动性

偶像崇拜往往有很强的冲动性心理活动倾向、超现实的情感体验、过度的行为反应。过度的偶像崇拜削弱了青少年的自我约束机制，产生超越于社会行为规范的行为方式，如冲动、破坏、超脱等行为表现。在偶像崇拜过程中，往往情感成分多于理智成分，过于激动、兴奋和不由自主的情绪体验，以及超越社会行为准则的行为反应时常可见。

5 多样性

偶像崇拜对青少年的影响主要在于个人内在满足，如心理满足、情绪分享等，同时由于受多元文化和多元价值观的影响，青少年的偶像崇拜表现出明显的多样性，也就是说，在青少年普遍存在偶像崇拜的情况下，崇拜的具体对象相当宽泛。有崇拜影视歌坛娱乐界的明星，有崇拜类似于榜样型的偶像如毛泽东、李嘉诚、比尔·盖茨等等，还有崇拜其身边周围朋友或亲戚邻里。

三、偶像崇拜对青少年的影响

偶像崇拜的类型和方式对青少年的心理与行为有着双向的影响，积极的偶像和注重内在的崇拜方式有利于青少年的健康成长，而消极的偶像和注重外在的崇拜方式则对青少年的成长有一定的负面影响。

1 所崇拜偶像的类型对青少年的影响

不同类型的偶像给青少年不同的人生指导。如果青少年崇拜的是现实生活中取得杰出成就的名人，如周恩来、毛泽东、爱因斯坦等著名政治家、科学家，这类偶像能促进青少年志向的确立和自我奋斗；如果崇拜的是生活中具有一定影响力和成就的非名人，如同窗好友、长辈朋友等，他们可以给青少年提供具体的行为指导和奋斗目标，实实在在地引导青少年成长；如果崇拜的是影视体坛明星，则可以给青少年的精神世界带来极大幻想、向往和虚荣满足，可以愉悦身心，找到情感归宿，缓解现实生活的压力，明星的作用主要是精神性的。但青少年容易沉湎于对明星的追逐和迷恋中，难以确认一个真正意义上的自我，而导致自我的迷失 。

2 崇拜方式对青少年的影响

青少年的偶像崇拜表现为两类截然不同的形式：一种是表层性欣赏。如部分青少年对超级女生李宇春的崇拜，比如有的青少年认为李宇春充满着活力与魅力，她的眉宇之间流露着刚毅，笑容中展示着自信，她在舞台上每一个动作都是那样的优美、漂亮。这种崇拜方法正所谓表层性欣赏，其突出特点是重点欣赏偶像人物的形象性(如容貌、身材、发型等) 和流行性（如服装、动作等）特征，并从中获得最大的精神享受。另一种是实质性欣赏。有些青少年不仅仅欣赏李宇春的这些外在的表现，他们看中的更是李宇春勇于拼搏，永不言败，她把每一次比赛都看成人生的挑战，最终获得了自己的成功。这一种崇拜方法正所谓实质性欣赏，其突出特点是重点欣赏偶像人物的人格(如突出性格、为人等)和气质性(如举止、风度等)特征，并从中获取最大的精神享受。这两种方法，一个重表，一个重里，一个重欣赏，一个重认同，反映出个人在偶像崇拜中的不同取向。一般说来，青少年在最初崇拜偶像时，往往会采取表层性欣赏的方式。毕竟一个偶像人物的选择，其外部特征和表现是人们最直观、最初级的选择标准，但欣赏一个偶像的外部特征，充其量只能给青少年带来美的享受及模仿，却不能促进青少年的自我成长。而认同一个偶像的内在特质，会推动青少年去积极辨别偶像身上那些有利于个人成长的特征，从而把偶像所代表的精神内化为自我成长的动力。所以，一个偶像崇拜的理想化过程，应该是一个由表及里，由欣赏到认同的发展过程。因此，崇拜偶像的内在特征是一种积极的理性的崇拜，它可以促使青少年的自我成长，确认他们的人生目标，并找到实现自我走向成功的道路。

四、青少年偶像崇拜的引导

偶像崇拜是青少年对人生追求的体验，是人生的一个重要过程，每个时代的青少年都有自己人生的理想、心目中追求的人生目标和偶像。因此，对青少年偶像崇拜应用冷静客观性的眼光来看待，既不能一概反对，也不要放任自流。应该认识到偶像崇拜是正常的社会现象，充分理解及肯定其合理成分；同时也要指出偶像崇拜必须有理性的指导，盲目崇拜、神化和迷信偶像，都会削弱青少年的自我约束机制，导致丧失自我。

1 建立有效的多元化的教育榜样

榜样教育是社会教育的一种重要形式，然而，现实社会的榜样教育的实际效果不尽如人意。社会中的榜样教育，尤其是对青少年进行的榜样教育，应是符合他们身心发展特点、体现新时代风貌、展示先进观念的新型榜样。偶像和榜样之间没有绝对的分界线，他们其实是一个蜿蜒不断的连续体，其中偶像中可有榜样的成分，而榜样中也可有偶像的光彩。更具体地说，在当今青少年的偶像和榜样崇拜中，大约可分出四类人物：纯偶像、榜样型偶像、偶像型榜样和纯榜样 。纯偶像主要是影视歌星、体育明星等，这样的偶像可给青少年的精神世界带来极大的向往和幻想，甚至使青少年沉湎于对他们的追逐和依恋当中，不能自拔。然而在当今社会，纯偶像的出现是与大众媒体、商业包装和炒作密切相关的，其包装形象往往完美于其真实形象。榜样型偶像包括那些非理想化、非浪漫的社会名人，如毛泽东、邓小平、周恩来、牛顿、爱因斯坦、居里夫人、达·芬奇、拿破仑、李嘉诚、比尔·盖茨等的人物。这些偶像虽为社会所熟知，但他们通常不会给青少年带来什么浪漫幻想。他们多以其突出的成就和感人事迹来影响青少年，为青少年的自我成长和奋斗树立榜样。所以，与纯偶像相比，榜样型偶像主要是依靠其个人的气质、成就和人格魅力来感召青少年的。偶像型榜样则包括那些被赋予非凡气质和影响力的平常人，如那些深受青少年喜爱和尊重的同窗好友、老师、家长等。这些人虽然不具有名人的名声和感召力，却更加贴近青少年，可随时给他们提供帮助和指导，与他们直接交流思想。所以在青少年心目中，他们也可成为自我奋斗的动力和精神支柱。纯榜样包括青少年身边的人物，如父母教师、兄弟姐妹、同窗好友、邻居街坊等人物。他们可能平凡无比，却在生活的具体方面实实在在地引导青少年成长，并赢得他们的尊重和信任。应当教育青少年从现实生活中，广泛地选择那些值得自己欣赏和模仿的偶像和榜样人物，而不是仅限于少量的明星。帮助青少年建立一个多元化、层次化的偶像人物结构，而非单一化、极端化的人物结构。

2 正确把握偶像崇拜的两面性

促使青少年对偶像的合理认知，首先要帮助其学会“两面思维”。所谓“两面思维”，就是积极地构想两个或多个并存的，或者同时起作用、同样正确，但彼此却完全对立的概念、思想和印象，以从中发现更加完美、更加反映事物本质和运动规律的认识或概念，形成创造性的正确思维成果。青少年学会“两面思维”，能使他们以更成熟的人生态度和更明晰的行为效率来对待崇拜心理。这有利于发挥或促进崇拜心理的正向效应，减少或消除崇拜心理的负向效应。这就要求青少年在心理过程中要注意对自己的兴趣、能力、性格等随时注意调整，注意培养这些心理过程的正向效应，以保持一种科学、正确、适度的崇拜心理。

3 培养理性思维，正确选择崇拜的偶像

青少年要自觉地将情绪化和极端化的社会学习和依恋转化为理性的、实用的和非情绪化的社会认同和依恋。前者表现为青少年对偶像的直接性模仿、全盘性接受、沉湎式依恋、浪漫式依恋、高明星消费、低自我信念、浪漫幻想、虚荣满足、自我迷茫等形式。这种以人物为核心的社会学习和依恋可导致对偶像的一种直观的、非理性的、神秘化的和神圣的社会认知， 它可致使青少年因过分依恋偶像的外表因素而对个人的自我成长带来某些消极的影响。后者表现为青少年对偶像的综合性模仿、选择式接受。其结果，通过对偶像的认同促进了自我的成长，提高了自我信念，更加有利于青少年与现实生活相适应。总之，在青少年走出自我迷茫、实现自我确认状态的过程中，成人的说教作用是相当有限的，青少年更多的是通过种种自我体验，甚至冒险而达成其愿望。教育者应以理解宽容和平等尊重的态度换位思考，而青少年也应整合自我、发展自我、健全自我概念，培养理性思维和对外界环境的适应能力。

通过多方的共同努力与协作，发挥偶像崇拜的积极作用，促进青少年健康向前发展。

第三节 从众心理

一、从众的含义

从众是指个人在社会群体压力下，放弃自己的意见，转变原有的态度，采取与多数人一致的行为。是外部社会对人的一种心理影响与行为影响，在个体与群体不一致时，是个体试图缓解不一致的冲突，增加安全感，求得心理上的平衡，减少内外冲突的手段。其特点是自觉或不自觉地以某种群体规范或多数认同意见为标准，做出社会判断、改变态度；既有思想上，也有行为上的从众；人云亦云，随波逐流。表现出对压力的服从性、服从的盲目性。

从众的特点：

第一，引起从众产生的群体压力可以是真实存在的，也可以是想象的。个体想象中的群体优势倾向，也会对个体行为造成压力，使其选择与想象的多数人倾向相一致的行为。

第二，群体压力可以在个体意识到的情况下发生作用，使个体通过理性抉择，选择从众；也可在没有意识到的情况下发生影响，使其随大流时并没有意识到。

第三，从众行为有时虽然不是按照个体本意做出的，但却是个体的自愿行为。自愿性是从众的特点。

从众与服从等相符现象，都是通过向社会压力让步以使自己的认知及行为符合群体的、社会的标准和规范。相符现象是一种普遍的社会心理现象，可能带来消极的影响，但对于个体、群体及社会都是必要的，可以使个人的认知和行为符合群体和社会的规范，更好地实现群体的目标，使个体成为一个为群体和社会所接纳的适应良好的人。主要指从众、众从、服从等现象。

从众的表现形式有四种：一是表里一致，心服口服的遵从；二是口服心不服的顺从；三是心服口不服的隐从；四是心不服口也不服的反从众。

从众与依从虽然都是在外在压力下产生了相符的行为。但从众是主动屈服于群体压力，放弃自己的意见而附和大众。而“依从”却是被动地屈服于群体压力，但保留着自己的看法，只是为了符合群体的期望而改变自己的行为。

从众行为既有积极作用也可能有消极影响，需要根据具体情况兴利除弊。对于社会生活中反从众或独立行为，需要具体情况具体分析，主要看问题的性质。如果意气用事，缺乏理智，出于对立情绪和逆反心理而故意反从众者，需要通过心理教育与辅导，加以避免。如果是建立在冷静、理智的基础上的坚持真理，则应鼓励、保护。

任何群体存在不同的意见和看法都是正常现象，否则一切问题的意见都完全一致，往往只是表面现象，说明有些人在“和稀泥”，或存在“一言堂”的专制的不正常现象，甚至潜伏着危险。这样的群体往往缺乏活力与生机，容易出现决策失误。

众从却是在群体中由于多数人受到少数人意见的影响而改变原来的态度、立场和信念，转而采取与少数人意见一致的行为。在少数人坚信掌握着真理，意见一致并坚持己见的情况下，多数人一开始只是有个别人思想动摇，首先转变态度，逐渐使多数派思想瓦解，相继转变态度与行为，与原来的少数者保持一致。它与少数派的权威性、独立性、一致性、自信性、可信度、坚持性、和谐性和内聚力有密切关系。而多数派之所以出现众从与其内部意见存在分歧，内聚力差、对真实情况没有把握，缺乏自信、关系不和谐等密切相关。社会的改革、科学发明等需要经过众从走向新的一致。

二、影响从众的因素

（一）个人因素

（1）智力因素：智力优秀的人具有较强的独立判断能力，不容易从众。相反亦然。

（2）情绪的稳定性：情绪比较稳定，能够自我控制的人，面临群体压力时能够镇定自若，不太容易从众；相反亦然。情绪高涨和情绪低落时都容易表现出从众行为。

（3）自信心：自信心强的人不太容易从众，有自我的想法，反之亦然。

（4）个性特点：服从性强和受暗示性强的人容易从众。自我中心的人难以从众，往往我行我素。

（5）人际关系：通常人际关系比较好的人容易从众，至少在某些无关紧要的事情上，容易迁就他人。

（二）群体因素

（1）群体的气氛：如果组织比较鼓励和支持群体成员行为的一致性，那么就比较容易引发从众行为；如果鼓励个性和独立性，则不容易从众。

（2）群体的竞争性：群体内部竞争程度越低，群体成员越容易表现出共同的行为；如果鼓励竞争，就会对从众产生制约作用。

（3）群体凝聚力：凝聚力越高，越容易产生从众行为。

（4）群体成员的共同性：成员的共同性越多，越容易出现从众行为。

（5）群体目标：群体目标越是明确和一致，就越容易出现从众行为。

（6）群体的规模：群体的人数不同，从众发生的概率就不一样。

心理学家的研究发现，个体在下列情境中比较容易发生从众现象：

①判断作业的难度较高，所呈现的刺激模糊不清时，个体顺从社会压力的倾向就越高。

②群体极具吸引力并有高度的凝聚力时，个体较容易表现从众行为。

③个体感受到群体成员个个能干，自己却无法胜任时，较容易表现从众行为。

④个人的反应将会被群体大众所知道时，个体较容易表现从众行为。

⑤群体至少具有3个成员，并且其他成员的反应是一致的时候，成员较容易从众。

⑥在鼓励遵从社会准则的文化背景下，个体较容易从众。

可见，影响从众的因素主要有群体的一致性，群体的规模，群体的权威性，个体的人格，自我卷入水平，以及文化差异与个体差异。

（三）情境因素

团队当中肯定也存在着不同程度的从众行为，对于个体为什么会从众的原因，我们可以从三个方面来分析：

一是行为参照。群体中的他人的行为或者观点，可以作为自己行为或意见的参照，特别是当个体处于自己对情境缺乏把握的情况下，就更需要参照他人的表现。

二是个体对他人的信任和群体对个体的吸引力。如果你的群体是具有较高凝聚力的，或者成员之间是高度信任的，那么，这个群体就会保持较高的一致性。

三是害怕与众不同的心理状态。当个体的表现与众不同时，他就会面临强大的压力乃至于制裁，他会感到自己缺乏社会支持，处于孤立状态，所以，人们一般都会避免这样的情境。

从宏观方面看，人们从众主要有两个原因：

一是为了做正确的事情，渴望正确从众的一个重要原因就是其他人的行为通常能够提供十分有用的信息，这就是所谓的信息影响。

二是为了被接受和喜欢，即获得其他人的赞同，并避免其他人的反对或孤立，这就是所谓的规范性影响。人们通常希望别人能够接受自己，喜欢自己，友好的对待自己。当人们为了获得社会的接纳而改变自己的行为方式，使得其符合群体的规范和标准时，规范性影响便起了作用。

三、从众的引导

社会生活中的从众行为大多不具有社会评价意义。它本身无所谓是积极的或消极的，主要取决于行为本身的社会意义。在任何社会中，多数人的观念与行为保持大体一致是必要的。一个社会需要共同的语言、共同的价值观念与行为方式。只有这样，社会成员之间的交往、沟通才有可能；反之他们的沟通与互动则促进这种共同性和一致性的发展。

从个体来看，他只有在多方面与社会主导倾向保持一致，才能更好地适应社会生活。任何个体，无论其多么聪明绝顶，其知识也是有限的，不可能多到足以适应遇到的每一种社会情境。个体需要以从众方式，在较大程度上使自己迅速适应未知世界，因此，从众对个体的社会适应具有促进作用。

从众的消极影响，是抑制个性发展，束缚思维，扼杀创造力，使人变得无主见和墨守陈规。

从众的积极作用，是有助于学习他人的智慧经验，扩大视野，克服固执己见、盲目自信，修正自己的思维方式、减少不必要的烦恼如误会等。

工作和生活中，我们要扬“从众”的积极面，避“从众”的消极面，努力培养和提高自己独立思考和明辨是非的能力；遇事和看待问题，既要慎重考虑多数人的意见和做法，也要有自己的思考和分析，从而使判断能够正确，并以此来决定自己的行动。

凡事都“从众”或都“反从众”都是不理智的。在企业绩效考评中，我们有时可能会犯这样的错误：一个部门经理觉得自己部门有个人特别好，想给他打个高分，但是这个人偏偏在外头人际关系不怎么样，所以外界的人都说这人不行。这时候经理明明知道他完成了今年的任务，非常优秀地超过了所有人，但还是不敢给他高分；一个部门员工觉得自己的主管某些方面做得不够好，想给他打个中等分数，但考虑到周围的人都给领导打了高分，还是打了偏高的分数，这些就是从众行为。这从某种程度直接影响到评价的公正性。所以，要提醒考评人警惕这个误区。尤其是在团队对某个项目进行评估时，千万不要因为团队的其他成员都达成一致而不敢表达自己的观点，有时候，真理还真的掌握在少数人手里。

第四节 社会心理的变化

当前，我国正处于从传统社会向现代社会变迁的转型期，改革开放已经实行了二十多年，整个社会生活发生了波澜壮阔的变化。研究这种背景下中国人的社会心理，有极大的现实意义。一些学者认为："社会心理有自身发展变化的规律，但是也可以引导，可以把社会心理研究作为社会预警机制的一个组成部分。研究特定时期的社会心理可以及时了解社会心理的稳定程度，并为政府制定政策提供依据。"

一、民众社会心理的变迁

学者认为改革开放以来，由于国家权力分化和社会利益转让，导致社会发生了巨变，社会生产、生存和发展的物质形态及社会实际运行操作的体制结构形态方面都发生了巨大的变化。而在此巨变中，社会民众心理也相应发生了嬗变。

改革初期的分权让利使社会民众得到了极大的鼓舞和激励，扬眉吐气、开朗乐观、意气风发成为这一时期中国民众精神面貌的明显特征。

从1985年起到1989年间，由于改革的重点由农村转入城市，改革进入全面推开和深入发展的阶段后，出现了尖锐的社会分化，无规则竞争以及权钱交换的腐败。这在相当大的程度上激化了人们极端的心理反应和行为表现，这一阶段社会民众的心理嬗变突出表现为社会心理的失衡。

进入20世纪90年代后，中国的改革进入了一个全新的阶段，从政策改革为导向的阶段转变为以体制改革为导向的阶段，宏观层面的改革排上了议事日程。社会层面的改革也开始逐步展开，中国进入社会多元化的发展时期。这一时期，社会民众的心理变化主要表现为心理的自我调整和行为的积极适应，社会民众的社会心理日渐成熟和稳健。在转型时期，中国社会心理变迁过程中呈现二律背反的特征。自主自强意识与个人本位心理并存，求新务实与金钱拜物心理并存，平等竞争观念与盲目攀比心理并存，开拓创新意识与怀旧迷茫心理并存，宽容开放心理与崇洋媚俗心理并存。总体上讲，转型时期中国人更注重现实，更强调个人利益，也更加理性、开放，更能接受多元文化，对未来持乐观与信心态度，对社会发展持较高的预期。

改革开放以来，随着农村发生的巨大变化，农民的社会心理也随之发生了变化，这主要体现在：农民自我意识和利益动机觉醒，社会价值和行为取向上发生重大变化，有了适合现代社会的致富观和市场经济观。乡土意识逐渐淡化，消费观以及婚恋生育观都变得更加合理，农村人际交往心理也由过去的主要是交往关系为主变得更具有交换关系的性质了。不少人克服了计划经济时期的等靠要的依赖心理以及安贫乐道、追求平均主义等不良心态，也淡化了人格中固有的“城贵乡贱”的自卑情结。农民的超前意识、创新精神、自力更生、自我发展的思想有了较大的提高。但是农民中依然存在不良心态，比如缺乏整体观念与危机意识，仍有依赖心理，封建意识犹存，等等。

国有企业改革过程中企业职工的社会价值心态有了一定的变化，心理承受力比以前有了一定的提高，其价值取向越来越体现在对自己物质利益能否实现的关怀上。开始把与自己切身利益相关的企业的生存和发展作为自己关注的中心，但也不能忽视其中的负面心态。由于收入差距的拉大，一部分国有企业的职工有严重的不公平感和被剥夺感，还有一部分职工对市场经济观念表现出明显的不适应，还有恋旧、依赖和高期望等不良心理。

二、流行歌曲与社会心态

（一）流行歌曲：窥视大众社会心理的窗口

流行歌曲已经成为当今中国审美文化的重要形式之一。不管你是否喜欢它，都不能否定它在大众文化生活中的地位以及它在塑造大众审美趣味以至于价值观念、生活方式方面的巨大作用，同时，也是反映社会心态的窗口。

流行歌曲具有商业性、大众性、流行性、通俗性、时间性、自发性等特点。正是流行歌曲的这些特点，决定了它与社会心理之间必然存在密切的关系。社会心理是某个特定的时期普遍流行于大众之中的、具有朴素性、自发性、感染性的集体心理现象。首先，社会心理不是个体心理现象，而是群体心理现象，它具有相当大的涵盖面、代表性、广泛性；其次，社会心理也不是十分理性化、体系化、规范化，并不具有严密逻辑性的、自觉的理论体系或观念体系，它具有原始性、朴素性，常常是自发形成的，而不是由理论家通过严密的理性思维与逻辑推理而精制出来的。正因为这样，这种自发产生的心理现象常常有很大的流行性。社会心理的特点之一就是它的不确定性与朦胧性。

把“社会心理”与“流行歌曲”两个概念进行比较，马上就会发现它们拥有许多相似的特征。可以说，流行歌曲是窥视社会心理的窗口。

流行歌曲不只是一种艺术现象，也不只是个体现象，而是社会性的文化现象。一个时代的流行歌曲常常是一个时代的社会心理与精神气候的写照。一个时代有一个时代的社会心理，因而也就有一个时代的流行歌曲。当然，这种联系有时是间接的而不是直接的，我们不能把这种关系庸俗化、简单化。

从社会心理的层面上讲，转型的时期是社会心理急剧动荡变化的时期，是人的生活方式、价值观念与心理结构迅速解构与重构的时期。而这种心理层面的转型在流行歌曲中，比之于在其他的文化产品与艺术形式中体现得更为本真、更为直接、更为具体生动。这是因为社会心理与流行歌曲之间存在着天然的、别的艺术形式无法比拟的契合性。因而解读和分析流行歌曲对于了解社会转型时期的大众的心理变化无疑有着极大的帮助。

（二）社会心态的变化

我们将20世纪80年代以来的流行歌曲的歌词按照主题分成几类，分别探讨它与社会心理之关系。由于我们的研究集中在流行歌曲与社会心理的关系，因而不可能是对流行歌曲的全面系统研究，这里解读的仅仅是流行歌曲的歌词。

1 理想化

中国在改革开放的初期，即20世纪80年代，社会政策发生了巨大的变化，人们思想上的解放，极大地解放了生产力，激发了人们投身改革开放的热情，人们对未来的社会生活充满了憧憬，对社会、对自我都充满着信心、喜悦与理想。这一时期的流行歌曲中的一首《年轻的朋友来相会》淋漓尽致地表达了人们的这种心态。

2 世俗化

大致说来，20世纪80年代的流行歌曲虽然也存在“俗”的特点，但是由于大陆的流行歌曲是在90年代才繁荣起来的，所以，流行歌曲中非政治化、非意识形态化的世俗内容到了90年代才特别地凸现出来。这与中国社会在90年代的世俗化趋势的空前加快有关。

在世俗化的过程中，必然凸显出大众对于日常生活幸福本身的强烈追求，凸显出人的生活观念、价值取向的多元化、商品化与消费化的趋势。世俗化的具体表现是，对于实实在在的、具体可见的物质改善与情感寄托具有越来越强烈的追求。世俗精神是一种以日常生活的幸福本身为目的的价值观念与生活态度。所以，世俗化的时代也可以说是一个没有高、大、全的“英雄”的时代。

世俗化的主题大致可以分为两类，一类表现为对于日常生活幸福的期盼、向往或祝福，另一类则表现为对于日常生活悲苦的倾诉。

在流行歌坛上，祝福亲人、情人、友人的作品相当多。与以前的革命歌曲不同的是，此类歌中的祝福已经不涉及社会政治内容，也没有多少意识形态色彩，而是“每一天都祝你快快乐乐，每一分钟都盼你平平安安”（《三百六十五个祝福》）之类的世俗诉求。快乐、平安已经成为朋友之间、亲人之间相互祝福的核心内容。例如：《祝你平安》中的“你的心情现在好吗？你的脸上还有微笑吗？人生自古就有许多愁与苦，请你多一些开朗，少一些烦恼。让那快乐围绕在你身边，祝你平安，你永远都幸福是我最大的心愿”。有一首歌叫《最浪漫的事情》，歌中写道：“我能想到最浪漫的事，就是和你一起慢慢地变老。一路上收藏点点滴滴的欢笑，留到以后坐着摇椅慢慢聊。我能想到最浪漫的事，就是和你一起慢慢变老。直到我们老得哪也去不了，你还依然把我当成手里的宝。”这里，最浪漫的也是最平常的，它已经没有什么传奇色彩。一个人实实在在地活着、爱着和被爱着，才是最重要的。

世俗化主题常常集中体现在一些表现家庭生活、家庭伦理的作品中。最典型的例子要算1999年特别流行的《常回家看看》。这首歌集中体现了社会转型期的家庭伦理问题、两代人之间的代际沟通问题。作品中的主人公显然是一个小家庭的成员（"领着孩子"、"陪同爱人"可以为证），而他/她实际上与父母并不住在一起，而且很少回父母的家。由此导致了小的一代的内疚与老的一代的寂寞。从这里似乎可以看出大家庭的分解与大家庭的传统心理积淀是并存的。

3 人性化

人们在摒弃政治化的东西以后，同时也面临新的情感危机与价值危机。在中国的特定环境中，市场经济在促进社会生产力发展、提高人民的生活水平的同时，也由于一些不健康因素的渗入而导致各种社会负面现象的产生（比如贪污腐败、权钱交易、色情泛滥等），也导致人的私心、私欲不正常地膨胀，社会陷入爱的缺失状态。“文革”时期人际关系极大地政治化，“亲不亲，阶级分”成为人际交往的准则，这当然是一种异化。但是，改革开放以后，尤其是20世纪90年代以来，人际关系又向“金钱关系”、“利益关系”异化。人们的感情上变得冷漠、疏远。人们感叹“雷锋不见了”，各种见死不救的现象频频见诸传媒。正是在这种情况下，一批提倡爱的歌曲应运而生。其代表作是《爱的奉献》，这首歌典型地反映出人们想要在新的历史时期重建新型的人际关系、呼唤人性、人情复归的愿望。

在流行歌曲中，出现了在圣人与常人之间的“好人”主题。

需要指出的是，世俗情感并不一定就是不健康、不道德、消极颓废的，也不一定是宣扬享乐主义、自我中心主义的。实际上，它只是摈弃了与世俗生活相对立、压制世俗生活的那种信仰或终极关怀，但是相当多的流行歌曲依然在建构自身的正面价值以及自身的正面形象，这种世俗化的正面价值关怀我称之为“好人情结”，而它所塑造的正面人物则是所谓的“好人”。

好人不是原先那种“高大全”式的英雄，即使用了"英雄"一词，含义也已经完全不同，比如《真心英雄》中唱的“谁是真的英雄？平凡的人给我最多感动。再没有恨，也没有痛，但愿人间都有爱的影踪。”这里的“英雄”体现的恰好是平凡、真实与爱心，而不是圣人，不是高高在上、不食人间烟火的“神”。他们同样有凡心、俗念乃至私心。好人只是普通人中具有同情心、乐于助人、善于体贴与关怀别人的人，是“默默地履行做人责任”。好人的本质与核心是“有一颗好心”。在社会上广为流传的《啊，朋友》中唱道：“朋友啊朋友，你可曾想起了我。如果你正遭受不幸，请你告诉我。朋友啊朋友，你可曾记起了我。如果你正享受幸福，请你忘记我。朋友啊朋友，你可曾记起了我。如果你有新的新的彼岸，请你离开我、离开我。”这首歌塑造了一个无私、大度、宽容，只知道付出而不要索求的“好人”形象。他/她在朋友困难的时候出现，在朋友幸福时则隐身而去。

好人主题的出现与电视连续剧《渴望》有相当大的关系，《渴望》的主题歌就是《好人一生平安》。该剧塑造的“好人”形象，就是他们身上那种体贴人、关怀人、乐于助人、先人后已的好人情怀。在用如泣如诉的声音反复吟唱的“恩冤忘却，留下真情从头说，相伴人间万家灯火”中，解放后革命歌曲中所常见的战斗的逻辑、战斗的精神已经被温情脉脉的倾诉所取代。可以说，它标志着流行歌曲中好人主题与好人模式的正式出现。

4 认同危机

在当前中国的社会转型期，人口流动空前加大。许多人、尤其是生活在农村与小城镇的人，纷纷离乡背井，他们或是到大城市打天下，或是云游全国，遍走四方，实现自己的人生价值。但是这些人的根，特别是感情的根常常仍然是在他的家乡。对于一个来自农村的“外乡人”、“打工族”来说，现代化的大城市是一个人头攒动、充满机会也充满排斥的、人情冷漠的世界。从而这些离家出走的人不可避免地成为城市中的“边缘人”，城市对于他们既充满诱惑，也怀有敌意。在他们的眼中，城市是一个流光溢彩、金钱遍地的世界，那耸立的高楼大厦、那闪烁的霓虹灯，无不在炫耀着现代文明的成就，在刺激他们的欲望；然而城市又有自己的规则、自己的逻辑，这些规则与逻辑以及它的文化价值根基与农业文明的规则与逻辑，与农村的生活世界、生活方式、价值观念相去是何等的遥远，从而无法成为外来者真正的家园，虽然可以从城市中得到钱、得到物质的享受，欲望的满足，但是无法进入它的中心，无法脱胎换骨成为真正的城市人。于是也就陷入了无法摆脱的认同危机之中。

这里涉及到两种文明的冲突。工商业社会与农业社会的文明形态是不同的，前者是一个“陌生人”的社会，人际关系的纽带不是亲情而是契约。现代城市社会中的人是依靠契约联系在一起的；而农业社会则是一个“熟悉人”的世界，一种靠放大了的血缘关系维系的社会。

于是，在1994、1995两年，出现了许多表现思乡主题的流行歌曲。此类歌曲中比较有代表性的有《九月九的酒》、《流浪歌》等。《九月九的酒》是其中最为著名、最为流行的一首：“又是九月九，重阳夜，难聚首，思乡的人儿飘流在外头。又是九月九，愁更愁，情更忧，回家的打算始终在心头”。

另外一首思乡歌曲《流浪歌》的特色在于把对故乡的思念与对于母亲的依恋揉合在一起。离开了故乡的游子就如同离开了母亲的孤儿，他们的共同感觉就是孤独无助。大都市与故乡构成了二元对立的模式，这种模式在几乎所有思乡主题的歌曲中都可以找到。

总之，这些思乡曲中的抒情主人翁都是一个或流浪他乡、或从农村走向城市的漂流者，都表现出了对于这种离乡行为的怀疑，对家乡的思念，以及回归故乡的冲动。然而，人们在意念上对于故乡的思念、对城市的厌倦是一回事，而在行动上离开城市、回到故乡又是另一回事。实际上，人们对于家乡、对于原始的乡村生活的怀念本身就是以他实际上不想也不会回到家乡为前提的。就像整个人类不停地在赞美田园牧歌式的生活，而实际上却依然生活在城市中一样。一旦他真的回到了乡村，乡村的美丽就会丧失殆尽。就像人们赞美云的美丽瑰丽，却从不尝试离开地球去捕捉它一样，一旦抓住了天上的云，就会失去它所有的美丽。所以，保持对于故乡的美好记忆的最好办法就是永远不回家。实际上，思乡的人心目中的故乡是被美化了的，是一种心理补偿。现实生活中的缺憾，就像一个人对初恋情人的怀念也总是把对象美化，因为他（她）不在你的身边。距离会使对象美化，这是人类心理、特别是审美心理的一般规律。初恋情人之所以无比美好，是因为你没有与他（她）结婚，要保持对于初恋的情人的美好记忆就是永远不要再见到他（她）。同样，一个人对于过去的艰苦生活的美好记忆是因为你现在过的是一种富足的生活，如果你真的要回到那样的生活，你会很快受不了。

5 迷惘心理

20世纪90年代，面对社会的急剧变化，由于缺乏心理准备与必要的心理应变能力，很多人在心理上出现适应困难，产生强烈迷茫感。

有一句口头禅叫做“不是我不明白，这世界变化太快”（它也是一首流行歌曲的歌词）。在社会急剧变化的今天，很多人在面对世界、面对当今社会的巨变时普遍感到无力把握、无所适从。从而产生认知的迷误以及行为的失控。《外面的世界》、《雾里看花》、《茫然》等都是这方面的代表。总体来看，此类歌曲表现的主题可以概括为：主体意识和观念的转换与社会现实的改变之间呈现极大的错位与滞后，从而产生投入社会与逃离社会之间的矛盾心理；对于现代化、现代文明以及城市生活的怀疑；对于个人奋斗的意义的怀疑。

这种心理体验在转型时代是十分普遍的，也是合乎规律的。皮亚杰的认知心理学研究成果告诉我们，人对于外界事物的认识有同化与顺应两种。同化是用自己原来的心理图式去整合新的信息；而顺应则是通过改变原来的心理图式去适应新的信息。如果这两种方法都不能适用，那么，作为认知与行为主体的人就会陷入心理上焦虑、茫然与行为上的不知所措。

中国社会在20世纪90年代的剧变，使得旧的理解世界的方法和框架不再能够成功地解释这个迅速变化的世界，出现无法一时同化的状况。社会按照自己的“逻辑”发展着，而这种发展又实在太迅速、太急剧，许多人苦于无法做到所需要的“胆子再大一点，思想再解放一点”，在社会发展中显得十分被动与无奈，心理观念的滞后，使人们对于客观现实的适应难度加大，心理上对社会出现明显的适应困难。人想要改变世界很难，而世界抛弃人却很容易。真所谓：“不是我不明白，而是这世界变化太快”；正如罗大佑演唱的《现象七十二变》中描述的“慌慌张张迈开你的脚步，你是个匆匆忙忙的现代人。岁岁年年风水都在改变，改变了你的悲哀你的笑脸。”

于是产生了在投入（外面的世界）与逃离（外面的世界）之间的矛盾心理。正如《外面的世界》所唱的：“外面的世界很精彩，外面的世界很无奈。”这个世界与以前相比是越来越精彩了，不断有好戏在上演，它的诱惑也越来越强烈、越来越不可抵御了；但同时，它也让人越来越难以理解、难以把握，让人躁动不安、欲说还休。人们都感觉到金钱在这个世界的重要性正在变得无与伦比，但金钱充满了诱惑，也充满了陷阱。其突出的特点是人际关系的异化，在形形色色的人际交往中，人们常常看到伪装多于真面，虚情多于真情。

迷惘感主要表现：一为人际关系的复杂化；二为人生意义的缺失。

人际关系的变化造成人们的迷茫感。正如《雾里看花》用“雾里看花，水中望月”来比拟人际关系的扑朔迷离、难以把握，真即是假，假即是真，歌曲最后是呼唤“借我一双慧眼吧，让我把这纷扰看个清清楚楚、明明白白、真真切切。”然而这是一种多么无力的呼唤！

社会学的研究指出，现代社会是由陌生人组成的世界，现代社会中的人被空前密集地集中到城市，但是相互之间形同陌路。正如《现象七十二变》中唱的：“眼看着高楼盖得越来越高/我们的人情味却越来越薄/朋友之间越来越有礼貌/只为大家见面越来越少。”这是一种非常典型的现实写照。

人生意义的缺失也是一部人典型的心理体验。现代工业化社会中的人（特别是城市中人）都非常忙碌，有的但却不知道忙碌的意义与价值。成了一种被动的、身不由己、甚至迫不得已的忙碌，从而产生不停地忙碌又不知道为什么忙碌的体验。歌曲《茫然》集中表现的就是对于生活意义的怀疑：“想起未来让人痛苦，却无法控制住脚步，又不知目的在何处，到底在生与死之间，哪个才是真勇敢。”没有意义的生活当然是令人痛苦的，但是又不得不没完没了地奔波忙碌。于是“忙碌”与“盲目”成了这一时期的一对孪生兄弟。

6 无助心理

改革开放促进了社会的飞速发展，现代人的生活在发生着急速的变化，以至许多人都无法预知和把握。但是人们不甘心也不能被生活淘汰，于是就不得不参与社会的激烈竞争；然而个人的力量在时代的巨变中是微不足道的，很多人还无法充分地适应这个新的社会、这种新的生活。比较有代表性的歌是《我是一只小小鸟》。就象歌中唱的：自己只是一只“小小鸟”，“想要飞却怎么也飞不高”。即使飞高了，也不见得是什么好事，或成为“猎人的目标”，“或发现自己从此无依无靠。”在此，无遮拦的天空不再是自由的保证，相反，它预示着危险，预示着无根漂泊的状态。歌的最后三句则走向了对现代生活的全面怀疑，不论是“我”，还是别人，都不能说明天是否会更好些，甚至也不能肯定幸福是真实的存在还是一种传说。《一无所有》则声嘶力竭地唱出人们渴望拥有却又无可奈何的心态。

迷茫的另一个表现是对于现代文明的意义的怀疑。上述迷茫感与失落感是与现代文明（城市化、商业化等）对于传统文明、传统的生活方式（尤其是人际关系）的冲击紧密相关的。如上所述，现代城市社会人际关系的突出特点是：一方面人际的交往空前增加，而另一方面人际间的真情又空前地缺失。从而迷茫的人们对于城市化、商业化及其所导致的人际关系产生了深深的怀疑。现代城市本质上是一个商业和工业的空间，而商业与工业都是最不具人情味的（与农业或其他较原始的生产方式相比），它的逻辑是金钱与效率的逻辑，而不是情感的逻辑。所以儿时的伙伴各奔东西，原来的熟人已变得陌生，这都是现代城市不可避免的现象。同时城市化还必然导致生活空间的拥挤，自然的缩小以至丧失。所有这一切都使人们怀疑这个城市是否还是我们所要的或原先所设想的城市乌托邦，怀疑“是我们改变了世界还是世界改变了我和你”。

7 享乐心理

追求潇洒，摆脱烦恼。潇洒、洒脱一度成为理想生活方式与生活态度的标志，尤其是年轻人追求的目标。如果我们搞一个20世纪90年代的流行语排行榜，那么，这两个词恐怕会名列前茅甚至位居榜首。这是一个新的社会心理现象，它也反映到了流行歌曲中。摆脱过于严肃执着的人生，超越功名利禄、是非得失，以无可无不可的态度对待人生，成为当今许多流行歌曲的时髦主题，同时，这些歌中也透露出对现实的逃避与无奈。这类歌曲的主要代表有：《随遇而安》《游戏人间》、《潇洒走一回》、《茫然》、《怎么HAPPY怎么来》等等。《随遇而安》中唱道：“万般恩恩怨怨都看淡，不够潇洒就不够勇敢”，“滚滚红尘翻呀翻，天南地北随遇而安。”《祝你平安》安慰朋友：“人生自古就有许多愁和苦，请你多一些开心，少一些烦恼，生活的路总有一些不平事，请你不必太在意，洒脱一些过得好。”《爱江山更爱美人》规劝自己：“人生短短几个秋，不醉不罢休，东边我的美人，西边黄河流，来呀来个醉呀，不醉不罢休，愁情烦事别放心头。”

这种心理的流行是与上面所说迷惘感直接相关的。人不可能生来就是游戏人生的，他对于人生采取什么样的态度总体上说取决于社会环境，取决于他信奉什么样的人生哲学、能否找到人生的意义。游戏态度的基础即是生活意义的失落，在此基础上会产生虚无主义与享乐主义。在一些人看来，这个竞争的社会只有竞争而没有真情。他们对这样的生活不满，但为了生存又不得不投入残酷的竞争。在痛苦实在无法解脱的情况下，只好佯作潇洒了。无疑，生活意义的丧失与身份认同的焦虑是这些歌曲流行的主要社会心理原因。

这类主题中最有代表性、也最为风行的是《潇洒走一回》：“天地悠悠，过客匆匆，潮起又潮落。恩恩怨怨，生死白头，几人能看透。红尘呀滚滚，痴痴呀情深，聚散终有时。留一半清醒、留一半醉，至少梦里有你追随。我拿青春赌明天，你用真情换此生，岁月不知人间多少的忧伤，何不潇洒走一回。”这首歌淋漓尽致地表现了在虚无主义的基础上产生的享乐主义。

8 心理重构

当然，也有一些表现潇洒与洒脱的歌曲与上述两首歌有一些不同。它们表现的不是虚无主义与享乐主义，而是重新估价人生的价值与意义，坚定地追求自己的人生道路，特立独行，不管别人怎么说。比如《我的未来不是梦》：“你是不是像我在太阳下低头，流着汗水默默辛苦地工作。你是不是像我就算受到冷漠，也不放弃自己想要的生活”，“我不在乎别人怎么说”，“我知道我的未来不是梦，我认真地过每一分钏，我的未来不是梦，我的心跟着希望在动”。属于这类主题模式的还有《真心英雄》：“在我的心中曾经有一个梦，要用歌声让你忘记所有的痛。灿烂星空谁是真的英雄，平凡的人们给我最多感动。再没有恨，也没有了痛，但愿人间处处都有爱的影踪。用我们的歌声换你真心笑容，祝福你的人生从此与众不同。把握生命里的每一分钟，全力以赴我们心中的梦。不经历风雨怎么见彩虹，没有人能随随便便成功。把握生命里的每一次感动，和心爱的朋友热情相拥。真心的话和开心的泪在你我的心里流动。”歌曲表现了中年人、成年人的一种成熟、“彻悟”，对于功名利禄的鄙弃，对于尔虞我诈的人际关系的厌恶，向往平平淡淡、轻轻松松、实实在在的人生。似乎只有这才是真实的人生。这是现代人的真实情感的表露。通过这类歌曲，我们一方面可以看到“文革”时期带有禁欲色彩的理想主义与英雄主义价值观在这个世俗化时代的解体；同时也发现，许多人并不满足于在物欲横流的世俗世界为金钱、为名利尔虞我诈、勾心斗角。他们告别了神圣化的时代，抛弃了过去那种教条僵化的生活，同时又无法适应一个缺少精神价值支撑的世俗化社会；他们不再沉溺于抽象空洞的政治化理想中，但在这个平庸的、唯利是图的社会中同样找不到生活的意义，从而陷入了意义与价值的真空状态，滋生出玩世不恭的心态。那么，在一个神圣解体、世俗肇兴的新的历史时期，如何建构一种既和当今的世俗社会相容，同时又能支撑人们精神生活、使之不陷入虚无主义的价值取向呢？这是今天的社会应当认真思考的一个问题。

（三）转型时期的社会心理问题及原因

改革开放以来，民众中普遍存在的心理失调主要体现在以下几个方面:一是相对剥夺心理；二是落差与攀比心理；三是保守与惰性心理；四是今不如昔的怀旧心理；五是短期行为与浮躁心理；六是冷漠与无助心理。这些心理问题归根结底是社会转型所带来的。社会转型导致个人的重新社会定位、利益结构的改变、人们价值观的转变、社会失范与心理适应困难以及生活方式的更新与心理负荷的加重。此外，腐败也是影响公众社会心理衰落的主要因素，因为腐败加重了公众相对剥夺感，加剧了公众受挫感，降低了社会关怀感，削弱了公众社会责任感，从而导致人们出现焦虑、冷漠、误解和越轨等现象。贫富差距的出现和拉大，也加重了人们的心理失衡感，强化了人们的不公平感。

第五节 社会失衡心态及其调控

一、社会失衡心态的表现

心态失衡是指个体在愿望、需求得不到满足或遭受挫折失败时，所产生的一种心理上的失重或紊乱的状态，它是个体内在需求与外在环境相冲突所表现出的心理不稳定。社会失衡心态则是指一个国家的社会成员在一定社会发展时期所普遍呈现的心理不稳定或紊乱的状态，是国民对社会现实存在的消极心理反应之和。包括认识上、情感上和行为上的倾向。其主要表现在民众心态的无序性、非道德性因素增加，浮躁的非理性因素增强。具体表现为：浮躁化、物欲化、虚假化、不公平感、焦虑感、冷漠化、非理性的享乐、盲目逆反。

1 追求的短视与心态浮躁

表现为人生长远的理想目标缺失，仅追求近期的、有形的利益、实惠的追求；在追求目标的过程中急于求成、急功近利，耐不住寂寞，坐不住冷板凳，缺乏恒心与耐心，一遇到挫折就怨天尤人，埋三怨四，牢骚满腹、心浮气躁。

2 社会需求的物欲化倾向

在中国，历史上崇尚的是重义轻利、安贫乐道、知足常乐。这些观念长期禁锢着人们的头脑。随着市场经济的发展，多元文化的影响，人们的价值观发生了巨大的变化。有的由一个极端走向了另一个极端，长期被压抑的物质的欲望、对金钱的崇拜一下子迸发出来。有的变得重利轻义甚至见利忘义、贪得无厌。重金钱、讲实惠，精神激励贬值，唯利是图。

3 经济生活中的虚假欺诈

市场经济本应是法制经济，诚信经济，由于我国的市场经济尚不完善，法制不很健全，同时存在有法不依等现实，市场上、生活中，不断出现假冒、欺诈等现象。许多人在上当受骗之后产生恐惧心理，心有余悸，导致人人自危，带来许多心理压力与害怕、紧张心理。

4 被剥夺的不公平感

由于社会客观上存在行业之间、地域之间、单位之间、群体之间分配的不合理，垄断行业与非垄断行业之间收入差距扩大，存在事实上的不公平。加上城乡二元社会的差距，农民工与城市工、正式工与合同工等之间可能存在同工不同酬。多劳者没有多得，自然带来心理上的不公平感、被剥夺感，从而容易引发不满、愤怒情绪。也有的人由于攀比不当或攀比太多，也容易产生心理的失衡。在攀比时忽视自己的所得，夸大自己的所失，在投入与收入的各因素之间的比较不全面，如收入方面忽视无形的，投入方面单纯强调时间、经济等，而忽视能力、智力等因素，引发不必要的不公平感、失落感、愤懑感等负性情绪体验。

5 价值取向的多元焦虑

随着西方文化以及各种亚文化的引入，传统的价值观受到了前所未有的冲击，面对社会舆论的影响、新的价值观的挑战，人们在多元价值取向面前有的冷静分析、理性取舍；有的盲目从众、随波逐流；有的犹豫不决，无所适从。据中国社会科学院社会学研究所的实证研究发现，在当代青年价值观的演变中，经历了三个价值取向的演变浪潮：第一个是群体本位取向向个体本位取向的偏移；第二个是单一取向向多元取向发展；第三个是世俗性的价值目标正在取代理想主义的价值目标。这三个基本演变取向相互关联、相互包容、相互影响，从各自的角度对主导价值体系进行冲击 。由于这一转变过程是人们曾经习以为常、觉得天经地义的信念的改变，要经过痛苦的思想斗争与激烈的心理冲突，面对多元化的价值取向和种种不确定的因素，有些人难以从心理上适应，这就难免造成人们情绪上的躁动不安、彷徨、苦闷和忧虑。在行为抉择时有时也常常无所适从，进而引起心理焦虑、矛盾，产生不愉快的心理体验。

6 社会交往上的冷漠化

在人际交往中，需要热情、宽容，但有的人习惯以自我为中心，期盼别人来主动接纳自己、服从自己、包容自己，却不愿意热情待人，对人冷冷冰冰，不关心他人的痛苦，缺乏移情能力，不能进行心理换位，不顾及他人的感受，只在乎自己的感受。有的人心胸狭窄，嫉能妒贤。表现为“他人冒尖看不惯，别人有钱心不平，他人能干容不下”的嫉妒心理。当别人比自己强时，不是想方设法赶超别人实现平衡，而是“你比我强，我偏不许你强”，千方百计设置障碍。在这种心理互动中，引发猜忌、多疑、冷漠等心理与行为，使得人际关系复杂化。

7 思维上的盲目逆反

逆反是一种常见的社会心理现象。如果一个人对某一对象的情绪、欲望和态度不能为自己的理智和情感所接受时，便会在潜意识中产生一种反抗的情绪体验，并在言行中自觉或不自觉地背道而驰。社会逆反心理是指具有一定数量的社会成员对一定的社会现象与正常条件下应该具有的认识及其行为倾向持完全相反态度的心理。现实社会生活中那些不满自己的社会地位而又无能为力改变现实的人，容易将这种无奈与怨气转化为逆反与偏见，盲目地进行发泄，以求得心理的暂时平衡。逆反心理有积极与消极作用之分。

积极的逆反心理一旦得到正确的应用，就可以成为人积极向上的内在动力。电视剧《破烂王》中，在一次工人的聚会引起冲突时，废品回收公司的领导对工人作了不恰当的批评和指责，侮辱他们只能是下等公民、贱货，激起了工人的义愤与升华，从而引起了一场物质回收的大变革，推动了企业的发展。很多人就是借助被人歧视激发出来愤怒，进而升华为发愤图强的强大动力，走向了自强之路。

一般情况下逆反心理的作用多是消极的。在当前的社会变革中，有些人心理上难以适应，思维简单地从一个极端走向另一个极端，简单地否定一切、怀疑一切。譬如现在网络上对社会事件与新闻的评论，有的人常常表现出盲目的逆反，对上级领导的意见，对大众传播媒介也是如此。逆反心理的大量积淀容易对社会现象形成一种非理性的观念，造成偏见。特别是变态的社会逆反心理，容易引起人际交往的矛盾冲突和隔阂，导致人际关系紧张。严重的会威胁社会的和谐与安定，阻碍社会的良性运行。

8 非理性的享乐心理

在非理性的价值观念与不适当的心态影响下，引发出了大量的非理性行为。如消费生活中，有的人过度地超前消费，盲目攀比，不顾经济承受力与实际需要，买大房子，购高档车，追求奢侈的享受，出现一批有房有车的“负翁”，“跟着感觉走”、“潇洒走一回”、“过把瘾”，只求曾经拥有。无聊、无所谓、无目的、无兴趣的心态成了时髦。炫耀风、吃喝风、赌博风、算命求神成为时兴。有些是人们的业余生活的自由选择，不可过于干涉。但作为一种生活现象一旦演变为风气、时尚，将非理性的社会生活常态化，把娱乐场变成了单纯排遣情绪获得感官愉悦的场所，把严肃的精神劳动变成玩世不恭的游戏。已经成为了一个值得关注和思考的社会心理与行为问题。

以上八种社会生活中的失衡心理与行为可以看出，改革开放以来，人们的思想解放了、活跃了，视野也大大开阔了，开始追求新知识、接受新的观点，求新求变，这些社会心理对社会的进步与发展具有积极的促进作用，推动着改革的深化，开放步伐的加快。但在这场深刻的社会变革中，竞争的加剧、东西文化的冲突、传统与现代的碰撞、利益格局的重新调整，使得人们的心理活动比以往任何时候更加复杂、更加剧烈，极容易迷茫、失落、孤独、焦虑、不安。

对这些社会心理现象应予以重视，加强研究、探索对策，有效地引导，尽量开发其潜在的积极因素，转化为推动社会发展的力量。同时，要高度重视其可能给个体心理的社会适应与社会心态的和谐的消极影响。因为和谐、健康的社会心态是社会改革发展的有力支持与精神动力，而消极的社会心态一旦扩大、加深，就可能按几何级数泛滥，加深不支持、不合作的心理行为，甚至为各种丑恶现象的蔓延推波助澜，增加社会的不稳定因素，进而导致社会的动荡。世界上许多的社会动荡开始就是社会性失衡心理的出现，超过了群体的心理张力，加上社会的整合能力与动员能力的局部削弱而造成的。因此，需要将社会性失衡心理与行为的调控作为一项社会管理的基础工程。对个体与群体心理活动中的不良心态加强预警，客观分析其利弊与成因，准确预测其发展变化的趋势，及时加以引导与干预。

二、社会失衡心态调控

1 注重人自身较高质量的内在精神需求

很多心理学家告诫人们：要想使人们摆脱不安全感、无意义和无名的恐惧烦恼，使人们热爱生活，对人生充满热情和希望，积极地对待社会变革，就必须关心和重视人的价值和尊严，在高质量精神生活中发展和释放人的潜能，努力培育和塑造健康的社会性格。

哲学家兼心理学家弗洛姆曾告诫世人：我们生存于一个只有享乐而没有快乐的、以追求享受为目标的时代。享乐指向外在目标，快乐指向人的灵魂。追求享乐的人在外在目标达到的瞬间会有一种满足感。但是，随着满足感的逝去，接踵而来的是一种深深的沮丧感。因为瞬间的满足感没有给他们灵魂带来安宁和变化。他们的心灵没有因这种满足而充实，反而因满足的获得变得日益空虚和无聊。为了消除这种无聊感，他们只好寄希望于下一个目标、下一个刺激的来临。这样享乐的发展趋势是不断地膨胀自我，不断地以自我去吞噬外在世界。所以，弗洛姆强调人生存的本质在于占有，人生是一个无止境的占有过程，一遇挫折和失败就可能导致行为异常和心理失衡。我们认为，人们应追求享乐，但更为重要的是应追求快乐。借助萨缪尔逊的快乐方程，建立心理平衡快乐的方程表达式为：

$$人的快乐度=\frac{人的全面发展+贡献}{欲望度}$$

从快乐方程可以看出，人们心情的愉快程度，取决于人自身素质的全面发展程度和贡献大小与欲望程度的比较。人的自我素质的全面发展关键表现在精神生活的质量上，表现在人的精神面貌上。如果自身素质发展和贡献大于欲望程度，则心情是平衡愉快的；相反，分母大于分子，则心情是痛苦的、失衡的；如果分子和分母值相等，则心情处于中间状态。

2 塑造与现代社会相适应的社会性格

所谓现代社会性格，就是群体中大多数人对自身文化传统的尊重、政治经济制度的合理性、文明程度、意识特性、生活规范及生产力水平等与现代化相适应的综合评价中，共有的心理特质和性格特点。核心内涵是用现代观念对本社会的热爱和自豪、社会成员团结进取意识、社会活力倾向性的综合评价。社会性格像磁石，按照它固有的磁力方向把社会的性格吸引成一定的“型”，人们都规规矩矩地按照这个社会性格塑造自己。社会性格特别是民族性格起统一群体心理的整合作用，将生活中丰富多彩、变化万千的零散的社会心理现象吸引在一起，成流、成势，成为一种群体精神笼罩着群体空间的气氛。因此，必须高度重视塑造与现代化相适应的社会“心理流”和“心理势”。

3 加强主导社会价值体系的整合性

每个人都有评价事物和现象的内部准则，而这些内部准则又受主流性准则体系的制约影响，这就是主导社会价值观的作用。人们在过去近二十年对主导价值体系和社会现实的选择中，已经产生了道义原则与功利原则整合程度较高的种种新的价值观念。主导价值体系应更适应多种经济成分、多种利益和多元文化并存的社会主义初级阶段的社会现实，整合现存的价值观念，形成先进性和广泛性要求相结合的主导价值体系，在人生、道德、政治、婚恋职业等价值取向上，应弘扬传统文化价值模式中的积极因素，倡导理性化的、富有生命力的价值体系，既要避免脱离社会现状的封闭价值系统，又要抑制“照搬照抄”的价值混乱的局面，凝聚成全社会进步、文明、科学的价值体系，达到个人、群体、社会目标的整合，主导价值系统与社会现实的整合，价值目标与价值效果的整合等。例如，近年来有些教育工作者将远大理想的教育，分层落实为具体、实在的人生目标教育，这种教育因其合理性和实在性而被学生广泛认同，从而达到了教育目标与教育效果的一致。这就是价值整合的效果。

4 提高人们心理素质和社会适应能力

人们能否有效调整和控制心态情绪，适应社会种种要求和变化，在潮起潮落中能屈能伸、奋勇拼搏，把握进退维谷的处境，做生活的强者，或是淡泊名利……其间有各种各样心理问题要疏导、排解、治疗。否则就会出现心理失衡或社会性心理失衡，甚至会导致心理障碍或心理疾病。所以，着眼于人的潜能的开发，发展个性心理优异特质，培养和发展开拓、创新、务实精神，增强心理承受能力和社会适应能力，有待于发展社会心理卫生事业。通过多种渠道宣传和普及心理卫生保健知识，重视建立和健全心理咨询，并在群众中普及心理卫生知识和心理调节的具体技术。社会大多数人对挫折的心理承受力是有限的，有些人实在无法承受压力与刺激时，就可能引发过激性的举动来宣泄自己的不满情绪。因此，要施加某项改革措施刺激，必须首先改变人们的感觉阈限，提高心理承受力，掌握社会性情绪指数，化心理上的大震荡为小震荡，维持社会心理的总体动态平衡。施加新的举措的刺激一定要与改变人们感觉阈限相适应，这就是对社会性失衡心理的一种治疗。

5 营造积极向上的社会心理环境

社会环境分为物质环境与精神环境，精神环境又分为信息环境和心理环境。其中的心理环境是伴随信息传递出现的，在人与人之间形成的心理沟通环境。人们已经普遍意识到生存物质环境对人们健康的影响，而社会文化环境对社会心理的影响却未被普遍认同。社会文化环境涉及思想、道德风尚、伦理、文学艺术等。由于社会的全面改革和西方文化的渗透，人们原有的思想观念体系有些被打破，形成了中西思想观念混杂的局面。我们应将那些适合我国国情，有利于改革和社会进步的外来文化融合起来，进行选择和重组，剔除那些与社会发展不相适应的价值观念、行为方式和生活方式中的糟粕，营造开放性的积极向上的社会环境。为此，就要打击各种假恶丑现象，扫除社会邪恶势力，净化社会环境；要加强法律调节力度，维护合法权益；加强反腐倡廉的力度，维护党的威信和形象；加强对文化传播和文化市场有效的宏观控制；加强对人们价值追求有效的适当的制约与引导；引导人们正确认识和对待各种现象，科学调节控制心理行为，形成良好的社会心境；深入持久地开展群众性精神文明创建活动，大力倡导社会公德、职业道德和家庭美德；等等。

第八章 社会行为及调控

社会行为的产生有着诸多原因，其中与心理因素直接或间接相关的行为属于心因性社会行为。诸如利他行为、亲和行为、越轨行为、群体性社会事件、社会模仿、流行时尚、社会流言、舆论、攻击行为。了解其形成原因以及探讨其调控策略是应用社会心理学的特殊使命。

心因性行为是直接或间接由心理因素引发的社会行为。

人的社会行为很多。应用社会心理学要以解释、预测和控制人们的社会行为为己任。社会心理学主要研究人的亲和行为、利他行为、攻击行为、侵犯行为、连动行为、相符行为、聚群行为、聚偏行为。这里仅就其中一部分心因性行为进行介绍。

第一节 亲社会行为

亲社会行为是人们在社会交往中所表现出来的谦让、帮助、合作和共享等有利于别人和社会的行为。[①]例如利他行为、亲和行为等。

一、利他行为

（一）利他行为的含义与特点

利他行为是现代西方社会心理学常用的概念。其含义是指一个人为满足他人利益而无私地去帮助他人的行为方式。从20世纪60年代以来，利他行为引起了社会心理学家的关注。社会心理学加巴泰尔将亲社会行为分为利他行为与偿还行为。利他行为是出于自愿和自择的助人行为。我们将利他行为定义为：它是一种不期望日后报答而出于自愿的助人行为。不期望日后报答的利他行为有两种不同的形式：一是利他主义的行为，以助人为行为的目的，即“我为人人”。一是报答性行为，自己曾受人帮助而认为自己应该帮助人，即“人人为我”，所以我要帮助他人。利他行为表现为诸如同情、慈善、捐款、救难，大到奋不顾身地冒着生命危险甚至献出生命救人；小到如公共汽车上让座，主动打扫公共卫生，义务照看邻居小孩等。但都有一个共同之处，它们都是为了使别人获得方便与利益，是有利于社会的行为。

---

① 朱智贤. 心理学大辞典. 北京：北京师范大学出版社，1989: 493.

利他行为一般具有以下几个特点：

（1）以帮助别人为目的，而不是为了自己的私利。

（2）不期望回报或奖励；自觉自愿，不是迫于外界的压力而做出的。

（3）可能给自己带来损失。它需要个人付出一定的代价，但是个人并不会计较。

其类型包括：对陷入困境的人予以帮助；制止或干预犯罪行为；约束自己不做出越轨行为，即通过克制自己的方式取得利他的效果；偿还行为，即为了回报从他人处获得的好处，或补偿自己给他人带来的损失的助人行为。当利他行为不分是非时，也可能表现为无原则地纵容、包庇他人的缺点和错误。

（二）影响利他行为的因素

1 利他行为的唤起

一般情况下，在利他行为出现前会作出一系列的判断：观察到需要帮助的情景，清楚发生了什么事，当事人是否需要帮助，是否紧急，是否应该给予帮助，应该采取什么行动，借助什么办法，自己是否有能力帮助等。当然，在非常紧急的情况下，某些人会忽略一些情况直接作出反应。例如，有些自己不会游泳的人奋不顾身地跳入水中救人。

2 助人的得失判断

当情况紧急，自己也有能力相助时，为什么有些人会漠然视之呢？此时旁观者对自己利他行为可能带来的麻烦和损失的考虑，往往成为阻碍助人行为的主要原因。特别是媒体上对好人难做情况的大量报道，增加“好人”的风险，使很多本想助人的人心有余悸，欲助又止。

3 求助者的特点

当事者自己是否有能力解决问题，是否对所处困境负有责任，性别、年龄、仪表、行为本身，口碑，即求助者的知名度特别是美誉度等影响着旁观者的助人行为。一般女性、老人、小孩、漂亮、名声好的求助者更容易获得帮助。社会规范亦强调身强力壮的人应该帮助弱者，故老年人与幼儿都能比较多地得到别人的帮助。

4 助人者的特点和当时的心境

旁观者的早期社会化过程中所受的教育，认可的榜样的行为，以前利他行为的利弊，自身在困境下别人的行为反应，性别特征、年龄、个性特征，价值观，社会责任感、自我表现欲望，胆量，移情、冒险精神都可能影响助人的行为。此外，旁观者当时的心境好坏，自信感、自尊心、同情心等都可能制约利他行为的出现。心情对利他行为的影响有所不同。

积极心境的影响：心情好，做好事。大量的研究表明，当我们遇到有人求助的情况时，如果当时的心境好，就会更愿意给予帮助，积极的心境可以增加利他行为的可能性。因为我们大多数重视利他主义，以及因为好心情增加对这个价值观的注意，所以好心情会增加助人行为。

消极状态减轻：心情糟，做好事。人们常常根据善行抵偿恶行来行事。当做了什么使他们产生负罪感的事情时，以帮助其他人来抵消那些事，减轻他们的负罪感。认为人们助人是为了减轻自己的悲伤和苦恼，称为消极状态减轻假设。

5 环境和情境因素

环境因素包括自然环境和社会环境。一般情况下，舒适的气候和环境下相对更易引发助人行为。特别是当时的具体情境直接影响利他行为的出现，如旁观者的数量，有两种可能，一是在场的人越多，越容易出现责任扩散，将提供帮助的责任扩散到其他人身上，不施助所产生的罪恶感、内疚感等心理代价减小，产生一种“即使我不去，也会有别人去救”的想法，造成“集体淡漠”的局面，助人的可能性减小。但是自我表现欲望较强，自我效能感高的人，关注外在评价的人在很多人在场的情况下可能更易表现出助人行为，以期获得良好的社会评价，证明自己的能力。

6 教育因素

在社会教化中，宗教信仰能助长信教者的利他行为，因为宗教一般都向教徒宣传“与人为善”。巴森发现，宗教信仰明显的学生，更愿意为社会大众提供更多的服务时间。盖洛普调查了占美国人口12%的高度宗教信仰的团体，发现其中有46%的教徒正在为穷人、病人和老人服务，而在完全没有宗教信仰的团体中，只有22%的人如此。盖洛普的民意测验表明，具有高度信仰的宗教徒到需要帮助的外地去工作的可能性最大。

7 社会文化因素

人们的利他行为受当地社会文化、价值观与行为规范所影响。属于同一社会文化的成员一般都具有相同的价值观，并遵循着同样的行为规范。所以，不同文化背景的人们的利他行为也有区别。玛格丽特·米德根据不同社会对早期儿童抚养的实践对这些差异进行了解释。她在新几内亚比较了两种不同的社会文化，并培养了该社会儿童彼此亲密和同情他人的品格，这种品格一直保持到他们成年；而蒙杜古马社会的人比较注重独立和自我奋斗的行为，对待儿童比较淡漠，很少培养儿童的同情心，因而该社会的儿童在成年以后没有助人的愿望。米德认为，儿童早期养成的同情心很可能是成年以后利他行为的一个重要的文化因素，儿童的行为也可能是对其父母行为的模仿。还有人对利他行为的文化差异做出了另一种解释，这一解释认为某个社会的财富和资源影响了该社会的人的利他行为。

从理论上看，一种观点认为，利他行为有遗传机制，有利他天性的生物更有可能留存下来，人天生有利他的行为倾向。社会文化对利他行为的规范，与利他行为有关的社会责任规范、互惠规范、平等规范、感恩报答规范，对利他行为与漠视行为的他人反应、评价以及社会的奖罚等强化机制能够促进或阻止利他行为的产生。

（三）利他行为的促进

根据影响利他行为的因素，促进社会利他行为需要从宏观的社会风气、社会激励机制、个人心理素质教育等方面入手。

1 优化社会风气

社会风气对人的行为有潜移默化的影响。如民间流传的顺口溜："50年代人帮人，60年代人学人，70年代人整人，80年代个人顾个人，90年代人求人，21世纪以来人骗人。"虽然有些偏颇，但也反映了我国这些时期的倾向性特征。因此，重新营造人爱人、人助人的社会风气已经迫在眉睫。努力强化他人意识和大众意识，形成利他、利众的舆论氛围，利用有关媒体，树立可敬、可信、可学的典型，形成一股强大而广泛的舆论氛围，妥善处理个体本位、大众本位、社会本位的关系，避免从一个极端走向另一个极端。

2 建立人性化的社会反应机制

对利他、利众者要给予及时的积极鼓励，不管利他者的动机如何，都应从行为效果方面给予积极的反应，使其获得应有的回报，以强化其良好行为，逐渐形成助人为乐的行为习惯。对于那些因利他、利众而造成损失者，社会要建立一套完善的机制使其得到及时的、全方位的回报，从物质、精神等各方面，给予应得的弥补，消除其后顾之忧。让英雄流血不流泪，使人们在利他的同时不至于损己，获得必需的荣誉感、价值感、安全感。

根据利他时的取向，可以分为两种：一种是自我利他主义取向。该行为取向是为了减轻内心的紧张和不安，而采取助人行为，这种情况的动机是为自我服务的，助人者通过助人的行为来减少自己的痛苦，使自己感到有力量，或体会到一种自我价值。另一种情况是受到外部动机的驱使，因为看到有人处于困境而产生移情，从而做出助人行为以减轻他人的痛苦，其目的是为了他人的幸福，这种情况才是纯利他主义取向。对于自我报酬的助人行为能否归结为利他行为，尚有不一致的理解。自我报酬包括自我强化，如满足、骄傲、愉快等的自我体验，大多数心理学家认为，任何一种利他行为，追根究底都会有自我报酬的结果。可以认为，行为之后产生自我报酬的结果，并不是坏事，这是自我强化的一种形式。如果一个人做了许多利他行为，自己加以肯定，能使自己日后做出更多的利他行为；为了减少自己的烦恼而做出的利他行为，虽然不是至高无上的，但也可以反映出他们愿意做好事的良知和社会责任感，同样值得提倡。

根据是否需要条件，分为无条件的利他主义（纯粹利他主义）和有条件利他主义（互惠利他主义）。无条件利他服务的对象主要是最近亲属，在疏远的社会关系中比较少，在这种条件下，利他者不求任何回报，不受社会奖励和惩罚的影响，表现出无私的忘我。而后者的实质则是自私的“利他者”，指在社会中，个体与远亲和不相干的个体交往，通过社会契约达到互惠互利。这种利他行为完全是有意识的。在社会反应时，将动机与结果有机结合起来。

3 优化公民心态

对公民加强爱心、同情心、责任意识、他人意识、英雄主义、勇敢献身精神的教育，注意心理移情能力的培养，通过角色扮演，学会心理换位，从而了解、理解受困者等需要帮助者的心理感受，并且能够感同身受，产生同情心理，激发助人的动机，及时转化为助人利他、利众的行为。克服狭隘、自私、冷漠、幸灾乐祸等心理障碍。

二、亲和行为

（一）亲和行为含义

亲和动机是需要与人亲近的内在动力。例如，需要别人关心、帮助，需要友谊，需要爱情，需要别人支持与合作。亲和行为是在亲和动机驱动下产生的亲近、交友、吸引、协作行为、参与社会性团体的活动等。

人本身具有自我保存、亲和、性等本能，在人际互动中表现出和谐、和睦、和平、和善，对自己情投意合的人表示出亲近、善意。希望同他人确定、维持或恢复友好的感情，并希望这种愿望得到对方的承认和响应。施克特认为，亲和不是一般地希望和别人建立友好的关系，而是在处于高度不安和恐惧状态时，希望同处境、地位、能力等基本相当的人取得协作、友好的联系。他在其《亲和心理学》中提出了“不安—亲和”的假说，认为越是不安，越有亲和欲求。概括地说：所谓社会亲和行为是指人们在社会交往中和谐、和睦、和平、和善、合拢、合心、合力的相互亲近、相互吸引、相互协力的心理行为[①]。这一心理行为对于社会安定、和谐具有重大的现实意义。

（二）亲和行为的产生

自觉自愿的亲和行为的产生离不开亲和动机这一直接的内在动力。人的生理、安全需要，以及爱抚、同情、理解、关怀、归属、依赖、友谊等情感的需要及其追求满足的动机是亲和行为产生的内在原因。社会的亲和行为由亲近到吸引，由吸引到协力，进而上升为社会协力行为。即社会群体中为了实现共同的目标而同心协力、相互促进的合作性行为。在这一合作过程中，参与者相互依赖、相互支持、相互依存、感情融洽，但也带有一定的竞争性。通过协力在达到共同目标的同时，成员也可望获得物质或精神上的某种满足。

（三）亲和行为的激发

相互的利益是否一致以及是否相互需要、是否存在感情基础、是否有协作的动机与自愿的行动，是社会协力行为的影响因素。

人们的亲和动机与亲和行为是社会安定、稳定的基础，也是社会和谐的标志，社会管理者应该充分开发和利用人类有利于培养亲和行为的本能，建立有效的机制去激发、强化、巩固人的亲和行为，增强群体的团结与内聚力，减少对立与冲突。根据制约亲和行为的因素，为了激发人们的亲和行为，注意从眼前和长远、有形与无形方面寻找双方利益的共同点，强调一致性；形成相互需要、相互依赖、荣辱与共的认知；培养相互吸引、相互好感、相互悦纳的积极情感；强化为实现共同利益

---

① 朱传义．当代社会行为心理学．南昌：江西人民出版社，1998，204.

与目标而共同行动的强烈动机；尽量外化为自觉自愿的协作行为；并且合理分配、共享协作的成果；倡导、激励人们的亲和、协作的行为。与此同时，要注意人与人之间、群体之间的协作动机与行为结果的社会效应，避免或减少、防范对其他人、其他群体利益的损害。建立有关法律、制度、道德规范以激励亲和动机与行为，保护利己不损人的协作行为，预防、打击为小群体利益而损害他人和社会的行为，取缔不良的非正式群体，以及违法的利益同盟。

第二节 越轨行为

一、越轨行为概述

（一）越轨行为的定义与功能

1 越轨行为的定义

越轨行为又称“偏离行为”、“离轨行为”，指偏离或违反一定社会行为规范的行为，或违反某一群体的共同规范的行为。不同群体有着不同的规范，因此，确定越轨行为的标准也不同，全世界有着各种不同的文化，所以，也就有各种不同的越轨观念。一种文化中的越轨行为在另一种文化中可能不被标定为越轨。

2 越轨行为的功能

越轨行为既有积极功能，如：引起社会变革，促进社会进步。也可能有消极功能。由于社会具有吸纳大量的越轨而使之免遭严重后果的能力，因而某一越轨行为或某人的越轨影响社会功能的发挥是不容易的。但是，长期或广泛的越轨行为能从几个途径导致社会功能失调。如果越轨广泛流传，就可能弱化人们遵从规范的动机。越轨可能有害，还因为越轨使人类生活不可预知而充满危险。

（二）越轨行为的特点

（1）越轨行为具有相对性，即它总是在特定的时间、地点和条件下才成为越轨行为。某一社会或群体中的越轨行为，在另一社会或群体中可能是正常或正当行为。

（2）越轨行为必须是违反了重要的社会规范的行为。在日常生活中，个别人或少数人所具有的特殊爱好、行为特点，只要不与社会规范发生冲突就不属于越轨行为。

（3）越轨行为是多数人所不赞成的行为。任何社会或群体的大多数成员在其一生中都会或多或少地发生某种越轨行为。但是，只要人们不一再重复此种行为，就不会被视为越轨行为者。

（4）越轨行为不完全等同于社会问题。只有当某种越轨行为频繁地发生且对社会造成危害，使相当数量的人受到威胁时，才会转化为社会问题。

（5）行为越轨的程度以及此种行为受到惩罚的程度，取决于该种行为所触犯的规范的重要性，即取决于该规范在维系社会与群体上所处的地位。当越轨行为触犯到与社会及其统治者生死攸关的规范时，其越轨程度与所受惩罚必然严重。反之，则较轻。

（三）越轨行为的类型

1 不适当行为

指违反特定场合的特定管理规则，但对社会并无重要损害的行为。此种行为虽会引起众人的不满，但通常不会受到正式惩罚。

2 异常行为

多指因精神疾病、心理变态导致的违反社会规范的行为。

3 自毁行为

即违反社会规范的自我毁坏或自我毁灭的行为，诸如吸毒、酗酒、自杀等。

4 不道德行为

指违反人们共同生活及其行为准则的行为，此种行为通常会受到舆论的谴责。

5 反社会行为

指对他人与社会造成损害以至造成严重破坏的行为。

6 犯罪行为

指违反刑事法规而应受刑事处罚的行为，它与反社会行为同属最严重的越轨行为，但并不是所有的反社会行为都构成犯罪行为，只有那些触犯刑法的反社会行为才是犯罪。

当代美国社会学家R.K.默顿曾区分越轨行为或离轨行为者的四种类型：①变换手法者。此类人企图以不正当的或非法的手段来达到社会认可的目标，如靠盗窃、欺骗等非法手段致富。②形式主义者。此类人过分呆板地遵守社会制度的要求，宁可达不到社会认可的目标，也不愿丝毫违反条款的规定，如死守教条的官僚主义者。③退缩者。此类人是社会的寄生虫，既不关心社会所赞许的目标，也不遵守社会的行为规范，他们已脱离社会的正常生活。如酗酒者、吸毒者、精神病人、自杀者等。④反叛者。此类人反对现存的社会目标与手段，试图发动革命，建立一套新的行为标准。社会学认为，不同性质的越轨行为对社会的作用迥然不同。那些敢于向落后的、保守的、反动的行为挑战的革命者、革新者的行为，对社会发展起推动和促进作用；那些危害人民群众利益、破坏人民的正常生活秩序以及有损于人的身心健康的行为，则对社会发展起阻碍和破坏作用。

二、越轨行为产生的原因

既然我们已经定义了什么是越轨，并探究了它对社会的一些影响，我们就可以着眼考察一下它的原因。有些人为什么会破坏群体的或社会的规则？已经提出的许多理论观点可以帮助我们解释越轨行为。值得注意的是，由于越轨行为的形式包括了从不向邻居打招呼到终生职业犯罪等很宽的范围，所以，没有哪一个单一理论观点能解释所有形式的越轨。大多数的观点反映的不过是提出那些观点的学科的特殊看法。例如，心理学者强调心理因素对越轨的影响，反之，社会学家则强调社会因素的作用。另外，重要的是要注意这些理论更多地涉及的是越轨的一般原因而不是特殊行为的原因。他们努力解释为什么越轨行为会发生，而不是某个特定的人为什么会采取某一特殊的越轨行为。虽然社会科学工作者可能会有根有据地讲到，哪种社会情形很可能相关地产生大量的越轨行为，但是，可能很少预言，哪些人将会在这种情形下的确会采取越轨行为。

研究者已从三个主要层面寻找越轨行为的科学解释。有些学者相信某些生物学特性是越轨行为的主要原因。心理学家、多数公众以及大多数在刑事司法系统中工作的人，都将越轨主要归因于心理学的问题。尽管生物学和心理学的因素无疑是越轨的重要原因，但是，社会学家认为，越轨行为得以在其中发生、承受以及有时得以改造的社会环境则是越轨的主要原因。主要有以下3个方面:

（一）社会原因

越轨行为的发生与其所处的社会环境是不可分的。首先，社会上存在着不同的种族、民族、集团、阶级、阶层等等，它们常有着不同的、有些甚至是根本对立的行为规范、价值观念。在此情况下，违反规范的行为是不可避免的。在存在着阶级冲突的社会中，统治阶级总是将那些触犯其自身利益与价值观的行为定为越轨行为，并以此作为社会控制的对象。其次，当社会急剧变迁时，旧的行为规范已不适用，或受到怀疑，而新的规范又没有建立起来或还未被人们广泛接受，人们失去了行为规则，便发生一系列越轨行为。社会急剧变迁还造成社会文化的各个部分发展不平衡，出现差距，这也是导致越轨行为的重要原因。再次，有关阻碍人们采取遵从行为的其他社会因素，也为越轨行为提供了机会或条件。如社会控制力降低、遵从行为未受到鼓励、越轨行为未受到惩罚、制度不健全等，均可导致越轨行为的产生。

社会学关于越轨的理论

1 结构性紧张理论

（1）“遵从”（最通常的反应）。运用文化认可的手段，通过努力工作去达到想要的且社会认同的目标，即使成功的机会比较罕见。幸运的是，这是对失落的最通常的反应。其他四种可能的反应或多或少地都是越轨。

（2）“革新”，接受目标（如获得财富）但拒绝社会认可的手段，而代之以“新”的非法的手段，比如当一个人通过卖毒品去赚钱买辆新汽 车时。

（3）“仪式主义”，相对来说，这一类型不常见，这里，机会受阻的个人接受手段但拒绝目标。例如，当某人上学只为获得学位，而几乎可以确定获得学位并非为了找份工作时。

（4）“退却主义”，既拒绝目标也拒绝手段，例如隐士抛开尘世生活，退隐山林。

（5）“反叛”，拒绝文化上赞同的目标和手段，代之以新的与他人协调的目标和手段。例如，一群大学生可能退学并抛弃世俗社会的成功希望，代之以组成激进的环境行动小组，运用非传统的方法为新的目标工作。

2 文化传递理论

该理论认为：越轨，像遵从一样，是从一个人所生活的社会环境中习得的。虽然社会环境试图劝导人们遵从社会规范，但教导的内容并非总是一致。父母、教师、宗教领袖以及其他社会化主体有时传达出的不是遵从而是越轨的态度。比如，一位母亲总是教导女儿守法，借此，她教导女儿遵从。但是当她和女儿在逛商店出来时收到了一张停车罚款单，却说“哦，把它扔了。”实际上等于告诉女儿有些越轨是可以接受的。

在某些企图纠正越轨行为的地方实际上却在传授越轨行为。如：在监狱，新来的犯人完全暴露在同一监狱内老惯犯的影响之下。老囚犯常常向年轻的同监犯人传授更多更有效的犯罪方法。

3 差异性联合理论

萨瑟兰的差异性联合理论认为：每个人都受到了遵从和越轨行为的双重影响。这些影响在个人的思想中展开斗争，哪个方面在思想上占了上风，哪个方面就会去引导人们的行为。

如果走向越轨的社会化强度超过走向遵从的社会化程度，一个人就会变为越轨者。萨瑟兰指出，有几个不同因素打破平衡偏向越轨：与教唆越轨的人联系越密切，与之交往的次数越多、越频繁和越持久，且接触时的年龄越小，当事人变为越轨者的可能性越大。

4 社会控制理论

特拉维斯·伊尔希（Travis Hirsehi，1969）认为：犯罪是由人们社会联系的纽带弱化所引起的。他指出，在我们大多数人中起约束作用的四大关键社会纽带却在犯罪者那里典型地呈软弱状态。

这些纽带包括：①“附属”于其他遵从者，特别是父母和同辈；②“奋斗目标”，他投入时间和汗水为实现诸如上大学等传统目标而工作，而越轨行为则会威胁到这些目标的获得；③“参与”常规活动，以减少可能越轨的时间；④“信仰”，即接受常规道德观念。

（二）个人心理原因

任何个人行为都是个人的需求与自我控制力相互作用的结果。一方面，人有各种需求并试图得到满足；另一方面，生活于社会中的个人又应实现自我控制，使满足需求的方式符合社会规范的要求。当个人需求的力量过于强大，而自我控制的力量又过于弱小时，就容易出现越轨行为。自我控制力弱小有多种原因，如没有经过良好的社会化、个人的人格具有严重缺陷，以及心理失调者更容易出现越轨行为。

心理学解释强调那些能促使人们以越轨的方式行动的个人特性，提出某些类型的个性常常与越轨行为有关。主要有三个重要观点：

1 生物与心理观点

英国心理学家汉斯·艾森克将生物学和心理学视角结合起来。他认为，没有人生来就是越轨者，但是有些人可能比其他人更容易越轨。如：性格外向的人，其行为很可能逾越人们可接受的范围，因为这些人具有对刺激和冒险的生理需要。他们是否会成为越轨者，主要取决于他们是怎样被社会化的。

2 暴力和越轨都是社会习得的

社会心理学家阿尔伯特·班杜拉的研究表明，即使并没有真正从事过攻击行为的人也会通过观察和模仿来学习攻击行为。例如，孩子们在电视上看到暴力场面就会可能在游戏中加以模仿。通过这种方式，他们学会了怎样行使暴力（例如，如何打枪），即使他们在实际中并未采取过他们所学到的行为。但如果他们后来发现暴力行为可以带来报酬却没有受到惩罚时，他们很可能会采取暴力行动。

3 攻击行为常常由挫折引起

当某一需要未能满足时，人们可能遭受挫折。正如“挫折-攻击”假说所解释的，遭受挫折的总量取决于需要、冲动和欲望受到妨碍的程度（伯科威茨，1962）。反过来，攻击的程度与人们如何受挫有关。挫折可以是由于缺乏金钱、爱情和其他东西而产生的。实际上，这个理论能够推而广之，可以包括几乎任何一种情形。

这是对越轨的第三种流行心理学解释。

三、对越轨行为的社会控制

广义的社会控制是社会或组织为维系社会秩序的正常运行，利用规范对其成员的行为进行引导、约束、调整的措施和过程。狭义的社会控制是对越轨行为的预防、限制、调整、矫正的措施及过程。主要包括：道德控制、法律控制、政权控制、舆论控制、教育控制。

1 道德控制

通过社会舆论、传统习俗、内心信念等来维系并发挥作用的行为准则和规范的总和。它对人们的越轨行为的控制作用虽然不起强制作用，但可以通过舆论褒贬、沟通疏导、教育感化等来唤起人的知耻心，培养人们的道义责任感和善恶判断力。

2 法律控制

法律对越轨行为的控制作用主要表现为：一是预防作用，对人们的行为起规范性指导作用，防止某种不良形成的产生；二是评价作用，对人们的行为是否合法给予判断、衡量；三是教育作用，通过法定实施对人们的行为产生影响；四是强制作用，对人们的违法行为进行制裁、惩罚。

3 政权控制

通过制定各种法律和文件，建立和健全军队、警察、法庭、监狱等社会控制机构，维持社会秩序。一是采用惩罚性手段对越轨行为给予应有的惩罚；二是运用舆论宣传、榜样示范等手段引导人们的价值观和行为方式，预防越轨行为的产生。

4 舆论控制

社会舆论作为公众对某人、某事的评价、议论，对人的行为起着强大的约束力，对越轨行为可以起到特殊的、不可替代的控制作用，特别是轻微缺德尚未犯罪的行为的约束力。在大众传媒，互联网高度发达的今天，舆论对人的越轨行为的监督、制约作用日益强大。

5 教育控制

通过家庭教育、学校教育以及社会教育使公民知道各种社会角色应有的行为规范。从小养成“勿以恶小而为之，勿以善小而不为”的良好行为习惯。特别是加强心理素质训练，增强自我认知能力、行为自控能力。

第三节 群体性事件

一、群体性事件的含义与特点

1 群体性事件的含义

关于群体性事件的概念，理论界尚无定论。综合我国公安部对“群体性治安事件”的解释和学术界对“群体性事件”的有关界定，广义的群体性事件是指利益相同或相近的社会群体，由于正当性的利益之间出现严重分歧且不能通过司法的途径予以解决，而产生的违反国家法律法规等扰乱社会秩序、危害公共安全的群体性冲突行为。狭义的群体性事件是指，某些利益相同或相近的群体，当其正当利益的诉求缺乏协商机制和维护机制时，而聚众实施扰乱社会秩序、危害公共安全的群体性行为。

可见，群体性事件一般是指某些利益要求相同或相近的群众或团体、组织，在利益受损或不能满足时，受人策动，经过酝酿，最终采取集会、游行、集体上访、集体围攻、或集体械斗甚至打、砸、抢、烧等方式，以求解决问题，并造成危害甚至引发某种治安后果的集体活动。

2 群体性事件的特点：

（1）主体的群众性。在某种程度或某个范围内反映了某些群众的共同思想感情。思想、语言上容易沟通，感情比较接近，容易形成共识，产生共同的意愿和要求。

（2）形式的公开性。往往大张旗鼓地进行，参与人员群情激愤、情绪高昂，往往选择人群密集的公共场所、繁华街道或交通便利的地方以扩大其影响。

（3） 处置的复杂性。群体事件中存在策划者、参与者、围观者、尾随者，性质不一，卷入程度不一，影响面广、规模大。事后处置取证难，甄别难，定性难。

（4）危害的严重性。有的危及人身安全，如群体性械斗，常常双方都有伤亡，同时淡化党群、干群关系，影响政府形象。一旦处置不当，会严重影响人们对政府的满意度和信任度。

群体事件是困扰各国政府的难题，在社会转型期尤其如此。近几年来我国群体事件呈现不断增加之势，如打砸乡镇政府，封锁公路、铁路，破坏公共设施、殴打公安民警，成为了影响社会稳定的不可忽视的因素。从宏观上研究群体性事件形成的社会心理原因，并且从微观上分析群体性事件参与主体的心理类型，有助于有效处置，避免事件的恶化，维护社会公共秩序，保障社会稳定①。

二、群体性事件产生的社会心理原因

1 权力异化引起民众心理失衡

有些政府官员在权力的运行过程中，权力扩张，损害了公民、法人及其他社会组织的合法权益。如不正当占有公共资源，以权谋私、钱权交易、专权行为、垄断行为，城市的野蛮拆迁、乱收费、乱罚款、乱占耕地、安置补偿不合理等引起群众不满，心理失去平衡。

2 挫折导致不满情绪

当遭受挫折时，产生挫折感，从而引发不满情绪，一旦有一定数量的人存在不满情绪时，就可以成为可能燎原的星星之火。例如，弱势群体缺少应有的发展机遇与客观条件，维持生计艰难，自身权益难以保障，加上教育、医疗等社会资源的分配不公。在因经济地位低下而遭受歧视、侮辱时，在一定程度上对心理失衡的产生起到催化的作用，强化对部分群体乃至对整个社会的不满情绪。当他们不能够采用合法的手段

---

① 卢兴亚. 群体性事件社会心理学分析. 四川警官高等专科学校学报，2007(5).

达到所追求的目标时，其中法制观念淡薄、自制力较差，或好逸恶劳的人容易逐渐产生报复社会的心理，一旦遇到某些事件作为导火索，就可能采取过激的行为，酿成群体性事件。2008年发生在贵州瓮安县的群体性事件，就是一部分对社会不满的人利用人们长期积累的心理失衡的心理和不明真相的群众，在流言的推动下酿成的。

三、群体性事件参与者的动机类型

从群体事件参与的主体心理看，主要有以下几种类型：

1 打抱不平心理

有的人觉得有关人的处境值得同情，出于一种义愤和打抱不平的心态而参与的，以显示自己的正义感、责任感，以维护法律或人的尊严。因而理直气壮，即使可能受到惩罚也无怨无悔。当然，其中有些可能是在受人蒙蔽，没弄清真相的情况下而出现的.

2 法不责众心理

社会心理学中的“去个性化”认为当一个人在群体中时，会产生群体为个人提供保护的错觉。个体误以为人多势众，觉得自己是个匿名者，觉得追查不到自己，而助长了冒险心理，丧失了应有的责任心，失去理性，不考虑法律的约束力，而做出违反社会准则的过激行为。

3 报复社会心理

在群体事件中，具有报复心理的人一般是出谋划策者，为了满足某种政治或物质要求，或个人遭遇了挫折，企图通过群体活动，扰乱社会秩序，对抗政府，乘机对社会和他人进行报复。

4 隔岸观火心理

这种人一般玩世不恭，本身不一定想从中获得利益，而是在不平衡的心理驱使下参与群体事件，以制造混乱为乐事，从人们的慌张和秩序的混乱中获得乐趣，宣泄情绪，从破坏行为中得到心理满足。

5 浑水摸鱼心理

这类人一般不参与事件的谋划和酝酿，而是随机参加到群体事件中，趁火打劫，竭力把事情搅浑便于实现利己之目的，一旦捞到好处就会"全身而退"，如果发现无利可图，就会中途退出。当群体性事件乱得不够，不足以让其乘机捞一把时，他们可能进一步煽动、鼓噪，以扩大事态，制造混乱，达到浑水摸鱼的目的。

6 自我表现心理

这种人往往渴望在别人面前显露自己，以满足强烈的自我表现欲望，从众人的追随、关注中得到心理满足。常常利用群体事件展示自己的才能，一有机会，就迫不及待地跳出来，出面组织策划，冲锋在前。在激烈的气氛作用下，情绪高度激动，其目光局限于狭窄的范围内，缺乏理智的思考。丧失判断能力和自我控制能力，以爆发性的行为方式发泄自己的情绪和欲望。

7 从众心理

在群体压力下，个人放弃自己的意见而采取与大多数人一致的行为。为了获得群体的认同、接纳、好感，或者避免遭受讽刺、冷漠、轻蔑、嘲讽、打击甚至惩罚等群体压力，而被迫参与群体性事件，一旦参与进去往往身不由己。主动或被动地模仿、服从。失去自己的独立意识，出现去个性化行为。觉得自己不从众会没有面子，既然人人都参与了，出了事，也是大家一起承担，天塌下来有别人顶着。

8 追求刺激心理

这类人心理一般不够成熟，在群体性事件发生时，对群体事件感到刺激，常常在事件发生后才被吸引过来，他们多与事件目的无利益关系。其中少数人由于产生与事件其他人共同的兴趣、需要而发生态度转变，并积极参与。而有的在了解事情真相后会认识到这是违法行为不应参与或感觉没有什么意思而退出。

总之，群体事件的参与者都有一定的心理动机，有的是在多种动机的驱使下而参与的，但其中往往有一种对参与行为起主要作用的主导动机。加上暗示和模仿的作用，从他人身上感染上反社会的行为。如果社会现实中某一群体共同关心的问题长期得不到解决，其成员的利益受到损害，就容易使成员在思想上取得共识，形成类似的思想感情或某种共同的愿望，爱憎一致，一旦外化，就会形成强大的洪流。在强烈的内聚力和排外性心理影响下，有的触景生情，心生怜悯，或产生共鸣；有的本身受到不公正的待遇，轻信谣言，触发了思想感情；有的思想单纯、缺乏经验的人出现盲从，被人利用。因此，当群体利益再次受到危害，荣誉受到贬损、生命财产受到侵犯时，有关成员就会觉得忍无可忍，群体心理作用会立即引起群体成员及有关人员的强烈反应，引发群体性事件。

四、群体性事件的防治

群体性突发事件主要分为两种情况：（1）指具有一定规模的人群，在一定的社会背景下，为了共同的利益或需要而组织起来，在实践其利益诉求的过程中，有意实施的违反社会规范的事。（2）是指一定规模的人群在特定的社会背景下，由于激烈互动而自发发生的无指导、无直接利益诉求、狂热地违反社会规范的事件。

第一种情况由于人群有着明确的利益诉求，其违反社会规范的行为又是有意实施的。因而此时人群是处于一种理性的状态下，其实施行为时必然会考虑后果，所以这种事件的破坏性一般不大。加之相关部门已明确知道群体的利益诉求，在处理时具有很强的针对性，便于控制事件发展的规模和进程；但第一种突发事件如果遭遇一些强烈的劣性刺激，很容易转化成第二种突发事件，整个人群陷入一种狂热的状态中，这时，控制的难度加大，事件给社会带来的破坏力也增大。

第二种突发事件的发生机制是:首先是在人群中普遍存在着一种不满，这种不满的具体产生源可能并不相同，但有一个共同的特点，就是对这种状况一时无法改变，而又没有合理的途径来宣泄这种不满，只能长期积压在心中。当某种激烈的劣性刺激产生时，人们正好以它为借口，聚集在一起，相互向对方表述心中的不满，人们相隔如此之近，互动非常密集，愤怒的情绪通过感染和传递，不断升温，最终引致沸腾，人群几乎完全被情绪所控制，丧失了理性，做出大量的严重违反社会规范的举动。

群体性突发事件对社会的危害是巨大的，所以对其进行有效的预防和控制就显得非常重要。我们可以根据其发生机制来制定相应的对策。工作的重点应该放在预防上，力求防患与未然。

（一）群体性事件的预防

（1）建立预警机制，及时收集反映群众社会心态的资料。政府有关部门应聘请社会心理学、社会学等方面的专家，制定科学的、切实可行的情绪量表，通过抽样调查，准确、及时地掌握群体心态，使下一步的工作做到有的放矢。

（2）建立处理群体性突发事件的长效机制，及时疏导群众的不满情绪。不满情绪如果长期得不到疏导，越积越深就会一触即发。因而，在通过预警机制掌握了不满情绪产生的原因后，相关部门应该对这些产生源及时进行排除；当问题短时期内无法解决时，就应该派出相关的专业人员做心理疏导工作，求得群众的谅解，使他们的心态复归平静。

（3）建立信息公开制度，及时澄清事实，减少劣性刺激源。群体性突发事件一般都由激烈的劣性刺激源引发，而很多情况下，这种劣性刺激源都只是一种传言，并非事实真相。因而，相关部门非常有必要建立信息公开制度，当谣言在社会上传播时，应及时聘请专家等权威人士用事实和专业知识澄清谣言得以，尽量避免因谣言引发群体性事件。例如，2007年1月17日发生在四川省大竹县的“1·17”事件，造成直接经济损失达5000余万元。事情是这样的：大竹县某宾馆的一年轻服务员离奇死亡，有传言称是被三名官员强奸致死，当地公安部门在紧张的侦查过程中并没有及时出面澄清事实。加之群众本来就对当地某些干部的行为心存不满，愤怒的情绪不断高涨，最终发生了数千群众齐聚宾馆门口，冲击宾馆，并一把火把宾馆烧了个精光，造成了巨大的财产损失。后通过查明，该女服务员死于慢性胰腺炎皮下组织出血，而在其昏迷期间，一名暗恋她很久的宾馆员工对其实施了强奸。真相大白，相关责任人受到了应有的处罚，群众的情绪才恢复了平静。

（4）注重培养公民独立、自主、完善的人格，尽量减少去个性化现象的发生。独立、自主、完善的人格有利于个体抵御群体非理性的影响。教育部门应该注重对公民实施心理健康教育和情绪管理，培养公民独立、完善的人格。

（二）群体性事件的处置

群体性突发事件一旦爆发，有关部门不能惊慌失措，必须冷静应对，设法控制事件的发展规模和破坏程度。具体来说，可以从以下几方面着手：

（1）及时疏散人群，以减少群体成员间的激烈互动，切断情绪感染的链条。相关人员可以把工作人员分成几组，分头做群众的说服和解释工作，各小组交涉的地点尽量离得远一点，以减少群体成员间的互动以及情绪的感染。只要这种感染的链条被切断，爆发群体性事件的几率就大大减小。

（2）权威部门及专业人士应及时出面澄清事实，尽量减弱和消除劣性刺激源。群体的愤怒情绪呈现出一拨一拨高涨的趋势，若在事件爆发的前期，权威部门和专业人士能用雄辩的事实攻破谣言，消除劣性刺激源，群体性事件一般都能得到及时的控制。

（3）要明辨事件的性质，对恶意制造事端者及相关责任人予以严厉惩罚；对不明真相的参与者则以批评教育为主。事件平静后，对于事件的善后处理非常重要，若处理不当，则会引起新的不满情绪，甚至引发新的群体性事件。因此，处理时要谨慎对待，不能随意扩大打击面。但对于恶意制造事端者需严厉打击，以儆效尤。

（4）向事件参与者群体派驻专业人士，开展心理疏导，使其心态归于和谐。责任的追究并不意味着事件的圆满处理，此时，有的参与者可能心中还耿耿于怀，而有的则可能背上思想包袱。因此，相关部门应该向这一群体派驻心理学专业人士，对其进行心理辅导，帮助他们尽快走出事件的阴影，重建和谐的心态。只有这样，才能杜绝后患，才能从根本上处理好群体性突发事件。

第四节 社会连动行为

社会连动行为或社会连锁行为主要指暗示、模仿、流行、时尚、舆论。它们能够产生从众、众从、服从行为，形成社会影响。暗示已经在社会心理中进行了介绍，这里主要介绍社会模仿、流行时尚、流言舆论。

一、社会模仿

（一）社会模仿含义

是指个体在没有外界控制的条件下，受到他人行为的刺激影响，自觉或不自觉地使自己的言行与他人相仿的过程。模仿的内容可能是对方的动作、衣、食、住、行，以及风度、性格、工作方法、生活方式，乃至风俗、习惯、时尚，都存在着模仿。模仿是在非控制状态下，参照榜样的行为，不一定真正接受，具有表层性、主动性、倾向性的特点。即多是外显行为，自觉自愿进行，模仿的内容是自己所希望的、有价值的、感兴趣的，至少是自认为无害的。通过模仿使自己适合环境，得到好处，产生满足感。

（二）社会模仿分类

模仿分有意模仿和无意模仿。

有意模仿又包括不理解的有意模仿和理解的有意模仿。前者指模仿者不理解他人行为的意义和价值，仅为实现某个目标或出于喜爱、崇拜而有意模仿他人的样子。多是盲目的。许多青少年儿童对某些歌星、影星的模仿就属于不理解的有意模仿。理解的有意模仿是在他人行为的意义理解后，有选择地模仿，通过不断调整自己达到与他人相仿，如对他人性格、工作方法、生活方式的模仿等。这是社会文化的学习、继承和传播的重要途径。

无意模仿是个体不知不觉地仿照别人的样子。包括即兴的无意模仿和潜移默化的无意模仿。前者是模仿者临时发生兴致无意自动地模仿他人的简单行为。如某人突然指大楼顶上，周围人不由自主地抬头张望一下。而潜移默化的无意模仿是模仿者经过长期影响和熏陶，在某种场合无意地把他人行为再现出来。

（三）社会模仿的意义

模仿具有重大的社会意义。它是个体实现社会化的一种手段；是人们适应新的环境，保持心理平衡的基本方法；能够促进社会的整合和发展，形成社会风尚。而对于不良行为的模仿却可能导致自己变坏，对不良的榜样的模仿也可能使社会风气恶化。

（四）社会模仿的引导

为了保持个体自身的顺利社会化，保持社会的良好、积极适应，需要在判断模仿对象及行为的价值、利弊的基础上，有意识地自觉模仿；减少盲目的从众；避免对不良对象的有害行为的模仿。社会应该树立积极的、有影响力的先进典型作为榜样，加大宣传力度，营造适当的舆论，利用人们的模仿心理特别是儿童青少年的模仿心理，根据其特点形成积极的影响，促进社会文化、社会适应性行为的发扬、扩展、延续。

二、社会流行时尚

（一）流行时尚的含义

流行与时尚是同一事物不可分割的两个方面，是密不可分的连动连锁反应现象。

流行时尚是许多人在一定时间内通过模仿与学习同时追求某种行为方式，从而相互发生连锁性感染而形成一种新的社会习惯或社会风气。时尚是流行的必然结果。流行是社会风气发展的必要途径。

流行时尚是一种适应社会生活的求新求异的特殊从众现象，它通过社会一部分有影响力的公众人物对某一事物的崇尚和追求，引起众人的注意、兴趣、模仿，进而影响到大众。内容可以包罗万象，如流行色、流行语、流行歌、流行服饰、流行发式、流行动作、流行思考方式、流行家具、流行活动。多为有形的物质方面，也有无形的精神方面。

流行的表现形式主要有时热、时髦、时狂。

时热是一种在短时期内流行起来又迅速平息下去的生活方式，往往仅凭一时的兴趣而行动，对其目的、价值并不明确。常常来也匆匆、去也匆匆。如社会上的各种热，在保健方面的“气功热”、“磁化热”、“红菌茶热”等。多是情绪唤起水平较低的一种从众消遣方式。

时髦持续时间比时热长，范围较广。它在一定时间内受人赞许，也包含了对某些被认为有待改进的行为规范的叛逆，是一种偏离传统行为而倾向于当前新颖入时的生活方式。特别为青少年所追求。如服装、发型、语言，多以新、奇、特、怪为特点。

时狂是指热情追求某些生活方式而缺乏理智的倾向，达到了狂热甚至荒唐的程度。如17世纪荷兰流行的郁金香时狂。

（二）流行时尚的特点

流行时尚作为一种群众性的集群行为，一般具有反常规性、突发性、循环性的特点。受人们的好奇心、新鲜感、兴趣性、极端性、探索愿望影响，相互感染，可以迅速扩展、蔓延。在传播媒介丰富的今天，在社会转型时期更加突出。有风靡一时的效果，可能给社会带来各方面的积极或消极的影响。如果是好的社会习惯和风尚，有益、健康、文明生活方式的流行，对正式群体所倡导的主流文化、伦理道德可以起到维护和促进作用；在维护社会的安定和谐方面也能起到法律所无法起到的作用。否则可能成为腐蚀剂，败坏社会风气，破坏社会的稳定与和谐。如“麻将热”、“送礼风”等。

（三）流行时尚的影响因素

流行时尚受着社会文化、大众传媒、舆论导向、名流权威以及人们个性特征的影响。社会管理者应该高度重视和关注社会流行时尚的变化，因势利导，利用大众传播媒介、舆论导向、名流权威的作用，根据时尚的社会价值，有意识地加以适当的影响，及时促进积极的、引导中性的、抑制消极的流行时尚。在干预时需要从人们的社会心理出发，通过心理、思想、宣传等工作，而不宜简单采取行政措施，或动辄上纲上线，随意政治化。以免产生逆反心理和对立行为，出现适得其反的效果。对于不具有社会意义，仅为人们兴趣、爱好所致的流行时尚需要予以包容，不能横加干涉，剥夺人们的生活自由感。

三、社会流言与舆论

（一）社会流言

社会流言与社会舆论作为一种普遍的社会心理现象，在社会现实生活中常常发生着连动和连锁反应，并且影响着社会的稳定、和谐和发展，也影响着人们的心理与行为。自然应该成为社会心理学关注并研究的重要内容。

流言是指在人群中广泛传播的不确切消息。与谣言相比，两者有联系也有区别。共同点在于都缺乏明确可靠的事实根据，都广为传播，都反映着一定的情绪和愿望，都越传越失真。但二者也有区别：谣言除了失实之外，还有恶意攻击的动机。而流言传播者一般无恶意，开始可能有些事情的影子。

流言按其内容可分为三类：一是与群众切身利益有关的；如工资、物价、瘟疫等不实传闻。二是间接相关的传闻，如人事变动、国际关系等。三是奇特的流言，能刺激人的奇闻趣事，如名人隐私、丑闻等。

流言在传播的过程中往往经过对信息断章取义的、对某些情节重新安排，重新润色，即锐化、调平、同化，从而变得面目全非。流言在传播的过程中具有选择性和偶然性并存，贸然性和修饰性并存，简略性与复杂性并存，潜在状态与显在状态交替等特点。

流言的传播对人们心理和行为会带来一定的刺激或冲击，人们处于流言的社会心理环境中，容易受其影响，是一种精神上的“传染病”。中国历来有“流言伤人，谣言杀人”之说。对社会稳定有着消极的影响。严重的可能动摇军心，引发抢购，甚至导致动乱和暴力，引起社会或群体的混乱、恐惧，因而具有很大的破坏力。

流言的传播一般是在正式渠道受阻，信息不清，多是人们普遍关注或期盼的事情，或普遍感到不公平和憎恨的事情。

预防流言的传播，首先要增加透明度，疏通信息传播的渠道，使流言的散布者失去市场。教育、引导人们不信、不传的同时，社会要建立对流言，特别是谣言的监控机制，及时发现流言和谣言，分析原因，澄清真相，发布真实信息，预防后果，妥善进行心理的、法律的干预，以免泛滥成灾。

（二）社会舆论

舆论与流言的不同在于舆论表达的是公众的态度或权威人士的意向，是人们在共同关心的有争议的问题上多数人的意见的总和。即公众的意见。舆论能够成为一种社会力量，具有社会压力，能迫使事件的当事人改变意见和态度。

舆论具有公众性、扩散性、威胁性的特点。舆论的产生、发展和消失有个过程，首先某一违反常规的事件发生后，引起周围人的关注，产生某种舆论，然后向四周按几何级数扩散，围绕该事件的各种意见经过反复振荡、澄清，使有关的认识和情感逐渐一致，当赢得多数的群众和某些拥有话语权人士的认可后，就成为具有助长或阻止作用的舆论，然后，随着事情的缓解而逐渐弱化、消失。舆论分公开状态的舆论和潜在状态的舆论。公开状态的舆论是通过多数人公开明确的语言或态度表现出来的舆论，包括自上而下有意的官方舆论自下而上由群众自发通过议论、呼吁、结社、会议所形成的半官方或民间舆论。而潜在状态的舆论是由熟人、亲友之间散布的带有情绪性和情感性的舆论，在一定情况下可以转化为显在舆论。

社会舆论具有中介作用、制约与监督作用、鼓动与引导作用。

（三）如何引导利用社会舆论

1 改进主流媒体，提高宣传艺术

主流媒体在新闻报道中要增强感染力和吸引力。自觉克服一般化、公式化、概念化，避免可读性差、可信度低、报道手段陈旧的现象，以免失去读者和听众。特别是机关报、刊物、电子媒体，实际要发挥主流媒体的舆论引导功能。

2 完善机制，引导社会热点

社会热点也是公众关注的焦点。不应当回避社会热点问题和对此所作的报道，而是应通过热点报道，唤起公众的参与热情，从而逐步确立符合市场经济规范的新的生活态度和理性观念。要从党和国家的工作大局出发，对各种热点问题进行正确分析、准确判断、妥善引导，促进改革发展、维护社会稳定。

在热点问题报道时，自觉做到“四个一定”：一定要明确出发点，热点报道不是为了追求“轰动效应”，而是为了改进帮助党和政府工作，服务帮助老百姓解决实际困难或思想问题；一定要注意结合点，就是党和政府的工作重点、各级领导干部的关注点与老百姓利益的所在点

有机地结合起来；一定要寻找激发点，就是同群众关系最密切、群众最具有热情之点；一定要把握落脚点，热点报道一定要有结果，给人们以新的希望和信心，而不是消极和抵触。充分发挥舆论的评判作用、宣泄作用、鼓舞作用。

3 注意新舆论

互联网迅猛发展和手机功能的迅速拓展，带来了信息传播手段的深刻变革，已经并将继续对意识形态领域产生不可估的影响。互联网和手机等新兴媒介的出现，增加了舆论引导和控制的难度，需要我们以创造性本领来引领这个舆论阵地。在互联网上，每个人都兼有两种角色：一是新闻与信息的接受者；二是新闻与信息的发布者。人人都可以是新闻的发布者，但由于每个网民的社会背景、文化修养、道德水准、目的动机等等，不可能整齐划一，这些新闻发布者的动机、责任心、道德水准各不一样，这就必然使得网上海量信息良莠不齐，鱼龙混杂，这就需要有高超的舆论引导与控制本领。对互联网和手机等新兴媒介的控制，国际上通行的做法有两种：一种是利用技术优势来加以控制，正确引导舆论，如微软公司通过控制系统平台对相关信息进行控制；另一种是国家通过抢占制高点，即由政府强势主导信息通道，用可信度高的权威信息满足受众的知情欲望，同时适当放宽受众的知情范围，进一步提高重大新闻报道的时效性，有效防止谬误流传。

第五节 攻击行为

一、攻击行为的界定

攻击行为又称侵犯行为，是指有目的、有意图的伤害或试图伤害他人心理或身体状况及破坏其他目标（如物体、社会规范）的行为。从这一定义，我们可以看出，攻击行为包含三个基本要素，即伤害意图、伤害行动、社会评价。首先，攻击性行为必须是带有一定伤害意图的行为，无伤害目的，也就无所谓攻击性行为。其次，由这种伤害意图所引发的行动对他人造成了身体上和精神上的伤害。最后，攻击行为打上了社会的烙印，是一种非社会规范所许可的行为。

攻击行为是一种有意伤害行为，它必定会给他人造成物质上或精神上的伤害。但对于行动者本身来说，攻击行为能在一定程度上满足他们心理上的需要，因而具有一定的心理功能。根据马斯洛的需要层次理论，人有五个基本的需要，即生理的需要、安全的需要、归属与爱的需要、尊重的需要、自我实现的需要，并且这五个需要的满足遵循着从低到高的顺序，只有在较低层次的需要得到实现后才会产生较高层次的需要。对攻击行为者而言，攻击性行为能满足他们的安全需要、尊重的需要、自我实现的需要。

首先，攻击行为能满足攻击者的防御心理，从而使其安全需要得到实现。有些时候，攻击行为的发生完全只是对他人挑衅、攻击行为的一种回应，只是出于一种自我保护意识的考虑，在这种情况下，攻击行为就充当了防御网，是实现行为者安全需要的重要途径和手段。

其次，补偿和缓解行为者的心理失衡。例如，有严重自卑心理的人往往性格内向、敏感、心胸狭隘，心理容易受挫，常常把别人无意的攻击认为是有意的，则产生愤怒的情绪，引发报复心理并实施报复，常以冲动、好斗等攻击方式作为补偿等等。最后，攻击行为可以成为那些自尊好强的人维护自尊的一种手段，同时，对于那些缺乏自尊者而言，攻击行为也可以作为其自我提升的一种途径，从而实现其满足自尊的需要。

二、攻击行为的理论

关于攻击行为，不同的心理学理论学派给予不同的解释。有代表性的观点主要有三种：本能论、挫折–攻击理论、社会学习理论，现简要概括如下：

1 本能论

以弗洛伊德和洛伦兹为代表的本能论者认为，攻击行为是人的本能行为，人有一种好斗的内在驱动力本能，这种与生俱来的本能冲动乃是攻击行为的动力来源。

2 挫折–攻击理论

1939年，美国耶鲁大学的著名心理学家多拉德等人将个体自身的经验融入攻击行为的表现中，提出挫折–攻击假说。他们认为，攻击行为乃是个体遭受挫折引起的，攻击永远是挫折的一种后果。随着资料的进一步积累，这一早期的挫折–攻击假说很快就遭到了质疑：除挫折以外的其他因素也可能引起攻击行为，而且挫折也不一定导致攻击的爆发。基于挫折–攻击假说的不足，美国另一位心理学家伯克威茨修正了多拉德等人的这一假说，指出个体在遭受挫折之后产生的仅是攻击行为的一种内部准备状态–愤怒，这种内部准备状态是无方向的、未分化的，它能否表现出攻击行为，在很大程度上还取决于个体所处的环境中是否提供了导致攻击行为的外部线索。如果环境中不存在刺激线索，则挫折就不一定会导致攻击行为的发生。

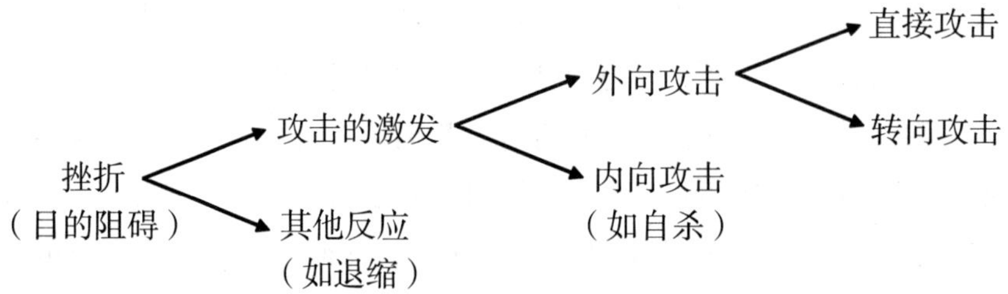

目标受阻时，人为了缓解挫折感，在一定情境下会激发攻击的行为倾向，攻击的对象可能是直接引发其挫折的人或物，也可能是无关的人或物，还可能是主体自身。

3 社会学习理论

以班杜拉为代表的社会学习理论强调学习过程的重要性，他们认为人类的包括攻击行为在内的一切社会行为都是学习的结果，都是通过个人与环境的相互作用、通过观察、模仿他人的行为获得的，同样新的学习过程也可以减少攻击行为。

三、攻击行为影响因素

人类行为的发生是个体与社会两方面相互作用的结果，攻击行为也不例外。

（一）个体因素

1 个体遗传基因、性别差异等生理特质会影响攻击行为的发生

大量的研究资料证实，有攻击性行为的父母，其子女往往也有攻击行为。1986年Rushton等人对296对同卵双生子和277对异卵双生子进行了敌意和攻击行为的追踪测量发现：同卵双生子攻击行为的相关（$r = 0.40$）明显高于异卵双生子（$r = 0.04$），这说明人的攻击性倾向在某种程度上受遗传基因的影响。据心理学研究还可以发现，攻击行为与性别差异相关。一般来说，女性的攻击行为少于男性，而且女性的攻击行为更多也是使用间接的和语言的攻击，包括社会孤立、散布谣言和诽谤等手段有效的伤害别人，而男性的攻击行为则较多的使用直接的身体攻击，有些还采用暴力的形式来表现攻击行为。

2 不良的个性特征对攻击行为造成影响

从心理学上说，攻击行为的动因是其特殊的人格结构和人格形式中的核心要素，即特殊的性格和特殊的自我意识造成的。性格是个体与客观环境相互作用而形成的，具有可塑性，对行为起核心的作用。大量的调查研究发现，不良的个性特征及反社会性人格如：易冲动、内控力差、焦虑紧张、不关心他人、缺乏同情心和内疚感、不害怕惩罚等在一

定程度上与攻击行为是呈正相关的。

3 严重的心理失衡激发了攻击心理

攻击行为是由攻击心理直接驱动的结果，而攻击心理往往是受到来自两方面的影响：第一，遭受挫折的直接反应。挫折是指人们在某种动机的推动下，在实现目标的活动中遇到了无法克服或自以为是无法克服的障碍和干扰，使其需要或动机不能获得满足时，所产生的紧张状态和消极的情绪反应。马克思曾说过，人类的一切行为都是受利益驱使的。但在一定利益驱使下产生的行动并不一定都能实现预期的效果，在这种情况下，对行动者来说，挫折感便油然而生。尤其是当其他的行为者达到了预期的目的时，他们便会产生严重的心理不满。因此，基于这一挫折感和不满的心理，行为者可能会产生攻击心理。例如，假定当某个个体相信在努力工作并已取得成就的情况下他应获得一个很大的提升，但是他实际上只是得到了一个很小的提升，而且没有给予任何解释为什么会这样时，他就会推断他受到了不公平的对待——他的合理要求受到阻碍，他的心理会产生严重的不满与愤怒，由此导致攻击心理的产生。有时这种攻击的矛头直接指向妨碍其目标行为的他人，但有时攻击矛头并不指向目标对象本身，而是迁怒于他人，或者指向自己，表现为自杀。第二，基于对他人挑衅、攻击性行为的报复也会产生一定的攻击心理。如果个体过去受到某种来自他人的攻击行为或直接的挑衅，无论这些是以不公平的批评、讽刺的评论、还是以身体攻击的形式出现，都易于使个体难以容忍，从而产生报复心理。只要一有机会，行动者就会以同等程度的攻击来回击，或者也会以更严重程度的攻击来回应。

4 个体认知因素

个体认知因素的影响主要来自两方面：首先，个体对他人行为归因的偏差影响其行为反应。所谓归因，是指根据有关的外部信息、线索，对人的内在状态或依据外在行为表现推测行为原因的过程。对同一件事，不同的归因导致人的行为反应也不同。著名的归因理论家韦纳提出“三维归因模式”认为，行为的原因可以放在“基源（内部——外部）”、“稳定性（稳定——不稳定）”、“可控制（可控——不可控）”三个维度中考虑，归因于不同的维度将引起不同的情绪体验和行为反应。根据这一理论，当他人的行为意向是模棱两可时，个体如果倾向于把行为者的行为看成是敌对意图或动机，很少把他人向好的方面想时，他就会按这种假定去应对。其次，对挫折情景的理解也会影响其行为方向。前面我们已经谈到过，当个体遭受挫折时，会产生心理的失衡，由此引发攻击心理。但这里还受到一个中介变量的影响，即对挫折情景的知觉与理解，如果个体只是把挫折看成是偶然的、正当的，那么个体就会较少体验到不满和愤恨情绪，从而就会较少表现出攻击行为。相反，如果把挫折看成是某种不公平对待或其他形式的结果，个体将会产生更强烈的愤怒情绪和更多的攻击反应。由此可见，攻击行为是否发生，还有赖于个体的认知水平。

（二）社会环境

1 社会风气

一般来说，居住地社会风气越差，暴力事件频繁发生，带有黑社会性质的犯罪团伙较集中，对居住在此地的人来说，攻击倾向越易产生，因为人们易受所处环境潜移默化的影响。

2 家庭氛围与教育方式

家庭是孩子学习和认识一切社会准则与行为规范的第一场所，对于青少年攻击行为的产生，家庭应负有一定的责任。据研究表明，攻击行为青少年家庭环境一般具有以下一些特点：家庭成员之间缺乏亲密的关系，缺少有效的交流，而且矛盾与冲突也较多。显然这样一个不和谐的家庭环境，很大程度上会导致青少年人格发展的不健全，成为影响青少年攻击行为的危险因素。此外，不良的家庭教育方式也对青少年攻击行为的产生有影响。不良的教育方式主要有三种：第一种就是父母对子女过分迁就和袒护，对孩子不合理、不现实的要求不加制止，而是一味的满足、顺从；对孩子的缺点、错误从来就不加以批评，而是庇护其过失，这很容易使孩子们养成贪图享受、自私、骄傲、脾气暴躁、以自我为中心的习惯和心理等，当他们一旦遇到困难，遭受挫折或者发生不如意的事情时，就容易乱发脾气，或是进行反抗。第二种不良的家庭教育方式是专制型、粗暴型的，这种教育方式往往缺乏科学性，对孩子动辄采取打、骂等方式，在这种教育方式下成长起来的孩子一般被调教得很顺从，且不易反抗，但不可忽视的是他们的内心充满了不满与愤愤不平，这种长期积累的紧张情绪一旦有机会爆发，后果将不堪设想，很可能会伴以暴力的形式来发泄。第三种是放任型的家庭教养方式，采用这种教育方式的父母对孩子采取放纵不管的态度，不关心他们的成长，任其自然发展，在这种家庭中成长的孩子一般情感缺乏，性格内向，因而在与人交往的过程中，态度冷漠，难免与人发生冲突。

3 大众传媒

攻击行为不是与生俱来的，它在一定程度上是通过后天习得的。现代社会，随着电视、电影、互联网等大众传媒的发展与普及，一方面它拓展了人们的视野，开阔了眼界。但另一方面，这些大众媒介也把大量的充满暴力色彩的信息展现在人们眼前，给人们提供了一种通过观察，学习攻击行为的重要途径。

四、攻击行为的控制

一定意义上说，攻击行为满足了行为者心理上的某些需要，但是它确实给他人、群体以及社会造成了一定的危害。因此，采取有效的措施和方法对攻击行为进行预防和控制，对于增进人与人之间的和睦相处，改善人际关系以及促进社会的和谐具有重大的现实意义。

由于攻击行为的发生受到个体自身和社会环境两方面的影响，因此对攻击行为的预防和控制也应从这两方面着手。

（一）优化心理素质

个体自身应不断加强心理素质的培养，健全自己的人格，提高认知水平。首先，一个人只有保持一种与他人和社会和谐相处的开放心态，才可能防止由内向、孤僻、自我封闭而引起的种种心理扭曲和病态。一个孤僻封闭甚至仇视他人和社会的心灵中，很难生长出热爱生命、宽容并关爱他人、有责任感、积极乐观的人生态度和情感，而这在很大程度上成为引发攻击行为的危险因素。一个人只有自身具有了良好的心理素质，才会懂得理解人、尊重人、善待人。其次，人格是个体相对稳定的心理行为模式，因而人格的缺陷往往造成一种自我意识的障碍和性格的多重性及矛盾性，容易使人心理发生扭曲，从而产生偏激行为。因此健全人格的培养对个体来说就显得很有必要。最后，并非所有的攻击行为都是由认知引起的，但认知确实起着很重要的作用。认知影响着个体对情境的理解，并在这一基础上做出相应的反应。认知能力的培养不是个一蹴而就的过程，是长期培养的结果。

（二）社会应加强心理疏导

攻击行为的引发主要是一个心理的问题，情绪的多变、自控力的弱化、挫折、愤怒等消极情绪积累到一定水平可能会触发暴力性和破坏性的反应，从而引发攻击行为。因此对其进行预防和控制关键在于心理疏导，让他们的攻击情绪得以宣泄或减缓。首先，应对有攻击倾向的人及时进行心理咨询和辅导，将其在工作、学习、生活以及社交中遭受的挫折情绪或愤怒及早排除、释放，以维持他们的心理平衡，增强自我控制能力，从而避免攻击行为的发生。因而，有条件的社区、单位应建立心理咨询室，并配备一定数量的专业心理咨询师，为有需要帮助的人进行心理辅导，及时缓解他们的心理压力。同时还可以辅之设置心理宣泄室，为他们提供一条宣泄不良情绪的良好途径。

（三）净化社会环境

许多攻击行为的发生都是由社会的暴力环境催生的，因而应加大对暴力事件、黑社会团伙的严打力度，以避免其对他人、社会造成不良影响，同时要严格控制大众传媒，扫除其中的暴力思想，利用这些媒体多传播一些正面的信息，以此来达到抑制攻击行为，引导非攻击行为的目的。

（四）利用法律手段惩罚攻击行为

前面的几种方法在一定程度上能对预防攻击行为的发生起作用，但当攻击行为一旦发生时，运用法律手段进行惩罚是必要的，这样既可以使行为者吸取经验教训，又可以达到杀一儆百的目的。

第九章 社会对心理的影响

现代社会的变化，一方面为人的心理发展与自我实现提供了更好的条件；另一方面，也使人们心理适应的难度增大，对心理健康构成了潜在的威胁。要想兴利除弊，需要人们具有良好的心理素质，才能避免心理困扰，保持社会适应。

第一节 社会变化特点及心理影响

心理作为客观现实在人的头脑中的主观反映，社会现实的变化都不可避免地影响到人的心理的各个方面，包括心理健康状况、心理适应难度、心理发展水平等。不同的社会现实也必然对人的心理素质提出不同的要求。

近二十多年来，我国的社会经济获得了迅速发展。然而，人们的心理健康状况却并未呈现出相应的优化，心理问题反而表现得更加复杂、普遍而且更加严重。

为什么会出现心理健康与社会经济不和谐发展的局面？需要我们从社会变化与人的心理健康的内在联系进行理性的思考。那么，现代社会的变化到底有些什么特点？未来社会的发展趋势如何？它对人们的心理健康有何影响？

一、现代社会的特点

综观我国社会急剧转型的现实，与传统社会相比较，我国今天的社会已经表现出一系列新的特点或呈现出新的趋势。

概括起来说，主要表现为十二个方面：经济市场化、政治民主化、管理法制化、文化思潮多样化、价值取向多元化、选择自由化、更新频繁化、信息膨胀化、生活节奏快速化、竞争激烈化、协作紧密化、关系复杂化。

这些客观的现实相对于人们的心理健康与发展来说犹如一把双刃剑，一方面为心理的全面发展和潜能的充分开发提供了前所未有的机遇和条件。与此同时，也对人们的心理健康带来严峻的挑战和潜在的威胁。

二、社会变化对心理的影响

1 经济市场化对心理的影响

在经济方面，经济的市场化和国际化正推动着我国不断地由计划经济向市场经济的转型，不得不日益融入国际市场，这已成为不可逆转的潮流。经济体制的改革一方面为人们物质生活的改善，物质需要的满足创造了一定的条件，也失去了人们的“铁饭碗”所具有的稳定感和职业安全感，但同时为人们追求高层次的精神需要提供了更大的可能，从而产生出更多的精神需求与更高的期待。人们在求得物质温饱等生理需求的满足之后，自然会产生安全、尊重、情感、自我实现等精神需求。而需要的层次越高，满足的难度会越大。并且，期望值越高，失望也越大。今天，人们的精神需求得到了极大的激发，有的表现得过分膨胀。在各种不负责任的许愿、承诺误导下，不少群体和个人产生了不切实际的期望甚至幻想，而社会管理与服务却未及时跟上这一步伐，表现出明显的滞后，所提供的资源与人们的精神需求不成比例并且存在不对称，而社会又缺乏正确的引导，这样，人们产生心理挫折的可能性也就相应增大，由此导致的挫折感自然增多。这一现实对人们的心理承受能力提出了更高的要求。在心理教育长期忽视，心理素质发展滞后的情况下，人们的心理健康自然难以随着经济生活条件的改善而优化，有的可能反而恶化。

2 政治民主化对心理的影响

由于经济基础决定并影响着上层建筑，经济体制改革的深化必然引起政治体制的改革。客观上要求加速政治的民主化进程，民主空气将总体上趋于浓郁，使得政治生态环境将逐渐变得宽松。这样，将为人们发表意见、表达情感、倾吐心声、排遣郁闷提供更多的渠道将一定程度上改变依赖、盲从的性格，减少压抑、憋闷、紧张、恐惧等情绪，为保持心情舒畅提供更多的保障，也将激活人们的参政意识与热情，使人们的思想逐渐脱离幼稚与盲从，趋向独立与自主。

3 管理法制化对心理的影响

要想保持社会的稳定与科学管理，要求社会的管理日益法律化和制度化。这一趋势将使原则、制度等刚性的因素强化，使传统管理中的人情、灵活等柔性的因素减少。人们的言行举止将更多地受到法规、制度的约束。这样，保证了人们的合理方面的需求得到更好的、更充分的保护，而那些贪得无厌、以损人而私己、好逸恶劳等方面的不当需要将难以满足，从而使得人不能为所欲为，为免惩罚而不得不对一些冲动加以自我控制，对一部分非理性的生理与心理需求加以压抑。那些有不良动机者难免产生更多的顾虑、担忧。而那些违规、违纪、违法者则可能产生更大的心理压力，遭遇更多的紧张、担心、不安等消极的情绪体验，甚至引发焦虑、恐惧等情绪障碍或心理疾病。那些做了亏心事者，一有风吹草动就可能胆颤心跳、寝食难安，出现由于道德适应不良而威胁自身心理健康的现象。

4 文化多样化对心理的影响

政治生活的民主、舆论的相对宽松将促进思想、文化的多样化。除了一定的社会主流文化外，各种亚文化也将登上舞台，参与竞争。各种思潮泥沙俱存、异彩纷呈、争奇斗艳，不断出现分化与融合。变幻莫测的万花筒式的社会文化观念，影响着人们的思想。这些多样的文化与思潮，一方面，它打开了人们的视野，丰富了精神世界，但另一方面也易使人眼花缭乱，无所适从，增大了鉴别、欣赏、吸收、批判、抗拒的难度，容易出现文化消化不良。特别对于长期习惯于一种文化的人们来说，难免产生一些困惑、不知所措、无所适从，引起焦虑、困扰等情绪。

5 价值取向多元化对心理的影响

在新的文化、思潮及道德观念的影响下，人们的价值观必然随之发生变化，价值取向由单一趋向多元化，人们克服了以往价值取向过分同一、缺乏独立个性的现象。今天，无论是生活方式的价值认同，还是自我的人生目标或职业倾向都变得丰富多彩，人们崇拜的偶像变化，模仿的榜样各异，人生的追求多样。如果没有科学的价值判断能力，缺乏正确的价值观，就会出现价值观模糊、价值判断错位、是非颠倒，有的人难免出现新的拜物、拜金、拜色、拜权现象，而精神、信念、理想却在其眼中贬值。当这些物、色、钱、权一旦到手或腻烦，或感到可望而不可及时，就更容易出现心灵空虚、无聊，觉得人生缺乏意义，失去积极向上的内驱力。

6 选择自由化对心理的影响

人生价值的实现，需要有相对自由的条件。随着社会管理的文明化与人性化，将在一定程度上赋予人们更大的自由度，拥有更多的自由选择权利。在一定程度上，人们的事业、学业、婚姻、家庭、生活、迁移、信仰等方面的抉择变得更加自由。人们在拥有更多的自主决策权利的同时，也不得不自己承担选择的责任。这一方面为人的充分自由发展提供了前所未有的机遇和条件，但选择的自由也可能引发各种各样的心理冲突。如果缺乏自我决策能力，患得患失，优柔寡断，在鱼和熊掌不可兼得时就会出现双趋式心理冲突，在进退两难时出现双避式心理冲突，在面临复杂的选择时陷入多重趋避式的心理冲突之中，产生烦恼等情绪困扰。而长期、剧烈的心理矛盾冲突无异于心理折磨，容易带来巨大的精神痛苦。长期以来，人们习惯于听命于人，自己当家做主的意识不强，自我决策的能力没有得到应有的锻炼，以致有的人面对自由、自主却不知所措，产生不必要的烦恼和过大的心理压力。

7 变化频繁化对心理的影响

在现代社会，各方面的更新日益频繁，科技的发展对人们的生产、生活、工作、交往方式等方面的影响迅速增大，日趋深远。人们所处的社会与自然环境不断变化，自身所属的正式及非正式群体不断转换，自身的角色、职业、地位以及知识结构、眼界、观念、身体、心理可能日新月异，这一变化莫测的客观现实，对人们的心理应变能力提出了更高的要求。而有些人习惯于几十年一贯制的生活，沉恋于过去的辉煌，不能面对客观现实，加上过于频繁的变化容易引发困惑、埋怨、愤恨、不稳定感、不安全感等负面情绪和情感，容易出现逃避、对抗或被动、盲从等非理性的行为。

8 信息膨胀化对心理的影响

现代传媒手段的多样与普及，使人们接受到的信息日益丰富膨胀，在扩大了知识面的同时，也带来了辨别、取舍的难度。由于眼界开阔，原来的思想、观念将遭受前所未有的冲击，平衡的心态容易被打破。现代网络等传播媒体的自由性、开放性，使信息没加过滤地进入人们的视觉、听觉。它们良莠俱全、真假难辨，使人们遭受着更多的虚假、凶残、暴力、黄色等劣性信息的感官刺激和强烈的诱惑以及不当的强化，容易引发消极的情绪和情感，出现心理失衡。这一特点对人们的自我鉴别能力以及自我控制能力提出了更高的要求。而自我鉴别能力不强的青少年儿童更易成为受害者，有时即使“久经江湖”的成年人也难以幸免。今天的网络成瘾等心理行为问题就是它的特殊产物。

9 节奏快速化对心理的影响

外部环境的变化迫使人们去主动或被动地适应，从而促使人们的生活节奏加快，不得不更新知识、观念，发展、完善自我，以适应客观社会的要求。否则，就会出现对社会的适应不良。一旦被动就会相对落后，陷入弱势地位。正所谓不进则退、慢进也退，从而驱使着人们快速前行。这一局面在促进人们发展、社会进步的同时，也难免给人带来过大的心理压力，使人产生前所未有的适应难度，心理的紧张感、急迫感、恐惧感、焦虑感难免加大，客观上要求人们有更强的自我应变和适应能力。

10 竞争激烈化对心理的影响

在现代社会，人们已经感受到了空前的竞争压力。随着社会的发展，竞争将会更加激烈，范围更加广泛。它将渗透到人们生活、工作的各个方面，并且已从人与人之间的竞争扩展到人与动物以及自然界的全面竞争。竞争必然有压力，这种压力一方面可能转换为加速发展的强大动力，成为通往胜利之门的钥匙；另一方面，对于心理素质不良的人来说，这种压力却可能成为一根无形的锁链或精神负担，制约其前进的步伐，甚至被压得喘不过气来，产生焦虑、抑郁、神经衰弱等心理障碍。有的可能因害怕竞争而退缩、逃避，有的可能因竞争失利而自责、懊悔、埋怨、迁怒，出现不良心态和不当行为。

11 协作紧密化对心理的影响

为了各自的生存和社会的发展，人们之间以及人与自然之间又不得不进行紧密的协作，相互支持、相互尊重、相互妥协，以便实现双赢，否则将两败俱伤。人们不得不日益重视协作精神。这就意味着必要的放弃、奉献、忍让、牺牲和需要的延迟满足和压抑。在这一过程中，有的人会体会到奉献的喜悦、牺牲的高尚、应得回报的享受。有的人则体会到的仅仅是吃亏感、愤懑感、压抑感、懊悔感、矛盾感或内疚感等不良情感。

12 人际关系复杂化对心理的影响

在现实生活中，优胜劣汰的竞争规律与不得不进行的相互协作，使得人际关系趋向复杂化，人与自然的关系也不得不重新认识。人类对自然已不再是简单的征服与利用，还必须尊重和保护生态系统的平衡。为了更好地生存与发展，人们既要勇于竞争，又得乐于协作。而在具体的竞争和协作过程中，利害的趋避、行为的取舍的矛盾冲突常常与我们为伴。失败的痛苦与胜利的喜悦常常如影随形，难以长久分离。要求人们在享受竞争的成功、协作的喜悦的同时，还必须能够承受失败的打击、牺牲的痛苦。如果缺乏应有的人际交往能力以及人际关系的协调能力，就会产生冲突，失去和谐，引发心理痛苦，影响心理健康。

这一开放、迅速变化的社会现实与封闭、稳定的传统社会相比，一方面，给我们带来一系列积极的影响，为人的心理发展、潜能开发、自我实现提供了前所未有的机遇。另一方面，它也客观上使人们今天面对的不良刺激的内容更丰富、不良刺激的源头更多、影响更直接全面，也使我们适应的难度提高，心理压力加大，心理障碍与问题行为发生的概率增加，从而对人们的心理素质提出了许多新的、更高的要求，对人们的心理健康也带来了严峻乃至残酷的挑战，构成严重的威胁。

第二节 现代人的心理困扰

一、心理困扰现象

心理是客观现实在人们头脑中的主观反映，现实刺激的优劣直接影响着人们的心理。外部的劣性刺激通过感觉、知觉、判断、思维、记忆等心理活动，进而影响人们的情绪、情感、性格、兴趣、爱好等。如果主体自身的心理素质不高，社会心理支持服务机制缺乏，就容易引发焦虑、抑郁等心理障碍甚至重性精神疾病。

自20世纪80年代初期以来，我国各类精神障碍总患病率呈明显上升趋势，据调查测算，1993年各类重性精神病人就已有约1600万人左右。儿童行为问题、酒与药物滥用、海洛因等毒品成瘾及自杀发生率均明显上升。老年精神障碍患者在人群中的比例逐年增高①。精神障碍在我国疾病总的排名中居于首位，已超过了心脑血管、呼吸系统及恶性肿瘤等疾患。（WHO1996年资料）。1993年抽样调查表明，国内各类精神病的总患病率已由1982年的12.69‰上升到13.47‰（不含神经症）。据1999年调查，我国的自杀死亡率为22.2/10万人。据预测，在21世纪，我国各类精神卫生问题将更加突出。对2020年的疾病总负担预测值中，精神卫生问题仍将排名第一②。可见心理问题呈现增加趋势。

按照世界卫生组织1996年版“全球疾病负担”提供的资料，若以“劳动能力丧失调整的生存年”（DALY）为指标评价各类疾病的总体负担，1990年我国精神疾病在疾病总负担的排名中居于首位。各类心理（精神）问题和自杀（通常是精神疾病的后果）的疾病负担占疾病总负担的18.0%，男性占15.6%，女性占20.7%。也就是占所有由疾病和

---

① 殷大奎.中国精神卫生工作的现状、问题及对策——在中国/世界精神卫生组织精神卫生高层研讨会上的报告.中国心理卫生杂志,2000,14 (1):4 –5.

② 中国/世界卫生组织精神卫生高层研讨会宣言. 中国心理卫生杂志, 2000,14(1):3.

伤害引起的劳动能力丧失和生活能力丧失的近1/5，已经接近高收入国家23.5%的水平，大大高于中低收入国家10.5%的水平。据世界卫生组织预测，到2020年，中国精神病和自杀的负担占疾病总负担的20.0%，男性将达15.0%，女性将达26.8%。世界卫生组织提供的资料显示，我国约有6500万人（超过总人口的5%）患有精神障碍，其中最严重的是抑郁、双重的躁狂-抑郁障碍、精神分裂症、妄想-强迫、酒精滥用、痴呆。其中的抑郁、精神分裂症以及酒精滥用是自杀的主要原因，每年导致的死亡人数比交通事故还多。药物成瘾、网络成瘾行为剧增。我国实际吸毒人数估计在300万人以上。近年来，随着网络的普及，网络成瘾特别是青少年的网络成瘾率迅速攀升，成为了一大社会公害。上海市对5208名学生的抽样调查显示，青少年中网络成瘾症发病率为2.25%，有网络成瘾倾向的达到8.2%。

自杀现象有增无减。1999年11月中国卫生部对外公布的中国自杀率为22.2人/10万人口。虽然我国没有全国性自杀未遂的统计数据，一般认为自杀未遂率是自杀死亡的10倍。自杀意念具有隐蔽性、广泛性和偶然性，与自杀行为高度相关，这一比率无疑比自杀未遂率更高。

据中国健康教育研究所心理健康咨询中心对该中心求助者的统计，求询的内容大体分为三类：第一类是神经症，占34.7%，其中强迫性神经症12.7%，抑郁性神经症9.6%，恐怖性神经症6.5%，疑病性神经症2.6%。第二类是人格障碍及其他心理障碍，占32.3%。第三类是一般心理社会问题，占33.0%，主要涉及婚恋家庭问题3.4%，人际关系问题11.3%，学习困难问题5.7%，性问题3.4%，子女教育问题0.7%。

进入21世纪以来，精神卫生问题更加严重。人们的紧张、抑郁、焦虑、恐惧、烦躁、郁闷、苦恼、愤怒等情绪障碍，并未随着社会发展而减少，反而在许多人群中更加频繁、更加强烈。这不仅带来精神痛苦，严重地威胁着健康状况，影响生活的质量，而且也容易引发个体和群体问题行为。当前，心理问题发生率并未随着社会变化发展而下降，反而呈现增高趋势，人群的职业地位越高，人的知识层次越高，心理压力也越大，对心理健康的威胁越大。

焦虑症是一种普遍的心理障碍，在女性中的发病率比男性要高。流行病学研究表明，城市人口中大约有4.1%～6.6%会得焦虑症。抑郁症也有增多趋势。仅北京医院抑郁症门诊3年治疗患者3000多人次，其中白领人士、孤独老人、工作不稳定者、学习压力过重的青少年以及性格比较内向的人，患抑郁症的比例较大。

“我们生活在变化多端的世界中，人们每天面对令人眼花缭乱的新奇事物，我们所有的人都正在被卷入世界迅速变化的时代漩涡中。”[①]有关专家预言：“从现在到21世纪中叶，没有任何一种灾难能像心理危机那样带给人们持续而深刻的痛苦。”

心理问题的严峻化趋势，自然有其复杂的原因，从宏观的方面看主要是外部的劣性刺激增加、自身心理素质水平低下、社会心理服务机制缺乏等因素共同作用的结果。

二、心理困扰的高发人群

在社会转型时期，不同人群因其面对的应激刺激和拥有的应对资源不同，因而心理困扰的发生程度和表现形式也大不相同。李强教授根据有关资料和临床心理咨询案例，对某些高发人群的心理困扰进行了具体描述[②]。

1 难以快乐起来的孩子

一般认为，少年不识愁滋味，但部分儿童、青少年也承受着很大的心理压力。主要有以下几类：

---

① 王希林整理．世界卫生组织总干事布伦特兰博士在1999 年中国/ 世界卫生组织精神卫生高层研讨会上的讲话．中国心理卫生杂志，2000，14 (1)：6.

② 李强．当代中国人的心理困扰．北京：科学出版社，2004：16–42.

第一类是父母离异家庭的孩子。父母离异容易使孩子产生自卑、恐惧、怨恨、内疚等情感障碍，有的可能出现不良的性格，如孤僻、怯懦、对人冷漠、缺乏信任感、敌视、蛮横、粗暴、冷酷、神经质等性格缺陷。

第二类是学习重压下的学生。在学校不当的教育要求与家长过高期待的影响下，有的忙于题海之中，有的奔走于各种补习、特长班，占用了孩子应有的休息、游戏、娱乐时间，失去了孩子应有的童年快乐，有的成绩不理想的学生还得遭受来自老师、同学、家长的歧视，遭受身体或心理虐待，产生过大的心理压力。有的产生严重的厌学、惧学、逆反心理。由于大多数学校尚未真正重视学生的心理健康教育与心理辅导，使学生处于有话无处说、有苦无处诉、有压力无人排、有忧愁无人解的困境。

第三类是中考、高考、考研落榜或不理想的学生。尽管国家大力扩大了教育规模，但总有一批落榜者。更多的人虽然考上了高一级学校，但所录取的学校或专业不如自己的意愿，在遭遇升学挫折、产生严重挫折感的同时，往往得不到相应的社会理解与心理支持，反而可能遭受来自家长的埋怨、指责以及同伴的歧视与冷落，心理亟需关怀。

另外，农村留守孩子难以得到父母的保护、爱抚，心理的安全感、归属感缺失，有的承受过大的生活与心理压力被迫少年老成。

2 困惑的大学生

大学生曾被形容为天之骄子，但现在随着大学教育规模的扩大与就业的紧张，大学生面临一系列的心理困扰与压力。带普遍性的问题主要为：

第一种是“大一”综合征。表现为大学新生心理适应的暂时困难，主要是环境适应、人际交往适应、生活适应、学习适应等方面。有的因适应上的困难而出现心理上的孤独、迷茫、空虚、自卑、失望、失落、寂寞、厌学、自我封闭、玩世不恭、自暴自弃等不良心理与行为倾向。当然，一般随着时间的推移会逐渐走向适应而使心理问题缓解，因而多数是短暂的、一时的。但如果不及时调适也可能转化为慢性的、长期的心理障碍，有的陷入恶性循环；有的甚至恶化为神经症或其他严重的心理障碍，最终不得不休学、退学。

第二种是贫困导致的心理困扰。经济物质上的贫困必然影响其心理，不同心理素质水平的人的反应会有所不同。心理素质好的大学生可能加以升华，将贫困当成一笔锻炼自己心理素质的财富，转化为发愤图强的内在动力，能吃苦耐劳，最终走向自强之路。但有的在生活质量的攀比中出现自卑、压抑、焦虑、孤僻、退缩以及掩饰性过强；有的碍于面子羞于获取合理的社会资助，对社会支持存在趋避心理冲突。

第三种是毕业前夕的心理困扰，如：就业形势的严峻，考研的紧张，面临分离考验的爱情。历经十多年的寒窗苦读，渴望拥有一份体面或能够谋生的职业，但有的往往难以如意，应聘时屡屡受挫，自我效能感受到严重的挑战，心理落差巨大，挫折感强烈，有的甚至容易引发莫名的仇恨，出现攻击意向。有的容易颓废、暴躁或抑郁，并且这些困扰已经由大学生扩展到了硕士乃至博士研究生。

3 为情感和家庭所累的成年人

这一人群包括被恋情所困扰的青年人、被婚外恋情困扰的中年人、遭遇过婚姻破裂的离婚者。

被恋情所困的青年情况五花八门。有面对自己不喜欢的人求爱而产生的苦恼和被人纠缠带来的麻烦；有因追求别人遭到拒绝而感到的难堪和羞辱；有因单恋或暗恋别人引起的心理失调；有因失恋特别是被对方抛弃而产生的巨大、持久的心理伤害；有因陷于三角恋、多角恋漩涡而产生的心理冲突与竞争压力；有因错过某一恋爱机会与择偶最佳年龄而出现的自卑、懊悔、敏感、多虑、封闭等心理不适应；还有因受到异性的骚扰而备感羞辱、愤怒、敢怒不敢言，等等。

在婚外情中，男性一般是为了寻求新鲜、刺激，满足征服欲望或真正的爱情。女性除了真正的爱情外，更多可能出于补偿心理、依托心理、回报心理、报复自己配偶的心理，或证明自己的魅力等动机。男性多具有随缘性、偶发性、即兴性。女性则更注重感情基础和心理感受，且在情感的深度、专一性、持久性方面一般强于男性。其心理困扰表现为爱情无法专一。因为必须面对一方或双方有配偶的事实，难以在感情和肉体上独占对方或完全只给予对方；对自己配偶、子女的内疚感；婚外感情与婚内义务之间的双趋式冲突；因担心暴露影响自己，长期绞尽脑汁地说谎掩盖造成的焦虑感、紧张感、恐惧感、道德压力感，有的因处理不当，在体验短暂的甜美和幸福之后，而饱尝无尽的烦恼和心理痛苦。

4 婚姻离异者的心理困扰

作为一种重大的负性生活事件，离婚引起的心理应激的强度是巨大的，可能给当事人造成严重的心理影响。离婚者的困扰表现在以下方面：一是内心处于孤独与茫然状态，尽管主动离婚者摆脱了昔日的感情纠葛，在一段时间内享受到了渴盼的内心安宁与无拘无束的自由，但随着时间的延续，茕茕孑立、形影相吊的感受可能会不期而遇。面对现实生活中别人的家庭幸福、夫妻恩爱，会不断强化内心的孤独感和漫无目的的游离生活。如不及时调适，容易产生心理障碍。

有的因担心别人同情与背后的评论、非议，而离群索居，回避人际交往，以逃避舆论的压力，却加剧了孤独心理与回避行为。有的面对既希望重新寻找自己新的另一半，又无法彻底割断和告别过去，爱恨交织，既喜新又可能恋旧的心理冲突。有的处于进退两难的境地，特别是有子女者存在的抚养矛盾与情感处理，面临的问题、麻烦更多，心理压力更大。

不少离婚者在选择再婚时，鉴于前次婚姻的经验，往往存在种种疑虑、担心和偏见，不敢轻易闯进“围城”，容易出现心理矛盾。

5 进退两难的独身者

近年我国的独身数量越来越多，既包括从未结过婚的成年人，也包括离婚和丧偶后的独居者，在高收入的女性群体中尤其突出。作为一种反传统、反主流的生活方式与价值取向，无论是主动独身者还是被动独身者，都会承受来自社会各方面的心理压力，产生一些苦恼和困惑。主要为社会的歧视与偏见，包括旁人对独身原因的瞎猜测与议论，如怀疑独身者有生理缺陷或心理变态，对独身者私生活的横加干涉和评头品足。这对于那些在乎别人议论的独身者，在面对歧视性甚至侮辱性的议论和猜测时，内心自然会感到痛苦和压抑。对于有正常性欲的独身者，大多数还一定程度上存在性饥饿，在无法正常满足时，得耗费一定的精力去抵抗性欲的产生，压抑性欲，或通过梦幻式的、变异式的或升华式的方式来转移性欲。对性的过度压抑有可能使人的生理和心理偏离常态，严重的可能出现性心理变态。有的选择固定或不固定的性伴侣来满足性欲，需要冒社会舆论谴责、相关惩罚、染上性传播疾病的风险，容易处于担心、害怕、焦虑、矛盾的心理状态之中。由于独身者相对难以享受正常亲密无间的夫妻之情和令人陶醉的天伦之乐，有时内心容易陷入寂寞和孤独。

6 长期分居的亲人

随着职业选择的自由化以及农民工的出现，大量已婚的夫妻不得不分居，为此产生过度的思念、孤寂、无助、忧虑、恐惧。由于缺乏夫妻性生活，如果一味通过自我压抑的方法来解决性需要，时间一久，容易造成性情急躁和乖戾、内心烦闷、感情脆弱，容易被激怒，容忍力下降。如果出现婚外性行为，事后内心则会被强烈的自责、负疚、罪恶感所折磨。特别是大量的农村留守子女以及空巢家庭的老人，生活上难以得到应有的照顾，心理上难以得到关怀和支持，承受着巨大的相互思恋、担忧之苦。正处于心理发展期的儿童的心理困扰自然更加突出。

7 身处激烈竞争的职业人

在职业人群中，不同阶段的人都有可能出现心理困扰。

（1）职业适应紧张感。刚刚参加工作的新人因生活环境的变化而产生适应性障碍，在心理压力过大时容易出现紧张不安、多愁善感、疲倦、心悸、睡眠质量下降，甚至产生躯体不适，如恶心、厌食、偏头痛、肌肉酸痛等。

（2）职业兴趣枯竭感。工作一段时间后，因持续的体力与脑力的付出，与工作对象和工作环境相互作用过程中所遇到的各种矛盾、冲突而引起的挫折感，可能导致严重的心身疲惫，出现职业“枯竭”。其中从事教育、管理、社会服务、警察、医护人员、心理咨询师、社会工作者等职业的人群是职业“枯竭”的高发人群。长期与机器打交道、工作单调重复的蓝领工人易出现倦怠、乏味感。长期献身工作，过度忙碌，喜欢权力、独裁，竭尽全力扩展自己控制力的从业者也容易出现职业“枯竭”。其表现为心理上感到义务太多，负担过重，容易烦躁或生气发火，感到紧张、压抑、焦虑，希望回避工作；出现失眠、惊梦，对人不耐烦、训斥下属或工作对象；对人冷漠、尖刻；性兴趣和性快感减弱；有的可能染上吸烟、酗酒，精神空虚，迷失生活的方向，找不到生活的意义和价值，工作效率下降。严重的可能不讲职业道德，经常以非客观的、缺乏关心甚至不人道的方式对待工作对象。

8 弱势群体

诸如，为生计所困的下岗或失业者，在夹缝中求生存的打工者，困守土地的农民，正在寻找职业的人，孤寡老人，遭受天灾人祸的不幸者，身患重症的病人，被人抛弃的流浪者等，因受经济压力、社会地位处于弱势、社会支持资源缺乏、受人欺凌歧视等各种因素的影响，他们的心理困扰自然会更多、压力更大、心里更苦、心理问题更严重，更需要心理关怀和社会支持。

三、心理困扰的成因

（一）心理困扰的社会成因

现代科学研究发现，虽然心理问题与生物学、心理学因素有明显的关系，但仅从生物学或心理学的观点去解释心理障碍是远远不行的。因为社会因素在心理障碍的形成与变化中起着重要的、不容忽视的作用。社会学家米尔斯认为许多个人遭遇的困扰，只有在更广阔的社会领域这一级水平上，将个人生活与社会历史这两者放在一起认识，才能得到真正的理解。如果个人能够理解个人与社会之间、个人生活与历史之间、自我与世界之间的相互作用，具有这种社会学的想象力，就可以增进理性，看清世事，了解全貌，从而预防或减少心理困扰。

法国社会学家迪尔凯姆早在1897年就指出，自杀率是随着社会整合的程度而改变的。后来许多社会学家与精神病学家也接受了这一观点，并运用社会学理论与方法研究了有关心理障碍的产生原因、诊断、治疗和预防问题，并逐渐形成了心理障碍的社会模式。他认为大多数心理障碍与正常心理一样都是个人的社会生活的产物，有着深刻的社会根源。强调社会制度与体制、社会发展水平、阶级阶层差别、文化传统、风俗习惯、价值观念、社会变迁、生活事件等社会因素在心理障碍发生与变化中的作用，并认为社会因素的这种作用突出地表现在社会急剧变迁的过程中。

从宏观上看，导致新时期居民心理健康问题增加的社会学方面的原因，主要体现在以下几个方面：

1 社会失范加剧

在社会转型过程中，正经历外来异质文化与本国传统文化之间的冲突与抗拒。从物质产品、制度层面到观念层面，由浅入深地强烈冲击着我国传统文化的根基，震撼着人们长期筑成的精神世界。

在这一转型期，社会原有的规范、价值取向都面临着挑战，传统的权威、角色失范，价值观混乱，劣性刺激剧增。

（1）权威失范

个人崇拜被抛弃后，新的权威有的还不具有有效的约束力和影响力时，常常在一段时间里出现一定程度的“权力真空”，产生权威失范。表现出政策法规朝令夕改，缺乏连贯性；政令不畅，上有政策，下有对策，无法可依，执法不严；政出多门，彼此矛盾，政令难行，屡禁不止等等。

（2）角色失范

随着社会的转型和发展变化，社会角色模式也随之改变，要求人们的角色行为适应新体制的要求。人们的权利、义务、行为模式也相应地必然发生变化。但人们一般都具有心理定势，在心理与行为上具有惰性和惯性，一时难以适应新角色模式的要求，显得无所适从，有的茫然不知所措，从而造成心理冲突与行为混乱。由于社会对角色扮演者的角色行为期待不一致，或模糊不清，有的人用旧的角色模式来衡量扮演者新的角色行为，有的在扮演的角色丛中存在角色紧张与角色冲突。

（3）价值观混乱

社会价值观是社会绝大多数成员在对客观事物进行价值判断时所共同具有的基本观点和看法。在新时期，社会价值观经常处于动荡不定状态，有时像万花筒一样多变不定。在旧的价值观逐渐丧失其功能的同时，新的价值观却只是零散杂乱，不成系统，难以给人们提供可以遵循的规范体系。人们置身于相互矛盾、冲突的新旧混合的价值体系之中，难以根据自己过去的认知经验和当前的实际需要，合理地、准确地、迅速地作出价值判断与选择，难以认同、接受某一社会价值观系统，从而陷入无以参照、无以归附的境地。

当前，人们对于什么是适当的社会规范存在着严重的分歧，以致在很多问题上无所适从，使得人们强烈地感受到生存环境的不确定性和安全感缺乏。特别是对于那些心理素质水平低下的人来说，由于缺乏应有的心理应变能力和自我抉择能力，则容易出现适应上的困难，进而产生心理困扰与心理压力，导致心理失调。在社会失范状态下，很多事情的发生和变化似乎没有规律、不可预测。在大量的偶然和意外事件下，心里失去踏实感、安全感，容易出现焦虑情绪体验。变化的不确定性、不公平的竞争成为了影响人们心理健康的直接因素。有的在心理压力下，可能选择退却、麻木、冷漠的方式来表达，抛弃理性，跟着感觉走，“干什么都没有劲”、“没有意思”、“无所谓”、“不爽”、“郁闷”等成为常用语，及时行乐便是其心理失衡的表现形式。

（4）劣性刺激源剧增

人们心理健康状况取决于外部刺激的优劣、个体自身心理素质水平的高低、社会心理服务机制的有无以及科学与否。

其中的外部事件对人的心理状态无疑有着巨大的影响。刺激物是作用于有机体且能够引起相应反应的任何因素。刺激物对有机体施加的影响叫刺激，其中有积极影响作用的叫良性刺激，产生消极影响的叫劣性刺激。某种刺激对个体能否引起反应以及反应的强度如何，既取决于刺激本身的性质和强度，也取决个体的认知等心理素质，还受着外界社会支持等环境因素的影响。应激反应是指在劣性刺激下出现的较为强烈的身心紧张状态。过度的、长期的应激反应，容易给心理健康带来严重的消极影响，成为身体不适、虚弱和心理痛苦的根源和寻求心理帮助的直接原因。在临床上出现紧张性头痛、腹泻、焦虑反应、强迫行为、抑郁、恐惧性情感、行为和躯体障碍。在2008年的汶川大地震后，许多灾区的人们出现相关的反应，这与地震灾害这一劣性应激源有直接关系。

在社会应激源中，包括消极的生活事件，如配偶死亡、离婚、夫妻分居、坐牢、家庭成员死亡、个人受伤、患病、被解雇、家庭成员患病、性生活困难、好友死亡、夫妻不和睦、经济困难、人际冲突、与领导闹矛盾、升官不成、落榜、失恋、改换职业、辞职、破产、股票被套牢、投资失败、有关的灾害或令人气愤的事件、婚外情暴露、不光彩的事被抓住、违法乱纪行为被举报、被人欺负侮辱、治安事件等等。还包括一些中性生活事件，如调换新工作、职务变化、生活条件变化、搬迁、转学，也容易使人产生心理上的不适。甚至一些令人高兴的事件，如结婚、复婚、受奖、过节、休假，如处理不当，也可能增加人的心理负担。

新时期，社会的急剧转型，使得社会性应激源显著增加。随着竞争的激烈化，许多人将承受巨大的心理压力，更容易遭遇挫折。选择的自由化，在使人们有了更多选择机会的同时，也带来更多的选择时的心理冲突，如双趋式冲突、双避式冲突、双重趋避式冲突、多重趋避式冲突，很多优柔寡断的人因此出现严重的心理困扰。社会的流动加大，扩大了人们的交往圈，开阔了眼界，使生活环境与生活内容发生了很大的变化，在交往、攀比过程中，也可能导致应激源的增加。社会生活节奏的快速化，社会变迁的频繁化，带来个人角色的不断变化，跳槽现象的普遍化，增加了人们职业、角色适应上的困难。此外，城市化带来的空间拥挤、交通阻塞、环境污染也容易成为心理应激源，成为劣性刺激，影响人们的情绪与心理反应。

我国学者杨廷忠等人2002年对3760名居民运用知觉压力表、一般健康量表进行研究，显示了各种变量与压力之间的关系。结果表明①：女性的压力水平显著高于男性；高中及以下组的压力分值显著高于大专及以上组；学生、下岗者、未就业者的压力分值显著高于其他职业人群。离异和丧偶者的健康危险性压力显著高于未婚和再婚者；家庭经济状况越低，健康危险性压力越高；社会交往越多，健康危险性压力越小。竞争与变化对心理压力有显著的影响，很多的心理压力的形成在很大程度上是由于社会转型期的竞争与变化所致。

2 社会支持脆弱

对于社会支持的概念，社会学家、心理学家、社会精神病学家因研究目的、研究视角的差异，尚未形成一致的理解。在这里，社会支持是指一个人通过社会联系所获得的有利于减轻心理应激反应，缓解精神紧张状态，提高社会适应能力的一切资源。社会联系包括来自家庭成员、亲戚、朋友、同事、团体、单位、组织、社区的精神上与物质上的支持与帮助。

（1）社会支持的类别

社会支持包括客观的、可见的支持和主观的、体验到的社会支持。

客观的、可见的或实际的支持，又可以分为有形的金钱、物质支持和无形的或隐性的社会支持。有形的社会支持资源，如：直接的物质援助、社会网络、团体关系的存在和参与；稳定的婚姻、家庭、朋友圈、同事；不稳定的非正式群体或暂时性的社会交际中可获得的支持与援助。它们独立于个体的感受，是客观存在的社会支持。

---

① 卢兴亚．群体性事件社会心理学分析．四川警官高等专科学校学报，2007(5)

无形的或隐性的社会支持，如：来自他人的关怀、尊重、倾听、理解等亲密的互动，提供建议、信息和指导；对受助者的思想、情感、行为的积极反馈；引导受助者参加有利于娱乐和放松的有益的社会互动；个体所拥有的社会网络的类型、规模、紧密程度、多元性、相符程度。

主观的、体验到的社会支持包括个体自我感觉到的受尊重、被支持、被理解的情感体验和满意程度，它与个体的主观感受密切相关。这类社会支持受个体的感知、认知、评估的直接影响。主体只有感受到社会支持，才能对其心理健康的维护产生直接的作用。虽然被感知到的可能并非真正的现实，但被感知到现实却是心理的现实，而正是心理的现实作为实际的变量影响人的心理与行为反应。

（2）社会支持的心理功能

社会支持对个体的帮助包括：一是通过物质提供以解决实际经济困难等现实问题的工具性支持；二是通过关心、理解、鼓励、尊重、温暖、信任、对价值观的认可、对付出的感恩、对劳动的肯定，特别是设身处地的理解等情感性支持，在危机情境下的作用更明显；三是认知性支持，如提供建议、指导、信息等；四是友伴性支持，即通过与伙伴一起从事休闲或娱乐活动，满足个体的亲和、友情、归属的需求，可以转移个体对压力事件的注意力，缓解负性情绪体验。

社会支持对心理健康的作用，学术界有主效果模型和缓冲器模型之分。前者认为社会支持对心理健康具有普遍的意义，不仅在心理应激情况下发挥缓解作用，平时对个体的情绪体验与心身健康也有维持作用。缓冲器模型理论认为社会支持仅仅在应激条件下与个体身心健康发生联系，通过主体的认知系统发挥作用，可以缓冲劣性事件对身心健康的消极影响。

社会支持可能在压力事件与健康状况关系链条的两个环节上发挥作用：一是可能作用于压力事件与主观评价的中间环节上。如果个体受到一定的社会支持，那么就会低估压力事件的危害性，通过感受到自我应付能力，进而降低对压力事件严重性的评价。二是社会支持可以提供解决问题的策略和方法，降低心理应激水平，从而减轻压力体验的不良反应。无论如何，社会支持对个体心理健康的维持在任何时候都是有直接或间接的作用的，在应激状态下，其作用更加显著。

（3）社会支持面临的挑战

在我国的社会支持，包括官方的社会支持系统和民间的社会支持系统。官方的社会支持包括个体所在工作单位在晋级、升迁、学校进修、住房、医疗养老、社会地位、子女上学等方面提供的支持。同时，官方社会支持中还包括民政、妇联、残联等政府机构与社会团体的支持、帮助。民间的社会支持指来自家庭或家族成员、邻里、朋友的帮助。

① 正式组织的社会支持的变化

在新时期，我国的社会支持系统发生了很大的变化，原有工作单位提供的一部分社会支持迅速瓦解，而与建立现代企业制度和高效行政系统相匹配的社会支持体系没有及时建立，远未完善。城市职工下岗后，失去了原来赖以依靠的工作单位，成了无所依靠的社会人；农村的公社、大队、生产队的体制瓦解后，现在乡、村、组体制已经失去了原来的社会支持的部分能力，特别是原来与农民联系最为紧密的村民小组基本上处于瘫痪状态，几乎一盘散沙，对村民无力履行社会支持的职能。再加上随着改革的深化，越来越多的社会成员成为自由职业者；单位在改革中将后勤社会化、市场化后，原有的住房等福利大大减少，养老保险、医疗也实现社会化，而社会养老机制、社会保障机制、社会支持系统尚未完善。

② 朋友间社会支持获得性减少

日益激烈的职业竞争、学业竞争导致业缘人际关系复杂化、紧张化，出现人际关系的淡漠与疏远，从而削弱了来自身边的同事、同行、同学的社会支持。由于利益、名利、地位、升迁、成绩等竞争发生在同事、同学、同行之间，加上竞争的不规范、不公平，导致同行、同事、同学之间的人际疏远、冷漠、淡化、嫉妒、敌视、对抗、设防、猜忌增多。“逢人只说三分话，不敢全抛一片心”，以免被人利用，从而使来自身边的社会支持，特别是心理支持受到制约。

③ 家庭成员的心理支持削弱。

新时期，丁克家庭、独生子女家庭、空巢家庭、独身家庭、未婚同居家庭、单亲家庭、鳏寡家庭等特殊家庭的大量存在，使得有“心灵的港湾”之美誉的家庭的心理、情感支持功能受到挑战。家庭规律的缩小化，失去了传统大家庭成员的相互支持的优势。特别是年轻人的亲情、血缘感情淡薄，自我中心意识变强，加上竞争压力大大加剧往往自顾不暇，难以从经济、精神上提供及时的、必需的支持。

④ 心理卫生事业滞后。

现行的医学模式的滞后制约了心理卫生工作的发展。尽管学术界关于医疗模式由单纯生物模式向生物–心理–社会医学模式的转变呼吁了多年，但实际上，无论在医疗机构还是在社会上，依然受着传统单一的生物医学模式的束缚。在医疗卫生事业管理上，没有把心理卫生工作人员作为一种专业技术人员，一般将从事临床心理卫生工作的人员隶属于精神病学科或其他系列。在学校的心理健康教育老师没有单独的职称系列，有的纳入思想教育，有的纳入心理学系列。国家也没有建立专门负责心理卫生工作的管理部门，国家卫生部连精神卫生司甚至精神卫生处的专门机构都没有，使得心理咨询服务的工作者角色不明、职责不情、地位边缘化、权利与利益得不到保护，制约了心理卫生事业的发展。单位、社区等正式组织缺乏心理服务，常常使得人们的心理困扰得不到及时的关注、帮助与矫治。

相当多的情绪困扰者，往往转换为躯体化为各种躯体症状，进而寻求医疗帮助，例如，到医院看中西医、吃中西药、按摩、针灸、生物物理治疗、药膳食补、锻炼身体、练气功。梅锦熔等人1999年对上海市精神卫生中心初诊病人的求助途径的统计发现，其中来该中心求助心理咨询与心理治疗之前，有55.4%的人求助过西医，12.2%的人看过中医和西医。还有的心理问题患者在遇到心理困扰后采取的是烧香拜佛、招魂、赶鬼、做法事、赎罪、挂符贴符、读经祷告等宗教或迷信方式，相信超自然的力量。不少寺庙香火鼎盛，跪拜者络绎不绝。有的认为心理疾病是由于个人违反了大自然运行的法则，或与大自然中的某种力量相冲突，或由气候、季节的变化引起，或源自运气、命中注定、风水等，就采取改风水、改运、算命、冲喜、选黄道吉日等求助于自然力量的方式来医治或避免心理疾病。

3 心理社会化存在缺陷

社会化是个体通过与社会的交互作用、适应并吸收社会的文化，成为一个合格社会成员的过程。一个人的社会适应程度取决于其社会化的程度，与其以心理素质为核心的整体素质是否能适应社会对人的要求有密切关系。其中心理素质直接决定其社会适应状况，进而制约着心理健康的状况，而心理素质中的个性心理品质、心理承受能力直接制约着人面对劣性刺激的承受能力、影响挫折感等应激反应。

长期以来，在我国儿童与青少年的社会化的过程中，存在各种各样的缺陷：一方面，非理性的家庭教育、学校教育以及社会教育致使个体缺乏应有的社会适应能力。另一方面，在家庭、学校教育中忽视心理健康教育与心理素质的培养，致使个体的心理素质发展严重滞后。

在个体社会化，尤其是早期社会化的过程中，社会化的实施者所采取的手段与方法是否适当，将直接或间接影响儿童与青少年未来社会化的进程，制约其社会适应能力。心理学研究表明，社会化实施者非理性的教育方式对孩子的心理发展是很不利的，所产生的消极影响是深远的。其中两种方式的消极影响更加直接：一是过分保护，二是滥用惩罚。

（1）过分保护的危害

过分保护在父母身上表现为包办代替和过分控制两个方面。在儿童社会化的过程中，尝试与错误都是学习的基本方式，而包办代替与过分限制自由将使孩子缺乏很多至关重要的亲身体验，阻碍了适应性行为的发展。由于限制太多，导致锻炼的机会减少甚至失去，被剥夺了在实践中积累经验，致使行为储备有限，孩子缺乏社会交往的经验，不会与人打交道，不善于用不同的方式与不同的人打交道，遇到交往情境时往往表现出紧张、害怕，或交往效果不良而产生心理挫折，影响自我效能感，从而在以后的人际交往中心有余悸。具体说来，过分保护对少年儿童心理发展的不利影响表现为：①独立生活能力差，样样依赖父母，以致自我放弃了学习自立自理的机会，一旦离开父母的保护与支持就不知所措。②社交无能，不知人际交往的价值，不敢或不善于交际，难以获得朋友，失去许多来自朋友的社会支持。③性心理不成熟，表现为对父母过分依赖，使感情完全固定在父母身上，很难接受父母以外的其他人。④自我中心。童年时期的自我中心如果在社会化过程中没有得到应有的引导，很可能强化成为成年后不良性格的核心部分，容易走向极端自私，不会合作，不能包容他人，陷入自我孤立的境地。⑤行为不负责。过分控制下的孩子常常有不自由和受压抑的情绪体验，有时爆发出不合理的冲动行为，如逃学、斗殴、破坏等，一旦从中体验到快感，就容易被强化，并将来喜欢推诿责任。⑥过分依赖。从小受到过分保护，一方面造成孩子对父母强烈的依赖心理；另一方面，由于过分保护限制了孩子的自由和自主性，导致孩子的不愉快以及对父母的不满，为心理障碍的形成提供了土壤，埋下了隐患。

当前，我国儿童与青少年在社会化的过程中存在成年人大包大揽、过度保护、抚养重于教育、关心重于训练的特点，致使孩子觉得父母代劳是正常的事情，对家长的依赖性也越来越强，一旦离开了家长这根拐杖便寸步难行。同时，我国儿童社会化方式的另一个特点是，儿童社会化的时间过长，而且儿童期的社会化与青年期的社会化界限不清，青年期的社会化往往按照儿童期的社会化方式进行，子女在父母眼里永远是长不大的孩子。即使孩子已经长大成人，依然习惯性地替子女拿主意、做决定。从社会化的内容看，重灌输、轻启发，重集体、轻个体，使孩子长大后缺少独立思考的能力。

（2）滥用惩罚

惩罚是社会化实施者为了控制社会化对象的行为，采用一定的方法以压抑、减少或消除某一行为的过程。惩罚的方式不仅是打骂，而且包括限制自由、侵犯应享有的权利、不理睬、不爱抚，以及苛求、不给应有的鼓励和赞许、唠唠叨叨等等，这些都有惩罚的作用。

然而，惩罚的效应是复杂的。儿童通过受到惩罚知道了不该怎样做，为了避免下一次受惩罚，会不假思索或被迫接受社会化的实施者——老师或家长的善恶标准，产生禁忌意识。如果标准合理，自然有利于儿童社会化，促使其在今后的活动中选用社会适应良好的行为。但是，过分的压抑不可能消灭情欲，情欲的反抗和蠢蠢欲动，使人产生模糊的、潜意识里的罪恶感，也就是违禁性罪恶感或病态的良心。这种人往往心中充满清规戒律，任何微小的过失都可能激发其内心的罪恶感，对微小的信号也极力回避，导致思想与行为的防御性谨小慎微，总是怕犯错误、怕丢脸、怕挫折，从而妨碍其对问题的应付能力的发展。有的产生混沌罪恶感，即含糊笼统的罪恶感，把自认不应该的想法一概视为罪恶；把少年儿童时的顽皮行为和小过失视为不可饶恕的罪恶感深深地埋在心底，从来不曾提到意识的层面，不会用成人宽容少儿的态度来对待；把哀悼心理渲染成罪恶，似乎亲人的病逝也是他一手造成的，人的心理压力扩大，心理顾虑增加，就会变得内疚、胆小、退缩，以至容易造成今后的社会适应困难。

4 社会观念的束缚

从社会心理的角度看，社会文化上的某些缺陷也是神经症等心理障碍的成因。精神分析社会文化学派的代表人物霍妮认为，产生神经症的个人心理冲突，虽然不排除个人的因素，但本质上却来源于一定社会的文化环境对个人施加的影响。导致神经症患者内心冲突的社会文化基础是现存文化的矛盾。如：竞争、成功与友爱、谦卑的矛盾，社会文化对个体在这两方面提出的要求是相互矛盾的；不断被激起的享受需要与人们在满足这些需要时实际受到的挫折之间的矛盾；个人自由与实际受到的各种限制之间的矛盾；等等。这些社会文化困境常常使人们陷入难以调和的内心冲突之中。生活于现实社会的每个人都要面临这些困境，并都可能遭遇内心冲突。正常的人与神经症患者的区别仅仅在于程度的差异。因此，有的学者认为，神经症患者的内心冲突是一定文化内在冲突的缩影，神经症是时代和文化的副产物。

（1）心事不求人的观念

以前的中国人以万事不求人而骄傲，现在客观上不可能做到。但有些人对于自己的心事往往被视为隐私，觉得不可对外人泄漏，因而即使沉重的心事也不轻易求人。

在遭遇心理困扰时，人们应对的方式存在以下特点：先自我调适，后寻求外界帮助；在求助外界帮助时，先求助医疗帮助或民俗的、本土的心理帮助方法，后求助现代的心理咨询与心理治疗。之所以如此，一是中国传统文化强调个人心性修养，使人们形成了仅仅依靠个人的自我力量来化解内心矛盾的习惯；二是由于长期对个人隐私权的淡漠，许多人形成了喜好窥探和议论他人隐私的习惯，在这样的文化背景下，公开自己的隐私往往觉得有害无益。于是人们在内心筑起坚硬的保护壳，不敢轻易向别人暴露自己的内心世界，也不轻易接受可能涉及隐私的他人帮助。加上传统世俗观念对精神疾病的歧视与偏见，也是导致人们在遭遇心理困扰时不愿向外界特别是心理卫生界求助的重要原因。

（2）内外有别的观念

中国社会的人际关系往往依其亲疏程度分为家人关系、熟人关系、生人关系，特别强调内外有别。这种以自我为参考点向外圈扩散的类似同心波纹的人际关系或社会关系网，被费孝通教授称为“差序格局”，杨国枢教授称之为“关系取向”。在这种文化环境里，在必须求助外界帮助时也是先求助自己人，后求助外人。遇到心理困扰时往往不习惯向外人或陌生人袒露心扉，包括心理辅导与心理治疗专业人员，而习惯于向自己的家人和知心朋友、同事、同学倾诉。

（3）病耻感的制约

病耻感是以患上某一疾病而感到可耻的、强烈的、痛苦的情绪体验。患病后过分爱面子、怕丢脸而讳疾忌医就是病耻感的一种表现。

由于我国心理卫生知识没有普及，人们对心理问题存在许多观念上的误区，误以为心理问题就是心理疾病或神经病，甚至等同于精神病，与“疯子”的形象发生联想。觉得只有有心理疾病的人才需要心理求助。因此，当心理困扰而寻求帮助时，往往觉得以损耗自尊为代价，担心被人视为心理有病、无能或弱者，同时还要准备承受因求助被拒绝而带来的自尊损伤，以致于求助者感到不好意思，觉得羞耻、窘迫。一般家庭也误以为家中出现心理困扰，特别是精神疾病患者会感到强烈的羞耻感，不愿暴露。这种感觉源自中国文化对心理失调的病理观。似乎这暗示着家族中有人行为不规矩，或家人未能尽到教养责任而感到颜面无光。有的甚至从宗教或命运观点来看，觉得精神疾病患者的出现是家族中的祖先失德而报应到子女身上，或前世作孽，命不好。有的从遗传观点认为，心理疾病患者玷污了家门，担心影响家中其他成员的婚姻，甚至连亲戚也觉得难堪。由于认为心理疾病就是耻辱，因此担心家中的丑事传出去而竭力掩盖家人患有心理疾病或有心理问题的事实[①]。

（二）心理困扰的个体成因

1 非理性的观念

外部刺激是否会对当事人产生应激反应以及应激反应的强度与当事人的认知评价有直接的联系，美国学者艾利斯认为情绪体验与刺激事件并无直接联系，而是取决于人对事件的信念，即看法、解释和评价。古希腊哲学家埃皮迪特斯认为："扰乱人精神的与其说是事件，不如说是人对事件的判断。"现实生活中的许多事件本身是中性的，无所谓好或坏，之所以引起应激反应，仅仅是因为当事人在非理性观念与非理性思维方式的影响下对事件做出歪曲的感知或消极的估计和判断，从而庸人自扰，作茧自缚。可见，个体认知因素在刺激事件与反应之间起着重要的中介作用。

不同的认知可以产生不同的反应和结果，产生积极的应激和消极的应激。积极的应激反应可以提高大脑皮层的唤醒水平，调动积极的情绪

---

① Lin TY.LinMC.Love,denial and rejevtion:Renponses of Chinese famiies tomental illness In:A Kleinman,TYLin(Eds).Nomal and abnomal behavior in Chinese culture.D.Reidel Publishing Company,1981.

反应，集中注意，积极思维，灵活应对。而消极的应激反应会引起过度唤醒，导致焦虑、激动或抑郁，使认知能力降低，自我概论模糊，妨碍当事人及时做出正确的判断和选择有效的行为。正是由于认知因素具有重要的中介调节作用，所以可以通过自我调适认知，使非理性的认知理性化，以减轻严重应激所造成的焦虑、抑郁、愤怒、绝望等情绪体验。

1962年，艾利斯总结了西方人常见的11种不合理的信念。20世纪70年代后，他进一步把这些不合理的信念合并为三大类，即对自己、对他人、对自己周围环境及事物的绝对化要求和信念。例如，人应该得到生活中所有重要人物的赞许和喜爱；有价值的人应该在各方面都比别人强；任何事物都要按自己的意愿发展，否则就很糟糕；已经确定下来的事情是无法改变的；不允许有任何问题得不到圆满的解决；要有比自己强的人作后盾才行。艾利斯认为，人们之所以会出现压抑、敌对、焦虑这类消极情绪，皆因这些非理性信念所致。韦斯勒等曾将这些不合理的信念概括为三个特征，即绝对化要求、过分概括化、糟糕透顶。

笔者对中国青少年的非理性信念的研究发现，主要集中表现为四个方面：一是欲求绝对性；二是感知歪曲性；三是思维失真性；四是应付非理性。2006年笔者根据对1940名青少年学生的调查，总结出以下存在于大中学生中的非理性观念：

（1）要多注意自己的不足与失误，少看点自己的长处与成功；

（2）说过假话的人都是骗子，再也不要相信他；

（3）事情都要从最坏处着想，主要注意其不好的方面；

（4）做事必须做得十全十美才算好；

（5）在任何情况下都不应该放弃原定的目标；

（6）如果事情不是我想象或希望的，就不正常；

（7）问题产生的真正原因应该只有一个；

（8）即使无法改变现实，也不能放弃努力；

（9）如果无法改变现实，就自然无法改变心情；

（10）如果是我亲自所见或所闻，无疑真实；

（11）如果我对自己都不满意，当然是个不好的人；
（12）某件重要的事情一旦失败，那就糟糕透了；
（13）做决定时，要避免一切不利的方面才行；
（14）做事的方法是不能改变的；
（15）只有获得大家称赞，才能算优秀；
（16）如果失败了，说明自己的能力不行；
（17）遇到困难和挑战时，我无能为力，只有回避；
（18）心情不好时，任何方法都会无用；
（19）有时我觉得自己是世界上最不幸、最倒霉的人；
（20）某人的想法或做法如果与我多次不一样，肯定跟我作对；
（21）如果我不能样样突出，人们就会看不起我；
（22）我怎么对待别人，别人就必须完全一样地对待我；
（23）不管具体情况如何，一切都得严格按规矩办事；
（24）只有万事如意的人才幸福；
（25）如果考试没有考好，只能怪自己努力不够；
（26）一切现实都是无法避免和改变的；
（27）心里烦闷或愤怒时，只有发泄出来才行；
（28）要判断某个人怎么样，与他接触一下就知道了；
（29）对任何小事都不能小看；
（30）假如现在的情况不好，将来也不会有希望；
（31）要时刻跟强于自己人比，应该样样强于人；
（32）定下的目标只能成功，绝不能失败；
（33）衡量一个人如何，只要看工作业绩就知道了；
（34）如果结果不理想，只怪自己的运气不好；
（35）对于应该做的事情，即使没有条件也必须做；
（36）不愉快只能憋在心里；
（37）我有时觉得自己是个最差劲的人；
（38）如果目标没有全部达到，那么整个努力全白费了；
（39）任何一个失误都会导致大的灾难，必须时刻小心翼翼；

（40）大家应该经常关心我、注意我；
（41）解决问题的方法，应该只有一个是对的；
（42）如果多次输给别人，说明我什么都不如人；
（43）如果好朋友见到我却不高兴，肯定是我得罪了他；
（44）如果我的某个意见没有得到采纳，我会很没面子；
（45）犯了错误，就应该长时间严厉地自我责备；
（46）现实中充满了危险，随时可能大难临头；
（47）某个人如果不是好人，当然就是坏人；
（48）一旦做了错事，大家肯定不会原谅我；
（49）事情必须完全公平、合理；
（50）对于同一情况的评价和看法是相同的，不能改变的；
（51）矫正错误时应该过分一点；
（52）我完全相信自己，出了问题应该都是别人的错；
（53）只要能够解决现在遇到的问题，就可以不顾一切；
（54）我心中的烦恼，别人都是无能为力的；
（55）人都是虚伪的，不能相信别人；
（56）如果没有把每件事情做好，就说明无能；
（57）一旦出了丑，就无脸见人了；
（58）每个问题，都应该有一个最完美的答案；
（59）坏事就是坏事，不可能变成好事；
（60）我的自我评价取决于别人对我的看法；
（61）我的成功主要靠的是运气；
（62）面对不好的后果，就得狠狠地惩罚自己或者责怪别人；
（63）一切不愉快都是由现实直接引起的；
（64）如果大家都那样说，肯定没有错；
（65）如果连某件很简单的事情都没有做好，就糟透了；
（66）失去好朋友或恋人必然导致长久的痛苦；
（67）不能让我尊敬的人有任何失望或不高兴；

（68）今天的现状决定着今后的一切；

（69）人生的价值取决于他的成绩好坏与能力大小；

（70）没有别人的帮助，我将一事无成，必须有人做依靠；

（71）只要不满意，就要不惜一切代价去改变它；

（72）遇到不如意的情况时，自然无法开心起来；

（73）我觉得某人或某事怎么样，就是怎么样；

（74）不接受我的观点，就是不相信我、不尊重我的人格；

（75）如果遭受了重要人物的批评或误解，那就完了；

（76）“自由”应该是“想怎样就怎样”，别人不要干涉我；

（77）过去做某件事时如果失败了，现在再做也没用；

（78）做事时，千万不能出任何差错；

（79）求人帮助是无能的表现，一切只能靠自己；

（80）别人故意气我，我当然生气；

笔者经过反复筛选，抽取出其中的40条，编制出了包括这四个因子的中国人非理性信念量表。通过研究发现，非理性信念各因子与负性情绪及非理性行为之间存在密切的联系，如表9-1。

表9-1 普通中学生非理性信念量表与抑郁CES-D、特质焦虑（T-AI）的相关性（N=112）

分量表	CES-D	T-AI
非理性信念总分	.526**	.478**
欲求的绝对性	.123	.142
感知的歪曲性	.621**	.597**
思维不合理性	.390**	.359**
应付非理智性	.546**	.473**

将737名普通中学生与40名抑郁焦虑情绪障碍患者的非理性信念总分及各因子的均分进行比较，结果见表9-2。

表9-2 两组非理性观念总分、因子分的比较（$\bar{x} \pm s$）

组别	信念总分	欲求绝对性	感知歪曲性	思维失真性	应付非理性
普通	62.39±19.17	18.91±5.87	14.22±6.35	13.29±5.59	16.01±5.72
患者	79.68±17.24	21.22±6.18	20.38±6.69	16.97±4.89	21.13±4.52
t 值	5.01**	2.16**	5.75**	3.66**	4.99**

表中可见，心理障碍患者的非理性观念明显高于正常人，显示非理性观念或信念与心理健康状况有着十分密切的联系，可见，非理性观念是影响心理健康的重要因素之一。

2 不恰当的归因

在导致心理困扰的个体认知因素中，不恰当的归因也是原因之一。导致失败等问题的原因有三个特性：一是有外部原因与内部原因；二是原因有稳定的与不稳定的之分；三是原因有可以自我控制的与自我无法控制的。

如果将失败归结为自己能力不足、努力不够、个性缺陷等内部原因，则会降低或损害个人的自尊，产生诸如自卑、自责、自弃之类的情感反应。

如果将失败归因为个人能力低下、任务难度过大等稳定性因素，就将预测自己今后从事类似工作时还将失败，因而产生担心、恐惧、忧虑，甚至绝望等情绪体验。

如果将不理想的结果归因为自己的懒散、放纵等自己可以控制的原因时，容易产生惋惜、后悔、内疚、自责等情绪体验；当不良结果是由于自我无法控制的因素，如生病、大气候所致、家庭背景、自然灾害等原因时，就会产生同情、怜悯之情。

3 认知失调

美国社会心理学家费斯汀格认为，认知是个体对现实的一种反映或描述，现实是变动不定的，而人们预见信息的能力是十分有限的，加之事物本身的复杂性，认知与现实之间的差距不可避免，这种差距在心理上的表现之一就是认识失调。所谓的认知失调是指一个人的态度与行为相互矛盾，从一个认知推断出另一个对立的认知时产生的紧张感、不舒适感。如，认知上觉得“吸烟有害健康”，行为上却是“我在吸烟”。当认知产生失调状态时就会引起个体心理上的不愉快和不舒服的感觉，造成紧张感，严重的会出现心理失调，从而驱使个体去减轻或消除失调状态。认知失调的程度取决于两个条件：一个是失调的认知数量与协调的认知数量的相对比例；另一个是每一种认知对个体所具有的重要性。如果处于失调状态的认知对自己关系重大、意义深远，就会引起强烈的心理紧张。

导致心理困扰的因素从内部与外部分析看，其中的内部因素有人格特点、以往经验、自我效能感、归因、认知方式与观念、应付能力、经济状况，特别是认知与心理承受力；从外部看，有社会文化背景，社会支持系统的多少、类别、易获得性，以及家庭、单位、同伴群体、居住地等微观社会环境。

4 心理求助的误区

人们对现代心理咨询还存在许多的误区与顾虑。例如，只有心理不健康者，才需要心理咨询，而情绪困扰、适应困难、心理发展等问题不需要；心理咨询就是思想教育、灌输；心理咨询师会对自己的隐私一览无余，担心在心理师面前原形毕露；心理咨询就是开处方，告诉自己应该怎样、不应该怎样；心理咨询无用论或心理咨询万能论；心理咨询内容能否得到保密；心理咨询师会不会尊重自己等等。这就使得许多不真正了解心理咨询特点与功能的人望而却步，宁愿寻求医疗或民俗甚至迷信的帮助。

之所以人们在求助专业帮助时，先寻求医疗帮助或求助民俗的、本土的专业帮助，后求助现代心理咨询或心理治疗的社会文化根源主要为：一是民俗的、本土的专业帮助方法本身具有一定的心理辅导功能和一般的治疗效果。有的能够对某些问题的方式提供某种“说明”，使求助者暂时摆脱社会束缚，吐露出自我心声；给求助者“指引”，为处于逆境者提供“希望”，提供所需要的安全保证，让求助者获得了可以依靠的权威，从而得到环境与家人的“支持”。由于心理咨询师需要准确了解求助者问题的真实成因，难免有时涉及求助者不情愿暴露的隐私，这就使有的来访者觉得自己“好像在别人面前脱光一样难堪”，因此，容易引起反感与防卫心理，使得许多本需要求助的人望而却步。而算命先生是通过卦签、命盘、手相、面相来迅速地、直接地切入求算者所求问题的核心，从而“指点迷津”，具有很强的针对性，使求助者觉得既可以省去当事人叙述的麻烦，又可以保住自己的面子，不暴露隐私，维护了尊严，因而许多人热衷于算命求仙而疏于心理咨询。二是相当多的本来有某种情绪问题或心理障碍的人却没有以心理症状表现出来，而转换或躯体化为各种躯体症状，进而寻求医疗上的帮助。三是中国人有着根深蒂固的养生保健的观念，心理保健意识淡漠，误以为只有精神分裂症才需要求助，对于轻度、中度的心理障碍，尤其是伴随躯体化症状时，既不知道是心理问题，也不知道心理咨询或心理治疗可以帮助其解决，因而不会寻求医学治疗，造成误诊和漏诊。四是中国传统文化对西方心理咨询与心理治疗的排斥。由于有的心理卫生工作者在心理咨询时，忽视中国社会文化因素，不注意来访者的文化背景的影响，完全照搬西方的心理咨询与治疗的技术与方法，从而影响帮助的效果，降低了对心理困扰者的吸引力。

面对新时期我国人口所出现的心理困扰加剧，心理健康状况恶化的现象，既不必要惊慌失措，也不应该视其为必然的产物而任其发展，应该积极采取措施做好预防和控制工作。既要治标也要治本，既需要在微观社会层面进行调节和干预，也需要建立有效的宏观应对机制。

心理健康状况取决于外部刺激的优劣+主体心理素质水平的高低+心理服务机制的有无及科学与否。

在影响人的心理健康状况的因素中，主体的心理素质水平起着决定性的作用。因此，要顺利实现人的社会化，人们自身必须具有良好的心理素质，尤其首先需要了解现代社会对人们心理素质方面的具体要求。

第三节 社会对心理素质的要求

一、心理素质的含义

心理素质是在遗传基础上，在社会环境与教育影响下，经过主体的实践训练所形成的个性品质与心理能力的综合体现。其中的心理能力不仅包含着智力，而且包括心理对社会的适应能力和自我发展的内在动力。因此，衡量一个人心理素质水平高低的因素主要表现为：个性品质的好坏、智力水平的高低、适应能力的强弱、内在动力的大小与方向、心理的健康状态和行为的社会适应状况。

心理素质与其他素质具有紧密的联系，它们内部各因素以及与其他素质构成相互联系、互相制约的统一体，共同体现一个人的整体素质。在这一整体中，心理素质居于核心的地位，成为其他素质发展的基础，心理素质的各个方面分别成为其他素质发展的基础，与其他素质相互作用或相互制约。其中性格品质是思想道德素质的基础；认知潜能是文化科学知识获得的前提；适应能力是个体顺利社会化的“入场券”和“通行证”；心理健康与身体健康相互作用；内在的心理动力是一切素质发展的力量源泉；心理素质与其他素质构成一个人的内在整体素质，它们共同制约主体自觉的、主动的行为表现。

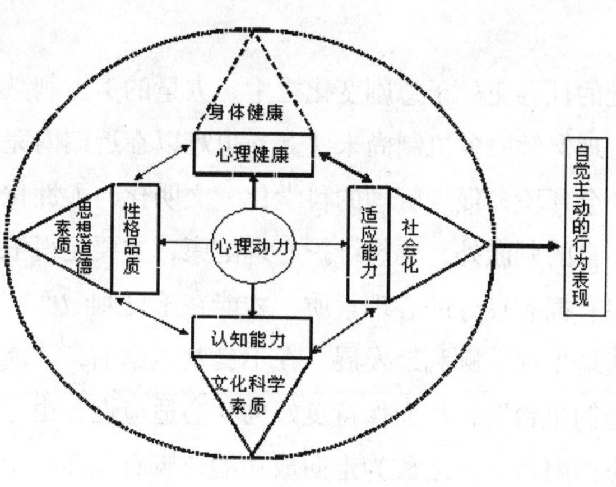

心理素质与其他素质关系图

心理素质直接制约着主体心理的健康状态，外化为人的行为表现。

二、心理素质的功能

一个心理素质不好的人，在外部劣性刺激面前，就难以保持心理健康。心理不健康的危害往往被人们置之度外或掉以轻心，实际上，心理素质低下、心理存在问题的人就不是一个健康的人，不仅会使身体健康受到威胁，而且容易陷入不良的情绪困扰之中，轻则成为一个不幸福的人，严重的心理疾病患者无法正常工作，可能成为一个残废人，有的因心理变态而导致行为失控，以至成为害人的人。

心理素质与其他素质一道共同影响着人的发展，就好像行驶的汽车，要想顺利到达目的地，需要道路和车辆的各部分完好与和谐。其中的性格品质与身体体质就象路基，心理与身体健康状况构成路面，政治思想好象方向盘、道德觉悟自制能力就像刹车，体力、心力就像车轮，文化劳动技能好像车厢，需要、兴趣、理想等内在动力就好像发动机，自我情绪调适犹如润滑剂，遗传素质就是原始的材质。这一切共同制约着车辆的性能、速度、方向、载重量，缺一不可。

心理健康状态取决于外部刺激的优劣、自身心理素质水平的高低和社会心理服务机制的有无及科学与否。其中的心理素质起着决定性的关键因素。

我们所处的社会正处于急剧变化之中，大量的劣性刺激在所难免，而当前的社会心理保健服务机制尚未建立，也难以在近期内完善。因此，除了努力优化社会环境，促进管理的科学化、文明化与人性化，以尽量避免或减少一些不良的刺激外，要想维护心理健康，主要还得依赖自身良好的心理素质。只有拥有良好的心理素质，才能在不良刺激面前保持健康的心态，才能愉快地生存、顺利地发展，在不良刺激面前，才能够做到“任凭风浪起，稳坐钓鱼台”，从而保持良好的社会适应性，也才能使不良的刺激转换为宝贵的财富，使之成为走向成功的垫脚石。而一个心理素质低下的人，在劣性刺激面前，则可能难以适应，无法承受，失去平衡，引发心理障碍，或跌入陷阱，无力自拔，走进万丈深渊。

要想在现实社会背景下，求得顺利的发展，实现自我人生价值，适应现代工作、生活的新要求，同时维护好自身的心理健康，是否拥有良好的心理素质无疑具有重要甚至在一定情况下具有决定性的作用。良好的心理素质是一个人适应现代社会生活与工作的基本素质，是维护心理健康状态的前提条件。

三、良好心理素质的具体要求

那么，现代社会到底对现代人提出了哪些心理素质的要求？人们应该加强哪些方面的自我训练和培养呢？

（一）良好的性格品质

性格是一个人稳定的态度和习惯化了的行为方式，是个性的核心。性格品质有好坏之分，它的优劣在一定意义上会决定一个人的命运。

要想适应现实社会的客观要求，维护自身的心理健康，实现自我价值，必须具备优良的性格品质。

1 对待自己，能够自知、自尊、自信、自强，这是获取自知之明、开发自我潜能、实现自我价值的必需品质。

2 对待他人，能够善良、尊重、宽容、悦纳、热情、乐群、合群，这是适应社会、建立和谐人际关系的前提。

3 对待工作，能够乐业、敬业、认真、负责、务实、创新，这是成就自己的事业、干好本职工作的条件。

4 对待现实，能够坦然正视、积极改造、主动适应，不怨天尤人，不盲目从众，也不做无谓对抗，保持良好的社会适应性。

5 在认知方面，有灵敏、精确的感知，准确、持久的记忆，丰富、大胆的想象，深刻、独立的思维，具有既能集中又能分配的注意力。这是获取知识、认识社会必不可少的智力品质。

6 在情绪情感方面，主导心境能够保持乐观、开朗，情感积极、真挚、稳定，这是人生幸福的源泉。

7 在意志方面，能够坚强、勇敢、果断、有恒、灵活、镇静、自制。这样才能应付困难，实现目标。

8 在行为方面，能够理性、适度、自觉、主动、自律，这样才能保持行为的正常与积极主动的适应。

其中最主要的个性品质是：自信、自强、善良、合群、乐业、敬业、乐观、开朗、坚强、自制。

良好的个性品质就如人的体质，是保持健康心态、拥有快乐人生、走向成功、实现自我的基石，是适应现实及未来社会的必需。

（二）正常的认知能力

认知方面具有与年龄相适应的感知能力、记忆能力、思维能力、想象能力、注意能力、创造能力。

需要具备敏锐的观察能力；精确的知觉能力；准确、持久的记忆能力；丰富的想象能力；深刻、独立、灵活的思维能力；既能集中又能分配的注意能力；科学而大胆的创新能力。在认识思维活动中，应从实际出发，实事求是，具体问题具体分析，联系、发展地认知现实，避免主观臆断、夸大其词、笼统概括、非此即彼、片面归因、消极推断等非理性的认识方式。

（三）良好的社会适应能力

要想保持良好的社会适应能力，更需要具有心理的适应能力。主要包括自我意识能力、人际交往能力、竞争协作能力、心理应变能力、承受挫折能力、调适情绪能力、行为自控能力。这些非智力方面的心理能力是进入社会的入场券和通行证，是顺利实现个体社会化的前提条件。

（1）自我意识能力是指认识自我的能力，体现在是否能够正确地认识、评价、悦纳自己，包括对自己的优势及劣势、潜在的能力、最适合自己的岗位与角色、现实的我与理想的我的差异及整合策略等方面有清醒的认识，拥有自知之明；使自我的评价符合客观实际，既不过高也不过低，从而为自我优化与自我实现提供前提。

（2）人际交往能力体现在是否能对他人的情绪、情感、意向、动机、态度有正确的知觉，掌握积极有效的交往方式及方法，理智地协调人际矛盾与各种关系。表现为自己的人际关系是否和谐，是否能有效地利用群体的力量。

（3）竞争协作能力是现代人适应社会现实所必需的心理能力，表现为既能勇于、善于竞争，又能乐于、善于协作。不仅表现在竞争或协作的艺术上，而且表现在竞争及协作的道德等游戏规则的遵守以及在竞争协作过程中的积极良好的心态方面。

（4）应变能力主要指心理上是否能坦然地面对、应付各种客观变化，尽力而为地主动去影响改造，使其为我所用；或积极主动地调整自我去接受、适应变化。在突如其来的变化所产生的心理应激面前能够在心理上保持镇静、沉着应对、心态坦然，不惊慌失措，不固执己见，不死板僵化，不怨天尤人，而是审时度势，灵活调整，从容应变。

（5）承受能力是指对挫折、逆境、批评、误会、失落、侮辱、困难、攻击能够正确认识，合理归因，理智、坚强地承受，保持心理与行为的正常。在这些不如意的情景下，心理上的挫折感等消极的情绪体验能减少到最低限度，自我避免心理的失衡以及行为的失控，并积极主动地去改变现状，战胜挫折。

（6）情绪调适能力是指在产生紧张、焦虑、烦恼、愤怒、悲伤、恐惧等消极情绪时，能够依靠理性调节和积极的心理防御机制自我缓解，使不良情绪持续的时间得以缩短，强度得以减弱，发生的频率得以降低，并且使情绪的性质与外部刺激的性质保持同一，使心境处于积极的状态。同时，使高兴、兴奋等积极情绪保持在适当的强度，得意不忘形，失意不灰心。

（7）行为自控能力体现在不当的行为意向产生后，能够自我察觉，自我调节、自我抑制，依靠自我的力量将不良行为倾向抑制在萌芽状态，或克制于发生过程之中，或转变、升华为积极有效的适应性行为。

这些能力既是个体社会化水平的标志，也是自我适应现实社会的必需能力。否则，在现实及未来的社会中将难以很好地生存，更难以顺利地自我实现。

（四）积极的内在动力

人的发展的力量源泉在于主体自身的内在动力，而这一内在驱动力来源于主体的需要、兴趣、爱好、动机、理想、信念、世界观、价值观、人生观。内驱力的大小及效能取决需要的迫切性与合理性，兴趣爱好的强度及积极与否，动机的强弱及所指的方向，理想的有无及实现的可能性，信念的有无及科学与否，以及世界观、价值观、人生观的科学性。这一切力量促使主体主动适应客观社会的挑战，成为个体不断进取、主动发展的内在力量。

因此，作为一个现代人，要想在这一充满机遇与挑战的客观社会中求得生存与发展，都需要加强心理培养与训练，使心理素质与其他素质协调发展，以便保持心理健康，获取高质量的人生。

（五）健康的心态

心态健康状态是衡量一个心理素质水平的内在标志。心理健康至少体现在以下几个方面：（1）智力正常，能适应生活、学习和工作。（2）主导情绪愉快、稳定，反应适度。（3）性格无严重缺陷。（4）行为反应适度、合理。（5）人际关系和谐、正常。（6）社会适应良好。

第十章 心理社会化策略

心理素质主要是在个体与社会互动的实践过程中，经过主体的实践训练和有意识的教育影响而形成的。那么，促进个体心理的社会化，从而更好地适应社会，自然应该作为个体社会化的重要内容，也是教育者、个体自身以及社会义不容辞的责任。

社会化是个体通过与社会的交互作用，适应并吸收社会的文化，成为一个合格的社会成员的过程。既然社会对其成员在心理素质方面有具体的要求，而且心理素质主要是在个体与社会互动的实践过程中，经过主体的实践训练和有意识地受教育影响而形成的，那么，促进个体心理的社会化自然应该作为个体社会化的重要内容，也应该是社会管理者与教育者义不容辞的责任。心理社会化是主体通过自身的努力与外界的帮助，逐渐形成社会所需要的心理素质，以保持对社会的心理适应，维护心理健康状态的过程。

心理素质的优化需要全体自身的努力训练，科学的心理素质教育以及社会的有机配合。

心理素质优化包括性格品质的优化与心理能力的强化，是个系统工程。这里仅就性格修养与情绪调适能力培养做些探索。

第一节 自我优化心理素质

性格是一个人稳定的态度以及与之相适应的行为方式。性格主要在后天的环境中，经过自我实践而形成，也可以通过主体长期的努力培育而逐渐优化。性格优化是心理素质改善的基础。

一、性格品质优化方法

性格的优化是在自知的基础上，有意识地、有目的地经过长期的实践训练而实现的。

1 自我评估：拥有自知之明

通过自我反思、自我观察、他人评价、自我测验，对自己当前实际的心理素质水平有明确、客观的认识与评价，以便扬长补短。主要需要根据社会对人的个性品质等心理素质的具体需求，有一个准确的评价。在性格品质方面除了使用卡特尔的人格量表等测量工具外，也可参考使用个性评估表10–1。

根据自己的实际情况，先自我评价，再由熟悉自己的同伴、上司、亲友评价自己当前的性格特征。分别用：4表示“很”、3表示“比较”、2表示一般、1表示“比较不”、0表示“很不”。

他人评价最好由了解自己并且对自己负责，敢于讲真话的人协助完成，以免给自己带来误导。这就要求尽量客观准确、实事求是。评估时结合平时的一般印象，不拘泥于一时一事。他人评估可以多于三人，最好将参与评估者的姓名写上，以便日后重评。对实事求是的评估者要表示真诚的谢意。

在评估时，为避免相互干扰，要求单独完成，不要看其他人的评价，最好用纸掩盖，以免产生干扰。

将他人评估的总分除以人数，将所得均分加上自我评价分数再除以2，得到最终总分。

此表完成后最好妥善保管，以备以后重新评估，检验效果。

表10–1 个性评估表

目前的我						理想的我	今后一个时期的我（如半年或一年后）			
性格特征	自我评价	他人评价	他人评价	他人评价	总分		自我评价	他人评价	他人评价	他人评价
自知										
自信										
自尊										
自爱										
上进										
坚强										
勇敢										
自制										
善良										
宽容										

续表：

目前的我						理想的我	今后一个时期的我（如半年或一年后）			
性格特征	自我评价	他人评价	他人评价	他人评价	总分		自我评价	他人评价	他人评价	他人评价
诚实										
正直										
乐观										
开朗										
活泼										
幽默										
独立										
冷静										
耐心										
沉着										
机警										
积极										
热情										
慷慨										
宽容										
稳重										
合群										
文雅										
真诚										
细心										
灵活										
认真										
勤奋										
务实										

续表：

目前的我						理想的我	今后一个时期的我（如半年或一年后）			
性格特征	自我评价	他人评价	他人评价	他人评价	总分		自我评价	他人评价	他人评价	他人评价
严谨										
负责										
果断										
谦虚										
有恒										
灵活										
外向										

通过各项个性特征所得的分数，对自己的个性品质形成一个清醒的全面评价，为下一步的自我完善奠定基础。也可根据社会的具体要求，自己补上一些个性品质参与评估。

2 自我决策

通过对自己及他人的经验与教训的总结，分析眼前与长远的利弊，参考他人的意见，按照趋利避害的原则，明确自己性格方面扬长补短的需要，确立自我培养训练的具体目标，下定决心去完善。

在性格修养方面，可根据最终分数，选取若干种自己分数较低，并且自己觉得有价值、较迫切需要完善的性格品质作为自己今后一段时间的训练、修养重点，确定切实可行的目标，制订出今后一段时间的具体训练计划。

3 自觉行动

最好的蓝图如果不能付诸于实际行动也是毫无价值的。特别是性格的修养、心理能力的训练、心理的保健更不会自然实现，需要依靠自己在生活、工作、学习、交往等一系列具体的实践活动中结合有关情景，融入进去，有机地进行实际训练，将目标与计划付诸于实际行动，在日常的学习、工作、生活、交往等活动之中，有意识地、主动地进行性格修养。注意利用一切机会，并积极创造外界条件为我所用。

4 持之以恒

性格的修养不是一朝一夕就能实现目标，需要长期坚持。要注意牢记决心，保持恒心，自我加压，寻求支持，自我控制。经常将自己的目标、计划牢记于心，持之以恒，坚持不懈。良好性格的培养、不良性格的矫正、心理适应能力的增强、心理健康的维护、行为习惯的养成等等，都绝非一日之功，需要有足够的耐心和坚强的意志，才可以使心理素质得到发展，心理问题得到矫正。在这一过程中，原有的态度、信念及行为习惯具有很大的惰性，在一定的外界诱惑下，稍一松懈就可能复发。因此，需要自觉抗拒来自外部的诱惑，以及自身的懒惰、畏惧、见异思迁等心理障碍。必要的话，最好请一位好友或同事协助，予以监督，进行动态评估。自我营造并借助必要的外在压力以实施性格修养的计划，实现自己的目标。

5 自我激励

即寻找进步，体验进步的喜悦、自我欣赏。在性格修养等心理素质训练的过程中，除了需要适度的外部压力外，更主要的是要依靠自身的内在动力。这不仅需要从理性上意识到心理训练的必要性，还要在训练的过程中经常看到自己付出的努力所带来的进步，充分体验心理优化给自己带来的眼前和长远的价值，体验心理训练过程中的乐趣，欣赏自己的训练成果，适时进行自我肯定、表扬、奖励，注意外界的积极评价形成的良性反馈，从而使自己不仅感到应该进行心理训练，还能够乐于如此，并自觉自愿地坚持下去。

6 自我评估

通过行为的自我观察、效果的反馈、他人的评价、重新测验，总结经验教训，进一步优化提高。例如，在性格修养方面，根据原定的计划，按时进行效果评估。分别由原来参与评估的人用同样的方法进行重新评估。并且结合评估结果，总结成功的经验，分析不理想的原因，制定下一阶段的性格修养计划。

二、不当情绪行为的自我调控策略

情绪体验是遭受内外刺激时的心理反应。相对于客观刺激及结果而言，情绪反应有适当与不适当之分。其判断标准是考察情绪体验的性质、强度、持续时间、发生的频率是否与客观刺激事件的性质、大小、时间、频率大体一致，以及是否存在消极后果。

1 不当情绪的特点

不当的情绪反应是指情绪体验的性质、强度、持续时间、发生频率与客观刺激的性质、大小、持续时间、出现频率出现明显的不一致，并且情绪反应及其引发的行为已经或可能带来明显的不良后果。不当情绪一般具有以下特点：

一是情绪反应的正性或负性与现实刺激的良性或劣性不相吻合。如，受到良性刺激时出现负性情绪或者在遭受劣性刺激时产生正性情绪，但不同于失去认知能力的精神分裂症。

二是情绪体验与现实刺激下正常的反应相比较，表现得过分，既包括负性的情绪也包括正性的。如，过于强烈、过于持久或过于频繁的愤怒、忧愁、悲伤、恐惧、惊愕、焦虑、紧张、烦躁、郁闷、苦恼等负性情绪以及过于强烈、持久、频繁的积极情绪，如欣喜若狂、盲目乐观等。

三是情绪本身及其引发的行为影响体现在自己及他人、眼前及长远、现实及潜在这三大方面。

2 情绪自我调适的理论依据

美国心理学家阿尔伯特·埃里斯（Albert Ellis）的研究揭示，一切错误的思考方式或不合理的信念是心理障碍和行为问题产生的症结。人的情绪问题是自己造成的，人需要对自己的情绪负责，而且人也确实有能力通过重组认识与思维方式，改变自己的非理性信念，并由此解决自己的情绪困扰。贝克（A.T.Beck）也认为，一个人所有的心情都是由他的认知或思想产生的，引起情绪骚乱的消极思想总是蕴含着重大的曲解，歪曲事实的想法是所遭受痛苦的唯一原因。心理的紊乱，总是以对现实的歪曲理解为基础。发现并纠正错误的思维方式，是重返心理健康的有效途径。

认知影响情绪和行为。这里的认知应该包括知觉反映、思维方式、观念、评价，具体表现在不同的知觉反应会引发不同的情绪体验，采用不同的认知方式或者在不同的观念指导下，对同一现实事件会产生不同的评价，不同评价进而会引发不同的情绪体验及行为反应。

反映有真实和歪曲之分。人的认知方式、观念、评价有合理与不合理之分；不合理的认知方式导致歪曲的反映和不合理的观念；歪曲的反映和不合理的观念会导致不恰当的评价、看法；不恰当的评价、看法引发不适当的情绪体验；不适当的情绪体验可能引发不适当的行为倾向；不适当的行为倾向在一定条件下会引发不良的外显行为。

现实刺激+主体的认知（思维方式、反映、观念、评价）→情绪→行为。因此，改变情绪的途径主要包括消除现实刺激和改善自我认知这两条。

无论是现实的改变还是认知的改善，都需要依靠主体自身的努力。正所谓解铃需要系铃人，理智调适法强调自我的地位和作用。心理辅导既要治标更要治本，不宜满足于情绪的表面控制，而要抽薪止沸，斩草除根。这就要求自我纠正歪曲的反映，改变不合理的思维方式，驳倒非理性的观念，形成正确的评价或看法，进而将不适当的情绪调整为适当的情绪体验，并且使行为趋向适当化。

情绪自疗法是一种心理自我干预方法，它直接针对不当的情绪与行为倾向，强调当事者的主体地位，通过自我分析、自我驳斥、自我领悟，逐步使利弊、是非明朗化，使反映真实化，思维方式、观念、评价合理化，从而自然而然地实现情绪与行为反应适当化。

3 情绪自我调适的步骤与要求

第一步，自我评判：情绪行为值得吗?

理智调适需要建立在分清是非、利弊，并且自觉自愿的基础上。这就要对主体此时真实的情绪体验与行为或行为倾向的适当性及利弊做出理智的评价、判断，根据是否适当与是否值得如此，区别对待。只有当主体真正意识到调控活动的必要性和价值，产生了“我应该调适”、“我需要调适”的内在观念与需要时，才会激发出自我调适的动力，开发出内在的潜能。

为了对自己此时的情绪反应与行为做出适当性判断与利害评估，以避免无谓活动，需要做到：第一，明确现状，即自己此时情绪体验的性质、强度、时间、频率、表达方式以及行为倾向是怎样的。第二，进行适当性评估，看该情绪体验是否与现实的性质一致，是否过度，是否过久，是否过频，表达方式是否合适。第三，进行利弊分析，客观分析此时的情绪体验与行为或行为倾向给自己和他人的身体、心理、工作、生活、家庭、人际关系、形象、精神已经和可能带来的利益与弊端。第四，区别对待，即：如果觉得该情绪与行为反应不适当并且弊大于利，则就下决心调控；如果是适当的、无害的或利大于弊，就顺其自然。

第二步，自我控制：怎样恢复冷静？

如果只是一般的心境，没有不适当的行为冲动，就直接进入第三步。如果存在负性激情反应并由此引发了强烈的不当行为冲动，就得先控制住激情与冲动，恢复冷静，为自我理智调适创造条件。而要达到这一目标，需要有自我控制的信心以及合理的调控策略。

为了控制激情与行为冲动，恢复冷静，要求做到：第一，树立自控信心，积极暗示，不为所欲为。第二，尽量延迟发作，避免激情爆发与行为冲动。第三，合理宣泄情绪，缓解激情，恢复冷静。第四，积极控制行为，避免消极的心理防御。第五，主动寻求帮助，以求得理解、开导等心理帮助。

第三步，自我探源：为什么会这样？

情绪体验的出现必然事出有因，令人不愉快的事件、人物、情境是引发消极情绪的客观刺激，对它们的主观反映、认识方式、观念及具体评价是产生情绪反应的认知原因。只有找出原因，才能有的放矢地采取对策，取得事半功倍的调适效果。

为了找出引发情绪的现实刺激及认知原因，避免无的放矢，需要做到：第一，明确该情绪是因何现实（事、人、境等）所引起的。第二，明确自己对该现实是如何看待、评价的。第三，明确这样看待和评价的理由是什么。

第四步，自我澄清：现实真的如此吗？

在认知活动中，由于各种各样的原因可能导致歪曲的反映，以致产生错觉、偏见、变形、误解，甚至无中生有或无意篡改等情况，成为不当情绪反应的主观原因。一旦明确了现实的真相，发现自己对客观的认知出现了歪曲，并加以纠正，不当的情绪就可能自然消失或缓解。

为了澄清事实真相，避免歪曲反映，需要通过再次感觉、全面知觉、准确观察、具体分析、客观判断进行重新认识。可从以下方面对认知活动进行对照检查：第一，是否错误感知，形成了错觉？第二，是否片面知觉，产生了偏见？第三，是否夸大或缩小，导致了变形？第四，是否归因不当，出现了误解？第五，是否主观臆断，从而无中生有？第六、是否因心理防御而有意或无意篡改？发现反映的歪曲之处后加以纠正，可恢复现实的本来面目，消除不适当的情绪体验。

第五步，自我行动：现实可变吗？

对现实的反映无非有真实或歪曲两种。如果对现实的反映是真实的，就得正视现实，冷静地根据实际情况分别做出决策，并且采取理智的行动。

如果引发情绪体验的现实是客观存在的，就根据实际情况与价值取向从两方面进行分析评估，即：现状可变吗？值得改变吗？

当现实刺激可以改变而且也值得改变时，就果断地采取行动去改变现实，消除劣性刺激，进而改变情绪。当现实不可能或不值得改变时，就应放弃无谓的努力与幻想，转而想办法改变自己认知，以调适情绪。

第六步，自我分析：认知合理吗？

客观现实往往不以我们个人的主观意愿为转移，如果已是既成事实，并且无法改变或者虽然可能改变但得不偿失，此时改善情绪的理智方法就是改变认知。由于认识方式、观念、评价都直接或间接地影响着情绪，因此需要根据非理性认知方式的特点及理性观念与看法的标准分别对照检查，以找出自己认识方式、观念、评价中的不合理之处，从而为改变认知奠定基础。

首先看认知方式是否合理。人们在认识活动中形成了一些习惯化了的认识思维方式，其中有些是非理性的，成为不当情绪的认识根源。需要结合自己的认识活动的习惯进行检查，看自己是否存在以下的认识特点或习惯：如，夸大其辞、以偏概全、绝对化要求、患得患失、单一思维、机械僵化、将可能的变为肯定、将想象当作现实、多疑多虑、瞎猜测、过度引申、爱走极端、责任独揽、责任推诿、灾难化预测、小视自己、全盘否定、苛求完美、信息过滤、晕轮效应、情绪化判断、攀比太多、过于认真、过分自我中心、过分他人中心、过多吃后悔药、过多假设等等。

接着检查自己相关的观念是否合理。以往生活中形成的相对稳定的观点、信念直接影响人们对具体现实刺激的评价、解释、看法，进而影响着情绪体验。为了找出影响具体评价的那些固有观点、信念的不合理之处，需要根据观念形成的认识过程加以检查：第一，感知是否真实？第二，知觉是否全面？第三，分析是否具体？第四，思维是否灵活？第五，推理是否符合逻辑？第六，判断是否符合实际？第七，欲求是否可能？第八，反应是否适度？

最后检查自己:对现实的评价、解释、看法是否合理？因为它们直接影响着情绪体验。主要从以下几个方面检查：第一，对现实优劣的性质判断是否准确？第二，看法、评价是否片面？第三，解释是否合理？第四，现实是否如此严重？第五、预测是否过于消极？第六，刺激物是否仍然存在？从而为自我驳斥找出靶子。

第七步，自我驳斥：该怎么认识？

发现问题只是解决问题的前提，在无法改变现实的情况下，只有改变认知才能改善情绪。理智调适的关键是要通过自我驳斥，改善认知，形成合理的认知方式、观念与评价。

自我否定长期形成的并信以为真的观念是艰难甚至痛苦的，需要有自我驳斥的强大动力和勇气。首先应看到不合理认知方式、观念、评价的具体危害，展望认知改变后的实际价值，激发出自我驳斥的动机和勇气。

接着采用各种行之有效的方法针锋相对，进行自我分析、驳斥，保留其中合理的部分，驳倒、放弃、矫正其中不合理的部分。

驳斥方法多种多样，如：辩证思考、重新观察、合理思维、证据验证、逻辑推理、假设分析、实践检验、调查研究、明确定义、重新归因、利弊分析、心理换位、角色扮演、一视同仁、反向思维、多向思维、盘问追根、与人辩论、咨询专家等等。应将歪曲的反映，不合理的认识方式，非理性的观念，错误的评价、看法、解释加以修正，使之变成真实的反映、合理的认识方式、理性的观念和看法。

重新认识现实刺激的性质，发现具体的积极与消极之处、严重的程度以及持续的时间。

第八步，自我体验：心情该怎样?

有了合理的认知就为实现情绪的调适创造了有利的条件。此时，应该以合理的认知为指导，重新调节、改善，体验适当的情绪、情感。

需要根据客观现实与新的认知自我调整心态，重新体验新的情绪，享受适当的心情。例如，“既然现实是这样的，我应该这样看待它，我现在的心情该如何呢？”从而自然地将消极情绪转变为积极情绪，或降低情绪反应的强度，缩短情绪反应的时间，减少发生的频率，使情绪的反应符合自己的角色与社会期待，将有害的情绪转变为有益的情绪。

第九步，自我抉择：行为该怎样?

随着情绪的改善，相应地就应进行行为的重新选择。根据新的情绪体验，选择适当的行为表现。

需要通过冷静分析、利弊比较、后果预测、意志调控，在新的情绪引导下，理智地做出适当的行为决策，使自己的行为与客观现实、正确的认知、适当的情绪相一致，从而使行为变得合理、合情、合适。

第十步，自我总结：今后该怎样?

这一理智调适过程的完成到底效果如何？为什么会产生这一变化？有何启发？如何开发利用这一活动中积累的认知成果，达到自我预防不当情绪，促进心理发展的目的？这就需要检查调适的效果，总结经验教训，内化新的认知，通过经常运用，变为习惯。

具体要求：第一，看现在的情绪与事件的性质是否一致、程度是否减弱、时间是否缩短、频率是否降低、表达是否合适、危害是否减小。第二，看现在行为表现是否合理、合情、合适。第三，找出经验教训，总结、完善有关的方法。第四，将新的认知方式与观念加以运用、巩固，直至内化为稳定的态度，变为认知习惯，用以影响今后的情绪与行为反应。

这一理智调适法主要适合于有思维能力、辨别能力和有自我调适要求的正常人，适用于情绪困扰或轻度的情绪情感问题者。如，忧郁、焦虑、恐慌、恐惧、愤怒、内疚、自卑、不安全感、负罪感、紧张感、失败感、急躁感，焦虑症、神经过敏、恐慌症、病态恐惧，以及由认知、情绪而直接引发的攻击、报复、逃避等适应不良行为。可用于自我调适、团体心理教育、个别心理咨询。而不适合严重的精神疾病患者、缺乏自我认识能力的人。对于缺乏自我调适动机者需要心理辅导以激发动力。这十个步骤是个完整的模式，具体情况宜因情而异，不一定非要经过全过程，以尽快消除或缓解不适当的情绪。也可以简化为五个问题五个步骤，即“五AS”自我调适法。其中的A为ASK，S为SELF以及STEP。即：第一步，适当吗？自我判断；第二步，为什么？自我寻源；第三步，真的吗？自我澄清；第四步，合理吗？自我修正；第五步，该怎样？自我抉择。

该方法的具体干预效果有待规范的实验检验，其中的理论与方法也需要进一步深化，以创造出有中国特色、适合国情的心理自我调适法，同时促进认知疗法的深化和中国化。

第二节 科学开展心理健康教育

一、学校心理教育概述

（一）学校心理教育的含义及特点

1 学校心理教育的含义

学校心理教育是学校教育者从学生的心理需要出发，运用心理科学的理论与方法，对其心理各有关层面施加积极的影响，提供所需的服务，以维护其心理健康，优化心理素质，促进社会适应的教育实践。它又称心理素质教育、心理健康教育或心育。

2 学校心理教育特点

（1）主要由心理健康教育教师实施，全员参与，各方配合。

（2）以服务对象为本，以满足心理需要为出发点。

（3）以心理科学的有关技术为手段。

（4）具有育性、启智、强能、激力、健心、正行六个目标。即培养个性品质，开发智力潜能，增强适应能力，激发内在动力，维护心态健康，矫正不当行为。

（5）注重科学性与实效性。

（6）是一项相对独立的系统工程。

（二）学校心理教育的功能

心理教育是一项利教、助学、益社会的奠基工程。

1 有利于教育科学化

心理教育有利于教育的科学化，使素质教育得以落实到实处；有利于提高教育教学的效率；有利于教育者自身素质的优化。

2 有助于学生

一是能够帮助学生维护心理健康；二是帮助学生各方面的素质全面发展；三是帮助学生学会自助，自觉主动地自我成长。

3 有益于社会

一是有益于人际关系和谐；二是有益于社区安定、稳定；三是有益于社会的精神文明建设。

为适应现代社会对人的心理素质的客观要求，每个人需要在进入社会之前接受系统的心理健康教育。心理健康教育与心理辅导是一项科学性与实效性要求很高的、崭新的教育实践，需要根据其内在规律科学进行。通过将心理健康教育贯穿于学校教育的始终，让人们在进入社会之前都能够接受到科学的心理健康教育，强化心理保健与自我心理素质培育的意识，掌握基本的心理卫生常识，增强自我心理调适的能力，具备适应社会所必需的心理素质。

二、学校心理教育的基本要求

（一）需明确心理教育的多层目标

心理素质教育与心理健康辅导在这里简称心理教育或心育。心理教育的目标可概括为护心、育心、促发展这三个层次。即维护心理健康，培育心理素质，促进学生的全面、充分且主动发展，顺利实现其社会化。

心理教育的直接目标是维护心理健康，提高心理素质。其中最基本的目标是防治心理障碍，维护心理健康。这是它的特色，也是实现其他目标的基础。它的中级目标是通过学生心理素质的优化，进而促进学生整体素质的全面发展，即：通过个性品质的优化，提高德育的有效性；通过心理能力的强化，促进智育的高效化；通过心理健康的维护，促进健康的全面化；通过内在动力的激发，促进自我发展的主动化；通过行为习惯的优化，促进个体顺利社会化。其最终目标是充分开发学生的各种潜能，并且保持对客观社会的积极、主动的适应，实现个性化与社会化的和谐与统一。

为此，需要以护心、育心、促发展作为其目标，以育性、启智、健心、强能、激力、正行作为其直接任务。

（二）坚持心理素质培训与心理问题辅导两种方式并举

心理教育、心理辅导、心理咨询与心理治疗都是心理服务的手段。但严格地说，各自的服务对象、功能、内容、重点、方法又有所不同，具体实施的人员不完全一样。其中心理教育需要全体教育者参与，心理辅导主要由受过一定培训的心理教师开展，心理咨询需要由受过专门训练的心理工作者承担，心理治疗主要应由专业的心理医生负责。

根据学校心理教育的目标、任务、师资水平以及学生的实际需要，学校的心理健康教育需要坚持教育发展与预防矫治并举的综合模式。

即：以教育发展为主，咨询矫治配合。面向全体师生的、全面的心理素质培育，能优化其心理，提高学生的心理素质，实现自我预防心理问题；并依靠心理素质水平的提高，促进其他素质的主动发展。与此同时，由于心理素质的提高不可一蹴而就，客观环境中的不良刺激在所难免，因此，必须通过心理测评、辅导、咨询，以便及时发现、解决常见的、力所能及的心理与行为问题。必要时要及时转送专业机构接受心理治疗，而不应厚此薄彼，也不宜照搬医院的临床治疗模式，或者传统的灌输教育模式。

（三）注意三个基本原则

在实施心理教育的过程中，需要坚持主体性原则、协同性原则、科学性与实效性统一的原则。

1 主体性原则

学生是心理教育的主体。心理教育的目的在于满足学生心理健康和发展的需要。这一需要应是来自学生自身的实际要求，而不是社会或教育者的硬性强加。因此，在心育过程中，首先要唤醒并强化教育对象的主体意识，帮助其激发出内在需要，变“要我接受”为“我需要并且想要接受”心育服务。还必须从学生的实际需要出发，根据心理教育的应有要求，确定教育的内容、辅导的重点，选择培育的途径和训练指导的方法。

2 协同性原则

（1）有关方面的配合、协同。

心育是一项系统、复杂的工程。要想达到维护学生心理健康、优化心理素质的目的，实现其利教、促学、益社会的功能，需要注意心育内容、途径与心育目标的统一，加强教师、学生、家长以及社会各方面之间的协作、配合。

（2）心育与其他教育活动的结合。

心育与德育、智育、体育等是息息相关、相辅相成的。良好的心理素质是通向德、智、体全面发展的高速公路，处于基础的地位。同时，其他教育中也有丰富的心理教育的内容，既有必要也有可能将心育与其他教育有机结合，互相促进。

（3）注意个性化与社会化的协同。

心理教育要在学生自我实现的同时，自觉保持对社会的积极适应。既要尽可能地满足学生的合理需要，重视其主体地位，但当个体的目标、需要、兴趣、爱好、动机与客观的现实社会存在矛盾时，又需要引导学生妥善处理。如果一味强调某一个方面而不顾另一方面，就必然产生冲突，不利于学生心理的健康或者加剧对社会的不适应。

3 坚持科学性与实效性统一原则

心理教育是一项科学的实践。它的内容、方式、方法等一切方面都可能给学生带来积极或消极的影响。特别对于儿童、少年，在其心灵可能留下深刻甚至终身的烙印。因此，必须建立在科学的基础之上，以心理学、教育学、社会学及有关科学的理论为基础，在心理教育学这一新兴学科的直接指导下进行。其目标的确立要与教育的总目标相一致；内容的选择必须符合学生的心理健康与发展的需要；方式、方法必须符合心理科学和教育科学的原理；具体要求应符合学生的心理发展规律。避免违背科学的盲目蛮干，以免事倍功半甚至事与愿违，出现教育者所不愿看到的后果。

同时，心育作为一项应用性很强的实践活动，必须富有实效性。在设计心育目标时，就应考虑有没有实现的可能性；在确定方式时，要看是否有可行性；在选择方法时，要看有没有可操作性；在评估效果时，主要看有没有实效性。不应为了产生轰动效应而片面追求形式的花样，搞花架子。不应为追求课堂一时的效果，而去强迫学生掌握甚至背诵心理学的知识，以免脱离心育的实质，走向形式主义或者变成心理学的课程教学。

（四）充分调动教师、学生、家长和社会四个方面的积极性

在心理教育中，学校是保证心理教育全面性、科学性的主要渠道，教师发挥着主导作用。学生对护心和育心的认识需要通过教师的教育去

帮助提高；心理保健与训练的积极性需要教师去调动、激发；有关的方法需要传授；学生的护心与育心能力需要教师培养。因此，教师积极性的高低是制约学校心理教育能否顺利和科学开展的关键因素。

学生作为心育的主体和内因，决定着心理教育效果的有无及其大小。首先需要通过摆事实、讲道理、谈体验，通过各种活动，使学生看到心理教育对其今天以及今后的健康、发展与幸福的紧密联系，内化为学生自身强烈的需要，产生强烈的内在积极性。

家长是心理教育的重要力量。特别是中小学生家长的教育观念、期望、要求、教育方式和方法，对孩子的心理健康与发展有着不可低估的影响。需要通过开家长会、办家长学校、向家长推荐有关资料等途径，帮助家长提高认识、优化方法，争取家长积极配合，形成心育的合力，避免内耗。

社会环境与舆论对学校心理教育的成功实施与效果也存在制约作用。尤其是社会相关部门的支持与配合，如文化、新闻、公安等部门决定着舆论的净化、优化及安全状况，其中新闻、卫生部门的关系更为直接。因此，学校心理教育还需要得到各有关部门的配合。心理健康教育应该成为全社会的事业，纳入到精神文明建设中去。

（五）同时采用五条主要途径

根据国外学校心理学的研究与实践，结合我国国情与教育实际，参考国内近二十多年来的研究、实验和学校具体实践，心理教育行之有效的途径概括起来主要有以下几种：

1 全方位优化并有机结合

外来影响的刺激是心理健康与发展重要的制约因素。其中积极的影响成为良性刺激，否则，就会构成劣性刺激。在这里主要是指学校这一特殊环境的影响，具体包括对学生的教育、教学和管理活动，以及学校、家庭和学生所处社区对学生心理构成直接影响的软、硬环境。需要通过全面优化，以便扬优抑劣。特别注意营造压力适度、人际和谐、积极向上的心理环境。

由于心理素质与其他素质存在着有机的联系，心理素质既是其他素质发展的基础，又有机地渗透于其他素质之中。这就决定了心育是一项系统工程，需要将一部分心理品质、心理能力等的培育，有机地与德育、智育、体育、美育、劳育相结合，这不仅是心育的需要，也是其他教育本身的要求。有机结合可以相互促进，相辅相成。教书必须育人，育人必先育心。需要全体教育者扮演好“经师”、“导师”以及“心师”的角色，实现教书育人和育心的有机结合。

2 适量开设心理教育课程和专题辅导讲座

这里的心理教育课不同于一般的文化知识课和单纯的活动课，它有明确的护心、育心目的，旨在帮助学生提高有关的认识，激发需要、兴趣，从而强化护心、育心的意识和积极性。通过必需的心理学知识传授、心理卫生常识的普及、有关自我训练技能的掌握，帮助学生学会护心和育心，自我培育优良个性，挖掘智慧潜能，增强心理调适能力，激发内在动力，维护心理健康，矫正不良行为。

通过对学生已经存在或可能遇到的带普遍性的心理问题的集中辅导，缓解、预防常见的心理问题。这样，可以提高心理教育的效率，也减轻个别咨询的压力。具有针对性的心理辅导讲座是心育课的灵活补充形式。

根据我国现行教育实际，按照既达到目的又不加重学生负担的要求，根据实际需要与现实可能，宜在小学中高年级开设适量的专题讲座和心理辅导活动；在初中和高中的一年级开设专门的心理教育课程，进行系统讲授、训练和辅导；在中学的其他年级和大学，应根据学生心理实际要求开设有关的课程和专题讲座。

3 进行必要的心理测查

为了使心理教育建立在科学的基础之上，符合学生的实际需要，除了依据儿童、青少年发展心理学所揭示的一般心理需要外，为使心理教育与辅导更具有针对性、实效性，应该根据教育与具体心理辅导的需要进行必要的心理测验、心理调查及行为观察，一方面了解学生的实际心理需要，为班级或年级集中的心育课堂辅导或者心理讲座提供内容选择的依据，另一方面，通过心理测验及时发现、科学诊断学生的心理问题，为个别心理咨询、心理治疗提供矫治参考，以免使辅导变得无的放矢，使咨询矫治缺乏科学依据，也为有关心理教育的研究与实验提供必需的量化材料。

4 开展多种形式的辅导咨询

学生个别特殊的问题难以依靠集中辅导得到全部解决，其心理需要无法具体满足。因此，需要根据问题的性质、学生的个性特点与要求，灵活采用多种形式进行心理咨询和具体辅导。如，相同问题的小组辅导，心理咨询室进行的面谈咨询，电话咨询，书信指导，网络咨询以及对一些比较普遍的一般性问题，通过黑板报、广播进行解答，以满足不同特点的学生的具体心理需要。

5 指导学生心理自助与互助

解铃需要系铃人，学生心理问题的预防需要自我保健，心理素质的提高需要自我持之以恒的训练。外界帮助的目的应是让学生学会自助。这就要有自助的意识和要求，同时，帮助学生学会自助，使之具备自助的能力。

在同龄的学生之中，也蕴藏着巨大的心理互助潜力。同学之间的相互关心、宽容、接纳、支持、鼓励、帮助、尊重，是学生获得心理上的温暖感、安全感、归属感、力量感、尊重感的重要途径。同时，同伴的喜欢与理解，可使其心灵打开大门。相互的倾诉、倾听，会为其宣泄心理压力、及时发现问题提供方便。同学间平等的交流、开导、劝诫容易被接受、内化。这就需要培养学生的爱心、同情心、互助精神和理解人、帮助人的热情和能力。

以上心育的途径各有其独特的功能与意义，都是全面实现心育目标所不可缺少的，需要综合运用，以便实现优势和功能的互补，形成合力。如果厚此薄彼，片面地突出一点而不顾其余，将会制约心育目标的全面实现和功能的全面发挥。

（六）从六个方面全面评估

心理教育不宜追求任何华而不实的形式。一切应该从学生实际需要的满足出发，来选择内容与方式、方法。必须以学生合理的心理需要的满足与否及其满足程度，作为评估其成败的主要标准。具体包括：

① 性格品质是否得到了优化，其性格变化的方向及程度如何。

② 认知能力是否开发，看学生的学习心理障碍是否排除，学习态度是否优化，学习方法是否改善，学习效率是否提高，学习成绩是否提高。

③ 适应能力是否有所增强，考察其对学习、生活、交往、工作、现实环境变化的心理适应情况。

④ 内在动力是否得到激发，看其行为活动的主动性、自觉性如何。

⑤ 心理健康状态是否在向好的方向发展，看有关的心理问题是否得到了预防或缓解。

⑥ 行为表现是否改善，原有适应不良的行为是否有所好转，看其行为习惯变化的方向与大小。

在注重实际效果的同时，还得注意具体方式、方法的运用是否科学、恰当，主要看学生对心理教育活动的满意程度。应避免只讲结果，忽视方法和学生心理感受的现象。

由于心理现象的复杂性、不稳定性及心理状态改变的长期性、艰巨性，在具体评估心理教育的效果时，需要注意以下几点：要看主流而不唯支流，看全面而非单一，看一贯而非一时一事，看变化的方向而不急于求成，注重长远作用而不唯眼前效果，尽可能量化，但不宜刻意追求量化。

（七）需要创造七个必要的条件

即，领导有意识和要求，师生及家长有共识，学校有专兼职的师资，有必需的设施工具，心理工作有合理的报酬，上级有检查评估机制，业务上有专门指导。

学校心理教育的顺利和成功实施，需要多方面必要的条件。其中，领导的认识水平及其教育观念，以及教师和家长的意识与自觉参与是关键。学生心理保健与发展的客观需要以及护心和育心的意识是心育的出发点和基础。教师从事心理教育水平的高低、能力的强弱决定着其有效性；专、兼职心理辅导教师的培训是科学性的保证；开展心理教育与咨询矫治所必需的设备、图书、工具、经费是物质条件。学校和上级对心育工作者合理的激励机制是保证心理教育长期深入开展的必需动力，教育行政部门的科学管理与要求是推动这一实践发展的必要条件，专业人员的指导是其科学性的保证。因此，我国在开展心理教育时需要全面考虑，努力创造各种必要的条件，以推动这一事业顺利地长期开展，加速其普及，并保证其科学性和实效性。

学校心理教育运行机制

目　标 →	措　施 →	评　估 →	条　件
培育性格品质	全方位优化外部环境	性格是否优化	领导有意识和要求
开发智力潜能	全面渗透心理教育	潜能是否开发	老师和学生有共识
培养适应能力	适量开设心育课程	能力是否强化	学校有专兼职师资
激发内在动力	进行心理测试调查	动力是否激发	有必要的设施条件
防治心理疾病	开展多样化的咨询	心态是否健化	工作有合理的报酬
矫正不良行为	心理自助与互助	行为是否转化	上级有检查和指导

不仅学生需要心理教育，而且每个正常人的一生都需要心理方面的帮助。因此，心理教育与辅导需尽快普及到各类企事业单位、组织，作为以人为本、人文关怀的具体举措，也是促进个体心理和谐，实现社会心态和谐的奠基工程。

第三节 社会的宏观对策

一、重视社会心理环境的优化

毋庸置疑，客观现实往往是利弊兼而有之。这其中的许多影响是客观的必然产物，难免会对心理产生一些消极的影响，但我们不能因噎废食，只能积极去改造自我以求适应。而有些则可能是人为可控的，通过优化决策和理性选择，其中的部分劣性刺激是可以避免或减少的。这就需要我们在制定社会发展决策、选择社会发展道路、制定经济和社会发展的具体策略时，在注重经济、社会效益的同时，还应注意人性，关注人们心理的发展与健康。在论证阶段，应将心理影响这一因素纳入进去加以考虑。在一些直接影响人们心理健康与适应的决策中，注意评估人们现实的心理承受与适应能力，分析它们给人们的心理健康可能带来的积极和消极影响。将社会变化是否有利于维护人们的心理健康、促进心理发展作为一个重要的指标，将社会发展是否有利于护心、育心作为衡量其科学与否的标准，从而避免以牺牲人们的心理健康作为社会发展变化的沉重代价。

为了减少对人们心理健康的危害，我们有必要对现行的经济、政治、社会、文化、管理、法规等人为的因素进行一次全面的、理性的反思，审视哪些有利于人们的心理健康，哪些危害着心理健康，利弊得失如何，是否可以避免，是否可以减少，有无更理性的选择，使那些严重危害人们心理健康的举措得以矫正、控制、防范，从而使社会的发展变化更加符合人性、更加有利于心理健康，使社会发展更加和谐且具有可持续性，使社会中的劣性刺激最小化，从而改变心理健康水平与社会经济发展不和谐的局面。

心理环境的优化主要是指要根据有利于心理发展、适应与健康的要求，努力减少人的生活、工作、休息、活动等环境中的不良刺激，增加有利影响。如：实施理性的教育、科学的管理以及人性化的社会服务；营造适度的工作压力，使之既能开发人的潜能，又不至于使人心理失衡；建立和谐的人际关系，减少人际矛盾冲突；构建积极向上的社会风气，避免不良的心理刺激。

这一目的的实现从宏观来说，取决于社会政治与管理的文明以及国民素质的提高，这就要求政治文明化、管理人性化、国民素质优化。从微观来看，取决于孩子的家长、学校的教师、单位的领导、社会的管理者以及每个社会人的心理保健意识与实际努力。每个人都可能成为心理健康的维护者和受益者。因此，必须依靠全体人员的努力，从自己做起，努力优化自己的语言、行动、个性，对那些可能伤害他人、不利于他人心理健康的话尽量不说，这样的事情尽量不做，这样的个性尽量矫正。通过全方位的环境优化，从而增加良性影响，避免或减少劣性刺激。

通过对各类居民的心理健康教育以及各种报纸、广播、电视、互联网向社会公众提供科学的心理卫生知识，强化居民的心理保健意识，使全体居民、特别是决策者认识到心理健康的重要性。除了政府要真正以人为本，重视个体心理健康与和谐，承担其责任外，就业单位、居民组织也要对其成员的心理需要予以关怀和尽量满足，营造健康、和谐、安全的社会心理环境，为其成员提供精神方面的社会支持；工会、共青团、妇联等社会团体、社会慈善组织、社区心理服务者以及宗教组织，都应该结合各自的本职工作特点，发挥其对成员在心理素质训练、心理健康教育、心理问题辅导方面的作用。

二、建立社会心理支持系统

从社会来说，需要迅速建立有效的社会支持系统，促进社会和谐，从而保障社会心态和谐。这需要从以下几个方面着手：

1 建立、完善社会保障制度，保护社会弱势群体的利益

生活的绝对贫困无疑是心理压力的重要来源。建立社会保障制度，给予经济支持。使那些经济收入低下，处于贫困线以下；恩格尔系数高达80%，入不敷出；生活质量过低；生活压力与心理压力过大；缺少自我生

存能力；处于社会底层的贫困者、残疾人、精神病患者以及生活困难的退休者、下岗者群体，获得基本的生活保障，在经济上得到社会的支持。

2 建立有效的社会心理疏导机制

对于那些遭遇挫折，存在相对剥夺感，心理有冤情、委屈，遭遇不公正而心存怨恨的个体，社会要提供必要而且及时的心理宣泄和疏导渠道，使人们的不满情绪和挫折感得以宣泄和释放，既维护社会成员的心理健康，也缓解对社会秩序的破坏力量。如果不迅速建构这一社会安全阀机制，社会中那些心理素质较差的成员，在无力自我调适负性情绪时，或过长时间的压抑、积累，有可能最后一遇到机会就发泄或寻找机会发泄。2008年贵州发生的群体事件以及上海的袭警事件为社会再次敲响了警钟。社会心理疏导机制必须具备以下几个条件：有足够的、畅通的、固定的、制度化的疏导渠道，以满足人们随时宣泄、表达需要；有合理的导向，按照局部与整体利益结合，当前利益与长远利益结合，保证合理的方向；有多样化的方式，除了人民代表大会制度、政治协商制度、社会对话制度、信访上访制度等官方机制外，还要建立社会风险早期预警系统、社会舆论监督、民意调查制度。制度化的接访制度，特别是利用现代互联网，建立网络心理宣泄、开展心理辅导，对网络中表达的社情民意予以足够的重视与合理的干预。

3 对全体居民开展心理健康教育

普及心理卫生知识，传授心理保健与心理调适的方法，进行心理素质训练，帮助居民养成合理的思维方式，树立理性的观念，优化性格品质，增强自我认知能力、人际交往能力、竞争协作能力、心理应变能力、承受挫折能力、情绪调适能力、自我控制能力。

4 建立、完善心理卫生服务体系

针对中国精神卫生服务存在的问题与挑战，近几年来，卫生部等部门颁布了《中国精神卫生工作规划（2002—2010）》、《关于进一步加强精神卫生工作的指导意见》、《精神卫生工作部际联席会议制度》、

《全国精神卫生工作体系发展指导纲要（2008—2015）》等一系列精神卫生政策。特别在《卫生事业发展“十一五”规划纲要》中提出，2006—2010年精神卫生重点工作是：推动精神卫生法的制定；加强精神卫生防治机构建设，将精神卫生纳入公共卫生管理范畴，建立精神卫生三级防治网络；落实重性精神疾病患者的监管治疗措施，提高医疗和康复水平，降低精神疾病致残率；加大重点人群心理行为咨询辅导和干预力度。尽管出台了有关文件，但没有上升到法律的层面，迄今尚未出台精神卫生法，并且国家没有一个专门负责的机构，看起来各部门重视，但实际上可能没有多少落到实处。

国家需要加大对心理卫生工作的投入，将临床心理咨询与心理治疗纳入社会医疗保险范围内，既防止精神药物滥用，也保障精神卫生工作者的待遇，加快心理咨询专业工作者的培养。鉴于目前心理咨询师多是自愿自费培训的现实，一方面难以保证参加培训者的素质，另一方面也难以吸引更多的优秀人才投入这一事业。国家应该对心理咨询师的培训给予经济上的支持，避免单纯的市场化。另一方面，在居民心理保健意识不强，心理消费能力低下的情况下，建立一些由国家补贴的公益性、专业化心理服务机构，这样既保证需要心理干预的居民及时享受到科学、专业化的心理卫生服务，也保证心理卫生工作从业人员的应有待遇。

心理健康的维护是一个多层次的系统工程，各有其功能，从服务对象的数量来看，可以区分为六个层次，构成一个上小下大的金字塔，分别由不同的人承担。

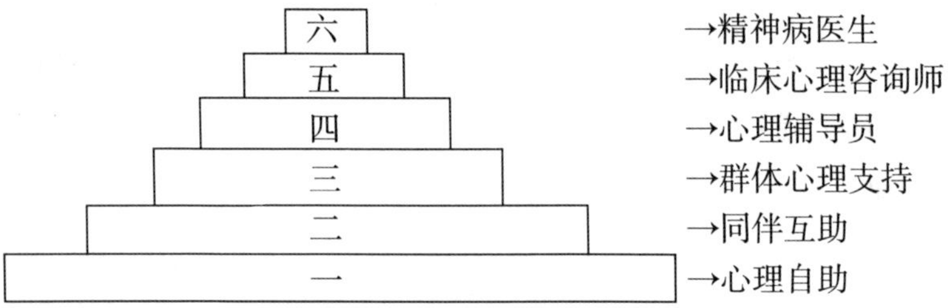

第一个层次是居民心理自我帮助。这是最基础的层面，其他层次的

帮助都最终应该转化为自助并通过自助才能发挥作用。这就需要每个居民树立自我培育良好心理素质、维护心理健康的意识与内在动力，并且具备自我育心及护心的能力，它为每个居民随时需要。

第二个层次是同伴间的互助。在这一层次，每个人既是参与者，也是受益者，主要从精神、心灵上相互关怀、支持、接纳、开导、倾听、鼓励，构成同伴心理支持系统。这也是社会支持系统中最直接、最有效的心理帮助机制，它为每个居民必要时需要。

第三个层次是单位、社区等正式群体，面向的是全体员工、居民，主要承担成员心理关怀、心理支持、心理健康维护。渗透式的心理素质培育及心理软环境的优化，为心理素质的优化与心理健康状态的维护锦上添花，为全体居民所需要。

第四个层次由专职心理辅导或社会工作者负责，面向的是存在轻度心理行为问题的居民，采用的主要是心理健康教育与心理辅导干预相结合的模式，以雪中送炭，为部分居民所需要。

第五层次由专业心理咨询师或心理医生承担，服务的对象是较严重的心理行为障碍患者。采用的是规范的心理评估、心理行为训练、心理咨询及心理治疗等，以心理干预为主要手段，只是少量居民需要。

第六层次的承担者为精神病医生，面向的是严重的神经症和精神病患者，以药物治疗为主，心理治疗相配合。

可见，心理自助属于心理保健这一系统工程的必不可少的基础层面，是维护心理健康、优化心理素质的奠基工程，是心理保健系统的第一道防线。心理互助是有效的形式，对于减少劣性刺激、预防心理问题发生具有重要的功能。群体对成员的心理支持是以人为本、人文关怀理念的具体体现。这样既能使居民不同心理需要分别得到满足，也减轻了专业心理工作者的压力，使其得以从单纯的心理治疗转向预防与矫治并举，对非专业人士进行指导、培训，从而提高全体居民的心理保健能力，实现心理问题的自我预防与调适。

社会的心理服务机制应该是系统的、多层次的，服务对象有别、实施者角色不同的体系。从优化心理素质、防治心理问题来看，主要应包括自我帮助、家庭心理素质培养、学校心理健康教育、工作单位与社区的心理辅导、专业的心理咨询、医院的心理治疗这五个层次。

名称	服务对象	主要任务	主要实施者	模式
自我心理保健	自我	树立心理保健意识，掌握有关方法	自己	修养、训练
名称	服务对象	主要任务	主要实施者	模式
家庭心理训练	孩子	培育良好个性，训练心理能力	家长	教育、活动
学校心理素质教育	全体学生和部分有辅导需要者	培育心理素质，预防心理障碍，解决轻度心理问题	全体教育工作者和心理健康教师	教育、辅导
单位心理辅导	全体员工和部分有辅导需要者	预防心理问题，解决情绪困扰	管理人员和心理顾问	教育、辅导
社区心理咨询	有轻、中度的心理问题或更好地发展适应需求且主动求助者	解决心理障碍，满足发展或适应需求	专业心理咨询工作者	咨询、治疗
医院心理治疗	有严重心理疾病或行为适应不良的患者	矫治心理疾病，矫正行为障碍	心理或精神医生	治疗、药物

通过个体自身、家庭、学校、群体、社会的有机配合，促进个体心理素质的优化、心理健康的维护，从而保证人们能够适应社会对现代人心理素质的客观要求，顺利促进心理的社会化，保持对社会的良好适应，也维护个体的心理健康，实现个体心理和谐，促进社会心态和谐。

第十一章 其他领域中的应用社会心理学

应用社会心理学在消费、犯罪防治、环境保护等诸多领域有着广泛的应用，以促进个体生活质量的提高与社会和谐发展。

第一节 消费领域的应用社会心理学

一、消费者的消费心理

（一）现代消费者消费心理需要的类型

消费者在购买活动中的心理需要主要表现在以下方面：

1 时尚心理需要

由于社会消费风气、时代潮流、社会群体等社会因素的影响，在消费者中通常会产生追求某种流行商品的时尚心理需要。

2 炫耀心理需要

希望别人对自己的支付能力以及审美、挑选等能力表示赞赏与尊重，因而在购买活动中，往往产生不甘落后，争强好胜，显示自己超人的购买条件与能力，以满足炫耀心理需要。

3 求美心理需要

这是消费者对美感的追求。由于消费者之间生理需要和心理需要的差异，审美观是不一致的，会随着主观与客观因素的变化而变化。

4 方便心理需要

消费者在消费时希望获得方便、快捷的服务，迅速买到商品，而不愿意等候或经过繁琐的手续，同时希望商品携带、维修方便。

5 选价心理需要

消费者希望付出较少的钱而获得较多的货物与服务，追求价廉物美，经济实惠。

6 新奇心理需要

消费者对构造先进、式样奇特、装潢新颖、富有科学趣味、别开生面的商品，会自然产生一种新奇的感觉，并希望亲自试用，求新求异以增加生活的情趣。

7 偏好心理需要

消费受爱好习惯、学识修养、职业特点、生活环境等因素的影响，产生的对某类特殊商品的稳定、持续的追求与偏爱。

8 求名心理需要

即对名牌商品的信任与追求。关心名牌商品的变化，对著名商标忠诚，乐意按著名商标认购商品。也有的出于显示个人成就的需要而购买特殊商品。

9 求实心理需要

这类消费者比较务实，不在乎外表包装，讲究实惠。

10 习俗心理需要

由于地理、气候、民族、宗教、信仰、历史、文化的不同，或传统、观念不同，都会引起消费者不同的习俗心理需要。

在消费活动中往往是几种心理需要同时存在，最终由具体情境与当时的主导心理需要所决定。

（二）消费需要的变化特征

消费者的需要受着许多因素的影响而千变万化，但还是有其趋向性和规律性，表现出一些基本的特征。

1 消费需要的多样性

由于各个消费者的收入水平、文化程度、职业、性别、年龄、民族、生活习惯不同，他们的兴趣与爱好也就不同，对商品与服务的需要也因此丰富多彩、千差万别。例如，对耐用消费品，人们在品种、质量、花色、规格上的需要不尽相同，对食物的要求也有习惯等方面的差异，这些不拘一格的需要导致消费者需要的多样性。

2 消费需要的发展性

随着生产力的发展和消费能力的增强，较低层次的需要满足后，更高层次的需要必然会被激发出来，产生新的需要。某些紧俏商品经过热销一段时间后，有可能因为消费者需要等心理的变化而由时尚商品变为滞销商品，最后退出消费领域。特别是时尚流行产品的周期更短。

3 消费者需要的时代性

受时代精神、风尚、环境等因素的影响，消费者的消费需要随之变化。比如随着信息时代的到来，计算机、电话纷纷进入百姓家庭。

4 消费的层次性

随着生产的发展、消费水平的提高、社会活动范围的扩大，人的需要层次必然逐渐由低向高发展，越来越多的需要是为了满足社会性的精神需要，更多的人的主要消费由物质向精神层次演变。

5 消费者需要的周期性

人的需要是个无止境的活动过程，一生是个不间断的消费过程。有些需要在获得满足后，在一定时间内不再产生，但随着时间的推移还会重新出现，并且具有周期性。需要的周期性受人的生理机能运行、自然环境变化周期、商品生命周期和社会时尚变化周期等因素的共同影响。

6 消费需要的伸缩性

消费者购买商品的数量、质量会随着购买力的变化而变化，随商品价格的高低而转换，具有伸缩性。

二、消费行为的引导方法

（一）引导消费者动机的方法

促销时引导的方式方法主要有以下几种：

1 证明性引导

证明性引导包括实证引导、证据引导、论证引导。

实证引导，即当场提供实物证明。如把手表放在水槽中陈列，以证明其防水性。

证据引导，即向消费者提供间接消费效果证据的方法。证据需是消费者熟知的，又有感召力的实际消费证据。

论证引导，即以口语化的理论说明促进对商品的信任。要求有必要的商品学知识。

2 建议性引导

它是指在一次诱导成功后，借机向消费者提出购买建议，达到扩大销售的目的。比如在顾客将目光转向其他商品时，当顾客询问本公司是否有某种商品时等。

建议性引导的内容一般为：建议购买更高档的商品、替代商品、互补商品、大包装商品、新产品等。

进行建议性引导时，行动上要表现出所提建议是真正为顾客着想，语言恳切自然，措辞言简意明，即使未获成功，也不要气馁，要尽力给顾客留下好的印象。

3 转化性引导

如果使用上述诱导方式导致消费者提出问题，甚至针锋相对，使买卖陷入僵局时，这时需要通过转化性诱导以缓和气氛，重新激起消费者的兴趣与动机。

使用转化性引导的方法有：

① 先肯定再陈述。先肯定顾客言之有理，使其获得心理上的满足，然后再委婉地陈述自己的意见。

② 询问法。即找出顾客不同意见的原因，再以询问的方式，转问对方的意见。询问时态度要和气，切忌用质问的口气，以免伤害顾客的自尊心。

③ 转移法。即把顾客不同意见的要点，直接联结到出售商品的特点上去，使顾客心理通过思维的桥梁，集中到销售商品的特点上。

④ 拖延法。遇到顾客所提的问题难以回答时，不能急于胡乱解答，可以先建议顾客看说明书，利用这短暂的时间考虑该如何合理有效应对。

（二）改变消费者态度的方法

（1）以事实与说服的方式，而不能靠讲空洞的道理，切忌依靠强迫手段。

（2）利用群体的情感与压力，根据个体对某一正式群体或关系好的非正式群体的认同感、群体规范、群体领袖与大多数成员的消费状况去影响其消费态度。

（3）通过行为手段转变态度，如鼓励参与消费活动，在活动中体验商品的价值，免费试用某种不相信的商品。

（三）气质在消费活动中的运用

对于自己的气质类型要善于认识其特点、控制自己气质中的不良方面，发扬气质类型的积极方面，培养良好的个性品质。

同时要正确对待不同气质类型的同事、朋友及客户。作为商务工作者，要善于观察和掌握消费者的气质类型与特点，有针对性地开展商务活动。消费者的气质类型经过多次购买行为或语言、文字的交流就能发现并大体掌握。

（1）多血质的人在购买时观察敏锐，思维敏捷，易于主动与营业员进行沟通，但兴趣与目标容易转移，或选择的目标过多而一时难以取舍，影响决策。营业员要抓住时机，促其成交。

（2）黏液质的消费者购买时不急不躁，不易于表态决策，不慌不忙，做出决策需要较长的时间，推销者不宜急躁。

（3）胆汁质的消费者一旦感到需要，就会产生购买动机，做出决策时干脆、利落，不拖拉，容易冲动，缺乏深思熟虑。

（4）抑郁质的消费者购买商品时往往考虑周到，处处小心谨慎，善于发现商品的细枝末节，购买时往往拖泥带水，谋而不断。对这样的顾客不要生气、催促。

由于营业员也有不同的气质类型，交易过程中容易产生摩擦冲突。对于商品销售单位来说，顾客是不可控的因素，对顾客可以进行诱导但不能改变他们，营销人员却是可以控制、改变的。因此，需要努力提高商务人员的心理素质。要求把握新招收员工的气质类型，进行气质测量，根据气质特征安排相应的工作岗位。对现有的员工进行心理训练，提高员工心理的稳定性、适应性、主动性。对性格急躁的员工进行自我情绪与行为的控制能力培养，对沉默寡言的员工进行待人接物的训练。注意不同气质类型员工的排班安排，实现优势互补。

三、群体对消费的影响

（一）群体对消费行为影响的特点

群体对消费行为的影响是有一定差异的，它会随条件的变化而不同，具体表现为以下三个方面。

1 群体对消费行为的影响因产品种类而不同

在消费者购买一系列消费品的过程中，首先，显露的产品一般是较为高级、时髦或价格昂贵的专有产品。如果人人均能拥有的产品，不论其可见程度有多高，也不能作为显露的产品。所以，它实际上属于一种奢侈品。其次，显露的产品又必须容易被人识别和看见，因此，产品在何种场合消费就是关键。一般情况下，显露的产品大多是在公开场合消费的产品。由于这些因素，群体可以影响某一消费者对产品的购买或对某一牌号的挑选，或者兼而有之，其影响强弱程度也因产品的类型和显露程度而异。群体对产品与品牌选择的影响可见表11-1。

表11-1 群体对产品与牌号选择的影响

	对产品的选择 / 对牌号的选择	弱影响	强影响	
必需品	强影响	公开场合消费的必需品，如： 手表 香烟 自行车	公开场合消费的奢侈品，如： 小汽车 高档西服 商品房	奢侈品
	弱影响	私下场合消费的必需品，如： 洗衣粉 酱油 灯泡	私下场合消费的奢侈品，如： 洗衣机 空调机 微波炉	

图表说明：

其一，公开场合消费的奢侈品，由于产品昂贵，消费又为公众所注目，故个人是否必须拥有该类产品以及购买何种牌号均受到群体的强烈影响。

其二，私下场合消费的奢侈品，虽然产品的消费不为人所见，但是否拥有该类产品又说明了消费者的实际经济状况，故群体对个人是否必须拥有该类产品影响强烈，但对选择什么牌子影响较弱。

其三，公开场合消费的必要品，由于产品的消费显而易见，且为大部分人所拥有和使用，优劣的差别只能通过牌号来显示，故群体对是否有该类产品的影响较弱，但对于牌号选择的影响很强。

其四，私下场合消费的必需品，由于产品基本上是人人拥有和使用，消费过程并不显露，购买主要是出于对产品使用价值的需要而非为了炫耀自己，故群体对于个人是否拥有该类产品或牌号挑选均无多大影响。

以上情况说明了企业应如何充分利用群体的这些特性进行广告策略制定。比如，当群体对产品和牌号选择的影响较弱时，广告就应强调产品的性能、内在特性、价格及压倒竞争品的优点等等；而当影响强烈时，则应强调购买者的类型，利用一些有影响的名人或人们熟知的角色来劝说不同的群体。

2 群体对消费行为的影响因群体性质而不同

不同类型的群体和群体特征导致群体成员对群体的影响有不同的接受和信赖程度。例如，学生群体和家庭主妇群体，前者接受群体的影响比较多。首先这是由于他们年纪较轻，对一些产品还不够熟悉，购买时的把握不大；其次，由于学生所接触的社会环境和参与的活动更多地发生在群体内部，因此，更易屈从于群体压力以约束自己的行为；再次，学生比家庭主妇更强烈地想体现自己的存在和表现自己，他们经常从自己所属群体之外，找寻自己的崇拜对象，模仿英雄人物、社会名人的行为，借此突出自己、表现自己，因而购买时当然倾向于听从这类群体的意见。

3 群体对消费行为的影响因个人情况而不同

不同的消费者对群体影响的反应是不同的。这主要由个人的经历、素质和特征决定。首先，消费者的个性是形成差别的重要因素。一般情况下，具有外向、自卑、服从、依赖性强、领导能力差等特点的消费者，对群体的意见较易接受。其次，消费者的性别、婚姻状况、年龄、民族等差异也使他们对群体影响的接受情况有所不同。

4 群体对消费者行为影响的途径

消费者对群体提供的信息都要经过自己的加工。那么，信息是怎样在群体内部过滤、保持和发挥影响的呢?

早期人们大都认为，人们主要是受大众传播媒介的影响，而且这种影响是直接的，因为商业信息经由新闻媒介发布，即对接受者（消费者）产生直接的影响。后来的研究结果表明，比起通过大众传播媒介传播的消息，消费者对面对面接触到的信息更易接受、更易受到影响。在此基础上，人们提出了“沟通的二步流程”模式。这种模式认为，信息经由新闻媒介先到达民意先导者，进而通过这些先导者的口传信息网到达他们接触的人。

该模式表明，新闻媒介对消费者消化、接受商业信息并非具有即刻、直接和强有力的影响，民意先导者的个人接触也起到很大的作用。

最近的研究又对前二者模式提出了修正意见，认为信息可以通过多种方式，而不一定只是二步流程到达消费者，即可以是“多步流程”的沟通模式，其影响都是双向的。说明消费者作为信息接受者，不单纯是被动地接受来自各方的信息，而且还可以主动地探问信息。在某些情况下，信息的流程是二步式的，但在另一些情况下，又出现信息直接经由新闻媒介传播至最终接受者的现象。

无论是二步流程模式或是多步流程模式都十分强调民意传导者及口传信息的作用。在群体内部，民意先导者是个很重要的角色。比如，你想购买某项产品，却不知购买哪一种类型和牌号时，这时你就会向认为对这项产品比较了解的朋友打听，这个内行人就是你所在群体的民意先导者。因此，每一个群体中的某些成员都可以扮演民意先导者的角色，这些人在某一个领域或某个专业方面是专家，他们对这一领域提供的意见，对决定其他成员（民意追随者）的购买行为起着特殊影响。

除了民意先导者对商业信息的口头传播之外，群体内部的消费者之间也存在着不同形式的口传信息。例如，在一幢楼房内谁家买了空调机，左邻右舍也会出现购买空调机的趋向。因为，当别人议论这种产品时，先行购买者如果对购买感到满意，就会传播善意的、赞许的口传信息，促进其他人购买；反之，则可能以反对的态度，阻碍其他人购买。因此，任何产品要得到消费者的广泛了解和购买，都必须经过信息扩散过程。这一过程可以通过广告宣传取得或通过口传信息传播来实现。通常，消费者对产品的接受要经过几个步骤：接触、了解、兴趣、评价、试用、采用。如果信息扩散迅速，产品在市场上受到普遍采用，普及时间快，企业就具有成功的机会。如果普及时间慢，市场就不容易扩展，就容易遭受亏损。

5 不同群体的消费行为

最上层阶层由高层次的行政官员、私人企业老板、明星等组成，他们消费的特点是高档品，讲究名牌，打高尔夫球等。但在我国由于种种原因，有些有大量灰色收入的官员不敢公开进行高消费，大多数由他人买单。

中上阶层由成功的经营者、专家、高级主管等组成。他们中的一部分消费特点是花钱如流水，追求豪华与时髦，以显示自己的富有。

中下层由职员、公务员、教师、技术人员、推销员等组成。其消费往往带有职业特色，追求较丰富的文化生活，讲究家庭陈设，衣着得体。

下上层由产业工人、服务员等组成，讲究实惠，社交性消费较少。

下下阶层由农村和城市中的贫困者等弱势群体组成，他们常常入不敷出，多以廉价低档的商品为消费对象。

利用电子商务进行网上购物的多是大学生等年轻的时尚群体。

四、心理现象与消费

（一）暗示与模仿的运用

1 暗示的运用

在购买行为中，暗示影响人们决策行为的情况是十分常见的。

例如，某种商品只要摆在紧俏商品的柜台，就往往会吸引很多人购买，而同样的商品若被放到一般商品的柜台，很可能就没有多少人光顾了。再如，某家商店柜台围满了人或是排着队，马上就有人跟着围上去或排队；如果问这些人为什么围上去或排队，很有可能连他们自己也说不清楚。这就是人们不自觉地受到了他人的暗示的影响。

暗示起作用的原因是从众心理。暗示的结果往往导致受暗示者对暗示源某种程度上的从众行为。暗示作用的极端性结果表现为盲从。正是由于这个原因，暗示往往造成抢购风潮的爆发，尤其是在通货膨胀、物价轮番上涨的时期。

暗示在消费行为中的作用是明显的，儿童、妇女和顺从型的消费者容易受暗示的影响。市场营销人员就需要根据暗示的心理效应来设计广告，加强宣传的效果。营业员在接待消费者时若能正确地使用暗示，其效果也比直接劝说更好。当然，也有个别不法商贩，为了推销劣质商品，找几个同谋者临场装模作样地去排队“抢购”，以吸引一些不知内情而使暗示性强的人跟着去排队购买。

2 模仿的运用

流行很多是模仿的结果。发型、服装、食品、生活日常用品的流行就是大批消费者模仿所造成的。普遍的流行最终形成时尚。时尚的表现是社会上相当多的人在短期内共同追求某种新奇的行为方式，导致某种连锁反应。

在模仿行为所造成的时尚中，以“时髦”和“热”对消费行为的影响为最大，因为它们具有爆发性和周期性的特点，能在极短的时间里影响和左右成千上万的消费者的行为。

第二节 犯罪领域的应用社会心理学

新时期，越轨犯罪的现象仍然不少。到底为什么会偏离法律规范而犯罪呢？许多学科都在试图解释。随着社会心理学的发展，人们开始重视运用社会心理学的有关理论，从社会心理学的角度探讨犯罪问题。主要在以下几个方面进行了较为成熟的研究，取得了具有重要价值的成果。

一、影响犯罪者的文化与社会因素

社会心理学主要从影响犯罪者的人格形成的文化方面的因素与社会方面的因素进行了较为深入的研究。在研究中发现，许多犯罪现象与个人在社会化过程中未能形成正常的人格有关，存在性格方面的缺陷。影响正常人格形成的因素中，文化因素与社会环境及教育是不可忽视的重要因素。

1 文化方面的因素

（1）在特殊环境中成长而形成的不完全社会化

相对于一般的或标准的文化而言，在特殊性的文化环境中成长的儿童，其个性的发展容易受到一定的影响，难以顺利实现社会化。例如，城市犯罪者密集的社区，留守儿童家庭，贫困家庭，受歧视群体，移民家庭、单亲家庭、犯罪者家庭等。受特殊文化圈的影响，容易形成一些独特的行为习惯、价值观、生活方式等，在这样的文化背景下，其行为往往具有与整个社会不完全一致的倾向。如果在这样的圈子里也许相安无事，但一旦离开这个圈子，或者与别的文化圈的人接触时，因为交往经验缺乏，同时观念、生活方式等方面存在差异，容易出现适应不良，产生挫折感，导致负性情绪。如果缺乏社会心理支持，特别是应有的心理疏导，容易出现冲动等社会适应不良行为。

（2）文化冲突在个体成长方面产生混乱而引起不完全社会化

文化冲突包括两种情况：其一是当某种文化与其异质的文化相遇时

产生冲突，按照前一种文化的行为规范行动的人，往往容易产生与异质的社会规范相抵触的社会适应不良行为甚至犯罪行为。其二是现代社会为了维持其现有体制和发展其社会机能，在所有领域加强了专门化的管理。随着社会的分工，个人往往隶属于几个不同的社会群体或社会组织，扮演着多重角色，其结果是，个体面对相互重叠的各种不同的行为规范和行为方式时，往往无所适从，出现角色冲突，产生混乱，在满足一种角色要求的同时，容易违背其他的规范要求，产生越轨行为。

（3）不良的亚文化

在现代社会转型期，面对各种各样的亚文化，有些缺乏鉴别能力的青少年往往盲目推崇，以偏概全；而那些反传统、逆反心理强烈的人只要是与主流文化相背的文化就一味接受，全盘吸收。例如，对于西方所谓的“性解放”思潮，有的人将西方部分人的观念误以为是整个西方的主流观念，觉得只要是来自西方的就是先进的、合理的，如果盲目内化并付诸行动，难免会违背所处社会的规范、道德甚至法律。

2 家庭方面的因素

家庭是孩子社会化的重要场所，家长作为孩子的第一任老师，其教育方式、与孩子的互动都会影响孩子的观念与行为。

（1）娇生惯养

有的家长重孩子的智力开发，却忽视孩子的性格培养，使孩子在成长的关键时期得不到科学的性格品质的培养，致使一些不良的性格没有得到及时的矫正。在性格形成的过程中，儿童从父母那里得到爱是必需的。但严格说来，这种必要性应有一定的限制。当儿童成长到一定年龄，其心目中的重要他人就不再是家长，而变成了好伙伴，其心理常常被伙伴或异性所吸引，对父母反而显得疏远。如果家长忽视孩子的成人意识，一味继续包办代替，就会激起孩子的逆反心理与对立行为，并且不利于孩子独立、自主、负责、自理性格与能力的形成，产生严重的依赖心理，难以形成独立人格，有的留下人格缺陷的隐患。

（2）管束过严或过松

家长对子女的管束不论是过严还是过宽，对孩子的成长都是有害的。阿克曼认为，家庭在把社会的各种规范传递给它的成员（特别是儿童）时，有避免社会直接施加影响的缓冲作用。如果家庭抹掉了这个缓冲作用，那么父母好像就成了法律的化身，导致管束过严。不过，如果父母对孩子大大小小的事情都要过问，甚至对拿筷子放筷子也要约束，这只是属于管得过多。这里的管束过宽或过松是指父母不顾各种社会规范而容许孩子完全自由放任，失去应有的控制。这样对孩子的性格发展与未来社会生活的适应也是十分不利的，容易使孩子生成我行我素、自我中心的观念，将来面对社会的管理约束往往难以适应，从而越轨违规。

3 学校方面的因素

学校是儿童青少年实现社会化的重要场所，本应根据社会对人的素质的实际需要，全面培养，帮助学生具备适应社会所需要的各种素质。现实社会对人的心理素质要求越来越高，特别是健全的人格、必要的自我认知能力、人际交往能力、心理应变能力、竞争协作能力、承受挫折能力、调适情绪能力、自我监控能力等。在性格品质方面，需要拥有自知、自信、自爱、自强、善良、乐群、合群、热情、宽容、诚信、坚强、灵活、自觉、勇敢、乐观、开朗、敬业、乐业、认真、负责、勤奋、耐心、恒心等性格品质。这些非智力的心理素质对人的社会适应具有十分重要的作用，是一个人进入社会的入场券和通行证。

这些心理素质的培养本应是学校的重要教育内容与培养目标，但我国学校长期以来对学生的心理素质培育与心理健康教育忽视，致使学生适应社会所必需的心理素质发展滞后，自然难以适应现实社会中各种劣性刺激、诱惑的挑战和考验。在遭遇不愉快的事件时，容易产生应激反应，产生不当的愤怒、仇恨情绪，引发冲动性的适应不良行为，容易出现激情性犯罪。

4 不良非正式群体对犯罪的影响

群体中一般有其群体规范，对其成员形成心理压力。人人都有归属的需要，那些在正式群体中被边缘化，受到压抑、排挤的人，为了获得心理上归属的需要与安全感，很容易被各种非正式群体包括不良的非正式群体所吸引。在不良的非正式群体中，其群体规范往往与正式群体或社会的道德、法律、规章制度不一致，其成员有的为了不被群体排斥，或获得保护或为了巩固其在群体中的地位，在群体与社会或正式群体出现矛盾冲突、利益对立时，容易屈从不良的非正式群体，不惜违法犯罪。

二、社会心理学关于犯罪原因的理论

以往人们多从生物学或本能论点角度解释犯罪的原因，社会心理学则从新的角度对犯罪原因加以解释。

1 挫折-侵犯理论

该理论认为，当个人的动机、行为受到挫折时，攻击与侵犯就成为了一种原始而普遍的反应。在挫折-侵犯理论看来，犯罪的原因之一是挫折导致挫折感，人们为了缓解挫折感、恢复心理平衡而容易采用攻击、侵犯等越轨犯罪的行为。

2 随异交往理论

社会学家埃德文·萨瑟兰提出了“随异交往理论”。该理论认为，犯罪多是在诸如家庭、邻里或同辈团体这些亲密的初级群体中和他人互动之后习得的行为。与品行不良的人交往并模仿学习，将加大被其同化的概率，正如“近朱者赤，近墨者黑”。在这个交往过程中有两个因素：首先，要学会从事犯罪活动所需要的特定技术。例如，吸毒的人要知道通过什么渠道可以弄到毒品，偷窃的人要学会撬锁技术。其次，这些人的价值观必须发生变化，需要把越轨行为看作比守法行为更有价值，即价值观扭曲。犯罪者往往是在同其他罪犯或越轨者交往过程中，逐渐接受其错误的价值观，看到越轨行为可能给其自身带来眼前的利益，而忽视、贬低可能带给其他人或其本身长远的弊端、风险，作出错误的抉择。因此，一个人是否犯罪，首先要看他和具有错误的价值观和技艺的越轨者群体交往的程度。其次，要看他是否内化其观念，把自己看作越轨者并愿意扮演这一角色。如果仅和越轨者交往，而没有认同其价值观或行为取向，那么越轨行为的可能性并不大。

3 标签理论

标签理论从社会和他人对越轨者的反应这一角度进行解释。这一理论认为，社会和他人是否把一个人看作越轨者，这对一个人是否产生越轨行为起着关键的作用。在20世纪50年代和60年代，坦南鲍姆等人研究了标签对一个人越轨行为的作用。他们认为，标签理论的解释有助于理解那些为其他理论所忽视的方面，社会对越轨行为的不当反应不是使越轨行为消失，而可能延续它的存在。标签理论认为，我们每个人都曾或多或少地有过越轨行为，只是我们一两次的越轨行为未被发现和标定而已。这种虽然违反社会行为规范但未被发现和标定为越轨的行为称作初级越轨行为。标签理论研究的不是初级越轨，而是次级越轨，即经常性的越轨行为。倘若一个人的初级越轨被发现后，社会就不问具体情形给他一个“越轨者”的坏人标签，以对越轨者的身份来期待和对待他。而这个人则可能顺应社会对他的这种期望，认同这一标签，这样就容易产生次级越轨行为。

三、犯罪行为的预防和矫正

1 违法犯罪的早期预防

由于儿童早期社会化的好坏对其成年后的行为影响深远，早期形成的不良动机、错误的价值观念以及有缺陷的人格品质往往是导致其日后犯罪的可能因素。

早期预防是指针对以往尚没有违法犯罪经历的儿童和青少年犯罪的预防。包括两类策略：一是对有人格缺陷或不良社会化的人，通过矫正其人格问题，改变其社会化的方式或途径，或通过教育强化矫正，来防止犯罪。二是若发现孩子在社会化过程中存在侵犯性行为有可能转化为犯罪行为时，通过设计转向程序，防止被他人或自己视为“坏孩子”，以消除因“自我实现预言”或“标签效应”而犯罪。儿童的反社会行为与其应对技能的缺陷有密切关系，因此，在干预儿童反社会行为时，要着力提高儿童的学习技能、社会交往技能以及父母与孩子的亲子互动技能。尽量遏制和消除儿童和青少年的反社会行为，强化其亲社会行为。这就需要家庭教育、学校教育和社会教育的共同努力与配合。例如，德国在这方面的做法是：对于问题孩子不简单地从学校排出，而是让其到良好的班级中，使其有机会向其他好同学学习，接受正面的影响；改变单一以考试分数、名次论英雄的做法，使遵守校规、表现有所好转的学生有获得奖励的机会；家长和教师要了解儿童和青少年犯罪的表现形式、产生原因、干预措施，进行必要的法制教育，包括法律知识的学习、守法动机的培育、守法习惯的形成。

同时，通过必要的惩罚、心理辅导、改变环境等策略以终止问题行为的持续和恶化。

2 违法犯罪行为的矫治

对于犯罪分子的矫治目的是消除其犯罪心理结构，使其在未来的生活中遵纪守法，不重新犯罪。

积极的矫治包括教育和心理矫正。消极的矫治指惩罚和威吓，需要监狱、管教所、工读学校、缓刑或假释监察机构的协助。由于反社会人格在犯罪行为发生上具有独立的预测价值，犯罪矫治需要心理学家、精神病学家、社会工作者的共同参与。由心理学家对犯罪分子进行态度、技能、兴趣、人际关系、情绪等心理诊断和评估，以此作为参考依据。同时，要重视犯人的心理卫生服务，评价、防止和治疗犯人的各种心理问题。

第三节 环境领域的应用社会心理学

现代社会，一方面技术的进步使人类生存的环境得到了一定的符合人类生存需要的改善，另一方面，技术的进步也在不断滋生各种威胁人类生存的新问题。环境的污染、破坏，资源的过度开发和浪费，已经成为严重的社会问题，已经出现的能源危机、温室效应等给人类敲响了警钟。人类如何与其生活于其中的自然世界和谐相处，成为了社会心理学家等学者关注的重要领域。

最初的环境心理学主要研究噪音或空间等物理环境对人的认识、情感、行为的影响。近三十多年来，随着社会发展进程的加速，环境问题越来越受到重视。环境心理学在关注传统课题研究的同时，将环境保护、节约能源提上了重要日程。

一、噪音

有关噪音的研究表明，人们适应环境很快，对于外界突然产生的噪音的最初反应是强烈的，在突然的强烈噪音下，人会跳起来、腹部肌肉紧张、眨眼以及产生一般的生理反应。另外，高噪音还会干扰工作的进行，降低工作效率。但是噪音干扰对人的影响一般不会持续很长的时间，一般会慢慢习惯，生理反应消失，行为也恢复正常。辛格（J.Singer）曾经做过一项实验。在实验中，先让人们在十分安静的环境里，听不到任何噪音，2～3分钟后听到突然爆发的108分贝的噪音。高噪音引起生理唤起，但这种唤起仅仅持续了几分钟。4分钟后，全部被试者在许多工作中都干得一样出色，包括简单的算术、比较数列、字谜游戏和高等数学。一旦对高噪音习惯，其对工作效率的影响就越来越小。但如果噪音是不可预见的和不可控制的，即使噪音停息，特定的种种活动将继续受到损害。在一项研究中，高噪音与轻微噪音每分钟准时发生或无规律发生，结果发现不可预见的低噪音比可以预见的噪音引起了正在工作的被试者的更多失误。在另一项研究中，告诉被试者，在他们需要的时候按开关或用信号通知伙伴停止噪音，从而给予他们一定的控制感。即使被试者没有停止噪音，但这种控制感减弱了噪音对工作的影响。

但有关研究也表明，长期接触高噪音，会给人的身体、心理及工作效率带来消极的影响。

在现实社会中，如何减少噪音污染，保护居民的健康，成了环境保护部门的一项值得重视的工作。

二、拥挤

拥挤与人口的密度有直接的关系，除了单位面积内人口的数量这一客观指标外，在很大程度上还是一种主观感觉。比如，当你喜欢在幽静的林荫道上散步，另外几个人的出现可能使你感到人太多了。然而，在人声鼎沸的舞会上，你也许不一定感到拥挤。

拥挤对人从事复杂工作的能力有影响，对社会行为也有消极的影响。即拥挤影响人的相互接近，还影响提供帮助。长期的过度拥挤对健康也有影响。特别是在过分拥挤的环境中，人容易出现紧张、不安、烦躁、愤怒等负性的情绪体验，容易生气、发火。

拥挤对于人的亲社会行为具有抑制作用。在拥挤的环境下，人们倾向于回避、脱离拥挤的环境，因此较少可能帮助他人。有研究表明，住在不拥挤的社区的人比住在拥挤社区的人出现更多的亲社会行为。如帮忙、借钱等。

米尔格拉姆于1970年根据他的“感觉超负荷”理论解释了拥挤。在他看来，当人们被迫承受过度的刺激时，便体验到了“感觉超负荷”，并且也不能再与全部刺激相接触了。感觉超负荷是不愉快的，而且显然要干扰人的正常的工作能力。因此，人们就要通过筛选某些刺激，只注意最重要的东西来解决感觉超负荷问题。根据这一观点，拥挤是刺激的一个来源，会产生超负荷的不愉快感。在超负荷情境下，人会不安、紧张、烦躁，并且转移其注意力。巴伦（Baron）等人于1978年提出了“失控假设”，认为拥挤影响是由于拥挤使人对事件失去控制，当人们失去这种控制时，就可能感到紧张。弗里德曼认为高密度加强社会行为，不管这种行为反应是积极的还是消极的。这些假设都从不同的方面解释了拥挤的影响。有关研究多半是在短时间的实验条件下进行的，其研究结果的应用受到一定的局限，难以用于说明长时间处于拥挤状态的人都有心理和行为反应。例如，在大型超市、学校集体宿舍、歌厅、酒吧、贫民区生活或工作的情境下，拥挤对人的影响具体有哪些，影响程度有多大，有待深入研究。

在我国片面追求城市化、楼宇的高层化的现实背景下，应重视拥挤对人们心理与行为的影响，在城市规划与房地产开发中保持应有的理性，以维护人们的心理舒适度和幸福指数。

三、个人空间

人际交往中的距离，有人把它分为空间距离、社会距离、公共距离。人际交往的空间距离受到性别的影响。性别差异主要体现在两个方面：一是同性之间交往距离上的男女差异，二是异性之间交往距离上的差异。在异性之间的交往上，一般来说，男性的“个人圈”较大，而女性的个人圈较小，女性在大街上更喜欢拉手搭肩结伴而行。心理学家做过这样的实验，让相同数量的男性或女性同处在一间小屋里待上一段时间。结果发现，男性时间稍长就会感到焦虑不安，脾气更加暴躁，冲动性和侵犯性都有所增强。但同等数量的女性呆在一起却能融洽相处，表现出亲密无间。而与异性的交往时，男性则倾向于接近互动的异性。

对于空间距离的偏好，受着不同文化背景的影响。例如，白种美国人、英国人、瑞典人站得最远，意大利人、希腊人站得比较近，南美洲人、巴基斯坦人、阿拉伯人站得最近。有关研究表明，这种交往距离上的差异与人们对“自我”的理解不同有关。北美人理解的“自我”包括了皮肤、衣服以及体外几十厘米的空间；而阿拉伯人的“自我”则仅仅局限于心灵，以致他们把皮肤也当成身外之物。因此，假如一个北美人和一个阿拉伯人交往常常会出现这样的场面：阿拉伯人步步紧逼，他嫌对方过于冷淡；而北美人却连连后退，他接受不了对方的过于热情。

四、环境保护

环境保护的社会心理学研究涉及诸如不随意丢弃废物垃圾、自觉爱护和美化环境等内容，主要为了促使人们放弃和改变不利于环境保护行为的心理过程和行为机制。例如，在环境保护中存在两种规范：一种是强制性规范，直接告诫人们什么是可以做和应该做的，什么是不可以做、不应该做的。另一种是描述性规范，它只表明和告知人们什么是人们有可能和会去做的。例如，当人们看到丢了满地的废纸、果皮时，往往觉得许多人都这样，再丢一点也没有关系；而当看到洁净的地面时，则会感到大家都不丢，自己也不好意思丢了。

在宣传和管理中，强制性规范的认知可以对减少和改变人们乱丢垃圾的行为起更为直接的影响作用。态度鲜明、语言直接的宣传标语、他人的榜样示范、直接的提醒和劝说，在运用得当时，都能够发挥有效的影响。但如果语言过激、运用不当，则容易引起逆反心理与逆反行为。描述性规范的认知唤起只是在没有人随地乱丢的情况下才能产生积极作用。

与此同时，还应该创造有利于环境保护行为的条件与便利，祛除妨碍环境保护行为的障碍与限制。例如设置便利的垃圾回收装置，而不仅是简单的奖励或惩罚，以激发、促进人们保护环境的合作行为。

五、节约能源

在节约用水、节约用电的社会心理学研究中，有关自我知觉和社会比较的知识得到了较多的应用。

尽管人们都懂得应该节约能源，但在具体生活中，人们对自身行为有意识的自律与约束却时有缺乏。社会心理学认为，重要的是要让人们对自己的实际行为以及所产生的结果有所察觉与意识，使人们不仅知道自己应该如何做，而且能够清晰地认识到自己实际是在如何做。通过对自我行为的认识与了解，进一步影响和改变自我。

只要对人们的行为予以及时和清晰的反馈，激发人们的自我比较和与他人的社会比较过程，就能够唤起人们对自我内在观念和意识的注意，使人们关注和重视自己行为的实际效果以及自我的协调一致，进而自觉有意识地调整和改变自己的行为表现，从而将人们所面对的互惠合作与自私偏好的矛盾对立，化解在个人自觉自愿的理性选择的过程之中。

参考文献

[1] S.奥斯.坎普．应用社会心理学．乐国安，石俊杰等译．北京：知识出版社，1991.

[2] 李伟民，戴健林．应用社会心理学新论．北京：人民出版社，2006.

[3] 乐国安，汪新建，李强．应用社会心理学．天津：南开大学出版社，2003.

[4] 舒伦伯格．社会心理学的大师们．沈阳：辽宁人民出版社，1987.

[5] 朱智贤．心理学大辞典．北京：北京师范大学出版社，1991.

[6] 黄会林．《当代中国大众文化研究》．北京：北京师范大学出版社，1998.

[7] 朱传义．当代社会行为心理学．南昌：江西人民出版社，1998.

[8] 李强．当代中国人的心理困扰．北京:科学出版社，2004.

[9] 李伟民，戴健林．应用社会心理学新论．北京：人民出版社，2006.

[10] 方文．欧洲社会心理学的成长历程．心理学报，2002，34（6）.

[11] 杜林致，乐国安．中国社会心理学发展问题的反思及其出路．江海学刊，2004（2）.

[12] 乐国安．现代美国应用社会心理学研究的一些特点．社会心理研究，2001（2）.

[13] 徐瑞青．国外社会心理学中自我意识理论的发展．中国人民大学学报，1994（6）.

[14] 王天鹏，董延涛．暗示的力量．江西教育：教学版，2007（2）.

[15] 汤森．妙趣心理暗示．百科知识，2007（8）.

[16] 若洋．催眠师的模具——暗示效应．河南教育，2007（6）.

[17] 王娟娟．青少年偶像崇拜的心理透视．社会心理科学：理论研究，2005（5）.

[18] 岳晓东．青少年偶像崇拜与榜样学习的异同分析．青年研究，1999（7）．
[19] 卢兴亚．群体性事件社会心理学分析．四川警官高等专科学校学报，2007（5）．
[20] 殷大奎．中国精神卫生工作的现状、问题及对策——在中国/世界精神卫生组织精神卫生高层研讨会上的报告．中国心理卫生杂志，2000，14（1）．
[21] 杨廷忠．社会转型中城市人群心理压力研究[J]．中华流行病学杂志 2002，23（6）．
[22] 金盛华，张杰著．当代社会心理学导论．北京：北京师范大学出版社，1995.

后 记

作为社会心理学，既要服务于社会，以促进社会的和谐运行与良性发展，同时也应服务于个体，有利于个体的心理健康与发展，促进个体心理的顺利社会化，从而保持良好的社会适应。因此，应用社会心理学不仅要进行基础理论的探讨，而且应该结合现实社会的心理现象与相应的行为进行研究。

基于这一理念，长期以来，在社会心理学的研究与教学中，本人一直在思考着如何撰写一本既包含社会心理学基础理论，又紧密结合现代社会与个体的实际需要的《应用社会心理学》。经过多年的学习与思考，终于形成了这一孔之见，奉献给读者。

本人在撰写该书的过程中力求兼顾学术性与实用性，学科理论知识的系统性与针对现实问题的可操作性，使之既在学科内容体系上有所创新，对读者也有一定的实用价值。希望本书能为社会心理学走向应用，促进社会和谐与个体的心理和谐贡献点微薄力量。

该书是本人所主持的国家社会科学基金课题“新时期居民精神健康问题的社会学研究”成果的一部分。

在撰写过程中，本人参考了国内外许多研究成果，除了在注释中列出的外，如有遗漏而未能注明之处，敬请同行见谅。

本书的及时付梓，得到了湖南师范大学社会学系和湖南师范大学出版社的鼎力相助。湖南师范大学公共管理学院社会学系研究生提供了宝贵的意见，特别是本人所带的研究生赵少华、何欢、戴颖、熊婧、杨娟、彭如良、罗胜华、黄文明、詹芳香、郝文等付出了辛勤的劳动。湖南师范大学出版社莫华编辑，社会学系陈成文教授给予了大力支持。在此一并表示衷心感谢。

鉴于水平所限，加上时间仓促，书中一定还存在许多纰漏之处，敬请读者朋友提出宝贵意见，以便进一步修订完善。

2008年8月 于长沙阳光壹佰